Joachim Whaley / Johann Chapoutot

Unsere Geschichte
800 bis heute

Joachim Whaley, geb. 1954, ist Mitglied der Royal Historical Society, Fellow der British Academy und Professor of German History and Thought an der Universität Cambridge, wo er deutsche Geschichte und Kultur nach 1500 am Gonville and Caius College lehrt.

Joachim Whaley

Unsere Geschichte

800 bis 1806

Aus dem Englischen
von
Michael Haupt

THEISS

Abbildungsnachweis:
Akg-images: S. 25, 34, 60, 66, 87, 93, 107, 122, 124, 139, 143, 155;
bpk Berlin: S. 48, 70, 149. Karten: Peter Palm, Berlin

Die englische Originalausgabe dieses Teils erschien unter
dem Titel *The Holy Roman Empire. A very short Introduction*
bei Oxford University Press, 2018

Die Deutsche Nationalbibliothek verzeichnet diese Publikation
in der Deutschen Nationalbibliografie; detaillierte bibliografische Daten
sind im Internet über http://dnb.d-nb.de abrufbar.

Der Theiss Verlag ist ein Imprint der WBG
(Wissenschaftliche Buchgesellschaft), Darmstadt

Umschlaggestaltung: Harald Braun, Berlin
Redaktion: Kristine Althöhn, Mainz
Satz: Vollnhals Fotosatz, Neustadt a. d. Donau
Die Herausgabe des Werkes wurde durch die Vereinsmitglieder
der WBG ermöglicht.
Gedruckt auf säurefreiem und alterungsbeständigem Papier
Printed in Germany

Besuchen Sie uns im Internet: www.wbg-wissenverbindet.de

ISBN 978-3-8062-3709-2

Elektronisch sind folgende Ausgaben erhältlich:
eBook (PDF): 978-3-8062-3710-8
eBook (epub): 978-3-8062-3711-5

Inhalt

Einleitung

Was war das Heilige Römische Reich?

Das Reich als politische Organisation

„Weder heilig, noch römisch, noch ein Reich", spottete Voltaire in seinem 1756 veröffentlichten *Essai sur l'histoire générale et sur les moeurs et l'esprit des nations*. Viele hielten diese Charakterisierung des Heiligen Römischen Reiches Deutscher Nation für die zutreffende Beschreibung eines häufig missverstandenen Gebildes. Das Reich war, einem verbreiteten Konsens zufolge, im Jahr 800 gegründet worden. 1806 wurde es aufgelöst. Doch mit der Kaiserkrönung Karls des Großen durch den Papst war das Reich noch längst nicht voll entwickelt. Als die deutschen Könige 962 mit Otto I. die römische Kaiserwürde erlangten, war das Reich nicht heilig, geschweige denn „deutsch". Die Kaiserwürde machte die deutschen Könige und ihre Nachfolger bis 1806 zu Monarchen ersten Ranges in Europa. Doch erst um 1500 verwendete man die Bezeichnung „Heiliges Römisches Reich Deutscher Nation". Bis dahin hatte die ihm zugrunde liegende politische Ordnung tief greifende Veränderungen durchgemacht.

Am Anfang hatte das fränkische Königreich gestanden, das seiner Struktur nach eine Stammesgesellschaft unter einem gewählten Führer war. Auf dieser Grundlage entwickelten die folgenden Herrscherdynastien allmählich ein voll entwickeltes Feudalsystem, das in einer Hinsicht erst mit dem Reich 1806 unterging. Fortwährend pflegten der Kaiser und die deutschen Fürsten ihre Beziehung durch Rituale wie etwa der Erneuerung von Lehnsverhältnissen. Bis ins 18. Jahrhundert hinein waren Fragen von Rang und Bevorrechtigung – wer bei wichtigen Zeremonien und anderen formellen Zusammenkünften stehen sollte oder sitzen durfte – häufig Gegenstand erbitterter Kontroversen. In diesem Sinne war das Reich kein Territorialstaat, sondern blieb ein – wie die deutschen Historiker es nannten – „Personenverbandsstaat".

Für diesen Staatstypus war charakteristisch, dass die Fürsten und freien Städte das Recht, ihren Herrschaftsbereich zu regieren, weitgehend beibehielten. So blieb die Macht des Monarchen begrenzt, und er war eher ein Oberster Richter und militärischer Befehlshaber als ein Regent der deutschen Territorien. Allgemeine Maßnahmen konnten nur mit der Zustimmung aller in die Tat umgesetzt werden – eine Regelung, die um 1500 als grundlegendes Verfassungsprinzip die Beziehungen zwischen Kaiser und Reichstag festlegte.

Doch erlangten die Fürsten und die freien Städte niemals Souveränität, sondern blieben bis 1806 der Autorität von Kaiser und Reichsgesetzgebung untergeordnet. Ab der Mitte des 14. Jahrhunderts entwickelte das Reich institutionelle und gesetzliche Strukturen, die schließlich wichtiger wurden als die feudalen Beziehungen zwischen dem Kaiser und seinen Vasallen. Während der gesamten Dauer des Reichs lag die Regierung in den Händen des Monarchen, der von einer kleinen Anzahl Mitstreiter wie etwa dem Reichserzkanzler unterstützt wurde. Der institutionelle Rahmen aber, innerhalb dessen sie agierten, veränderte sich stark. Versammelten sich früher Notabeln zur Königswahl, gab es später sieben designierte Kurfürsten, und die Treffen von Adligen am Hofe wurden um 1500 zu stärker formell ausgerichteten „Hoftagen" und später „Reichstagen". Auch das Justizwesen veränderte sich. Im 16. Jahrhundert wurden Sondersitzungen von Adligen unter Leitung des Monarchen selbst durch zwei oberste Gerichtshöfe ersetzt: durch das Reichskammergericht in Speyer und den Reichshofrat in Wien; beide waren mit juristisch qualifizierten Richtern ausgestattet. Nach dem 14. Jahrhundert lockerten sich die Verbindungen zwischen Papsttum und Reich, und die Reformation trug entscheidend zur weiteren Schwächung bei. De facto hat der Heilige Stuhl den Westfälischen Frieden, der schließlich den Lutheranern und reformierten Protestanten im Reich ihre Rechte sicherte, nie anerkannt. Die deutsche Reichskirche, unter Karl dem Großen ein wichtiges Instrument der Regierung, bestand im späteren 16. Jahrhundert nur noch aus einem Kern von Kaisertreuen, die hauptsächlich im Südwesten und im Rheinland zu finden waren. Von 1519 an waren die Machtbefugnisse des Monarchen formell in einer Wahlkapitulation festgelegt, die ein neu gewählter Kaiser vor der Krönung mit seiner Signatur zu bekräftigen hatte.

Im 18. Jahrhundert war die Sammlung grundlegender Gesetze von der Goldenen Bulle (1356) bis zum Westfälischen Frieden (1648) so umfangreich geworden, dass sie für mehr galt als nur für ein Äquivalent irgendeines anderen vormodernen Verfassungsregimes, denn die Deutschen verfügten über weiter gefasste und expliziter in öffentlich zugänglichen Druckwerken niedergelegte Gesetze als die Bewohner jedes anderen europäischen Gemeinwesens. Zudem hatten die Deutschen das verbriefte Recht, sich an einen höheren Gerichtshof oder gar an den Kaiser selbst zu wenden, wenn sie sich rechtlich benachteiligt fühlten. Auf diese Weise konnten sie auch gegen ihre eigenen Herrscher vorgehen.

Territorien

Das Reich Karls des Großen umfasste das heutige Frankreich und den westlichen Teil Deutschlands, doch hatte es nur einige Jahrzehnte Bestand. Die sächsischen Nachfolger der Karolinger verschoben das Gebiet weiter nach Osten, während die Westfranken den Grundstein für die bald darauf sich entwickelnde französische Monarchie legten. Den sächsischen Königen folgten (ost-)fränkische und schwäbische Dynastien, und im 13. Jahrhundert kamen Burgund und Italien zum deutschen Königreich. Die luxemburgischen und habsburgischen Herrscher verschoben den Schwerpunkt erneut, diesmal nach Südosten: Böhmen und die österreichischen Gebiete gehörten nun auch dazu. Im 16. Jahrhundert war Burgund von der Landkarte verschwunden und Italien auf eine Handvoll von Lehnsbesitzungen im Norden geschrumpft, die zudem eher zu Habsburg als zum Reich gehörten, aber bis 1806 unter kaiserlicher Oberherrschaft blieben. Die Schweizer Kantone verließen das Reich 1505, und ihre Unabhängigkeit wurde, wie die der niederländischen Republik – einst Provinzen des Heiligen Römischen Reichs – im Westfälischen Frieden bestätigt.

Die Gebiete des deutschen Ostens, Lieblingsthema vieler deutschnationaler Historiker im späteren 19. und der ersten Hälfte des 20. Jahrhunderts, waren nie Bestandteil des Reichs. Die von den Deutschordensrittern im 13. Jahrhundert besiedelten Territorien wurden 1525 zum Herzogtum Preußen unter Lehnshoheit der Königlichen Republik Polen-Litauen. Als solches fiel das Herzogtum 1618 an die Kurfürsten von Brandenburg. Sie übernahmen die volle Alleinherrschaft, als sie 1772 das Territorium den Polen entrissen, doch gehörte es niemals zum Heiligen Römischen Reich und wurde nach 1806 nur formell mit Brandenburg zusammengeschlossen. Die Vorstellung eines beständigen deutschen „Drangs nach Osten“ war im Wesentlichen eine Erfindung des späteren 19. Jahrhunderts, als einige deutsche Nationalisten die Kolonisierung des Ostens forderten, die angeblich in Gefolgschaft der mittelalterlichen Vorreiter betrieben werden sollte. Kerngebiet des frühmodernen Heiligen Römischen Reichs ab 1500 war das alte deutsche Königreich.

Kaiserkrönungen

Wie komplex die Reichsgeschichte von ihrem Anfang bis zum Ende war, zeigt sich am Prozedere für die Wahl und Krönung der Herrscher wie auch an der Tatsache, dass es kein Zentrum gab, etwa in Gestalt einer Hauptstadt. Als Zentrale diente der Hof des jeweiligen Herrschers. Der war ab der Mitte des 15. Jahrhunderts, wenn auch nicht durchgängig, in Wien lokalisiert. Dauerhaft etablierte er sich dort, als die Habsburger nach dem Tod Rudolfs II. 1612 Prag als Residenz und Regierungssitz aufgaben. Nun wurde Wien das höfische Zentrum für die Erblande der Habsburger wie auch für das Reich, und in seiner Bedeutung noch dadurch verstärkt, dass dort neben dem Reichshofrat – dem obersten Gerichtshof des Kaisers – auch die Reichskanzlei angesiedelt war. Als Sitz einer großen europäischen Dynastie überstrahlte Wien alle anderen deutschen Städte. Während der kurzen Regentschaft des Bayern Karl VII. aus dem Hause Wittelsbach, der von 1742 bis 1745 deutscher Kaiser war, konnten sich weder München noch Frankfurt als überzeugende Alternativen zum habsburgischen Wien etablieren.

Doch der Reichstag trat anderswo zusammen, und das Reichskammergericht befand sich ebenfalls nicht in Wien. Jahrhundertelang wurden Adelsversammlungen, die Vorläufer des spätmittelalterlichen Hoftags und des frühmodernen Reichstags, dorthin einberufen, wo der Kaiser sich gerade aufhielt. Die Goldene Bulle von 1356 bestimmte Nürnberg als Ort des ersten Reichstags nach einem Regierungsantritt, was indes nicht immer eingehalten wurde. Von 1663 an residierte der Reichstag als „Immerwährender Reichstag" in Regensburg, wodurch die Stadt mit der Zeit zu einem bedeutenden diplomatischen Zentrum wurde. Das von den Reichsständen finanzierte Reichskammergericht zog von Nürnberg 1527 nach Speyer um, wo es blieb, bis eine französische Invasion die Niederlassung in Wetzlar erforderlich machte.

Attraktiv waren diese Standorte lediglich für Justizbeamte, mit einem Fall befasste Anwälte und junge Rechtsaspiranten wie Goethe, die die Reichsgesetzgebung studieren wollten.

Ebenso besaß das Reich kein Zentrum für Zeremonien und andere offizielle Feierlichkeiten. Ob oder wie Karl der Große zum fränkischen König gewählt oder gekrönt wurde, ist nicht bekannt, doch wissen wir immerhin, dass er am 25. Dezember 800 vom Papst zum Kaiser gekrönt wurde, und er bestand auf der Krönung seines Sohns 813 in Aachen. Die Traditionen des Reichs blieben lange Zeit unter dem Einfluss dieser beiden Ereignisse. Im Mittelalter wurden deutsche Herrscher zuerst in Deutschland zum König und dann in Rom vom Papst zum Kaiser gekrönt. Zum ersten Mal wurde 911 ein sächsischer Herrscher zum König gewählt; vorausgegangen war eine Abmachung zwischen zwei (von fünf) Herzögen, regionalen Oberherren in der karolingischen Monarchie. Die Nachfolger des Sachsenkönigs wurden dann mit Unterstützung der Herzöge und anderer führender Adliger gewählt. Die genaue Anzahl der Wahlberechtigten blieb bis 1356 offen; erst die Goldene Bulle bestimmte sieben Fürsten zu Kurfürsten. Im 17. Jahrhundert kamen noch zwei weitere hinzu. Anfänglich gab es keinen festgelegten Wahlort; zumeist fand die Zeremonie in Mainz und Frankfurt statt. In Mainz, weil dort der Reichserzkanzler, der Erzbischof von Mainz, seinen Sitz hatte; Frankfurt, weil die Stadt über eine zentrale Lage und die Fähigkeit verfügte, große Versammlungen von Notabeln und Gefolgsleuten zu beherbergen und zu versorgen. 1356 legte die Goldene Bulle Frankfurt als einzigen Wahlort fest, wobei in der Folge manche Wahlen auch in Augsburg oder Regensburg stattfanden.

Bis zum 16. Jahrhundert wurde die Krönung eines Herrschers zum deutschen König in Aachen vollzogen. Erst dann wurde er in Rom zum Kaiser gekrönt. Ursprünglich lautete der verliehene Titel *Rex Teutonicorum* – König der Deutschen –, was ab dem

12. Jahrhundert zu *Rex Romanorum* – König der Römer (oder römischer König) – abgewandelt wurde. Nach der Krönung in Rom nahm der König dann den Kaisertitel an. Maximilian I. wurde 1486 zum *Rex Romanorum* gewählt und trat 1493 die Nachfolge seines Vaters, Friedrich III., an. Allerdings verhinderten seine ständigen Auseinandersetzungen mit dem Heiligen Stuhl eine päpstliche Kaiserkrönung. So führte Maximilian ab 1508 einfach den Titel „Erwählter römischer Kaiser", wie dann auch alle seine Nachfolger bis 1806. Einzige Ausnahme war sein Sohn Karl V., der letzte von einem Papst gekrönte Kaiser. Da aber Karls Heere 1527 in Rom gewütet hatten („Sacco di Roma"), fand die Krönung 1530 in Bologna statt.

Seit dem späteren Mittelalter wurde der designierte Erbe im Allgemeinen vor dem Tod des Kaisers zum „Römischen König" gewählt und gekrönt; allerdings konnte die Wahl auch, falls notwendig, nach dem Tod des Kaisers zeitgleich mit der Kaiserkrönung einhergehen. Mit der Ausnahme eines Wittelsbachers, Karl VII., stammten alle Kaiser des Heiligen Römischen Reichs nach Friedrich III. aus dem Hause Habsburg.

Nach 1562 fanden sowohl die Wahl als auch die Krönung in Frankfurt statt. Eine Rolle mag dabei die Tatsache gespielt haben, dass ein amtierender Erzbischof von Köln zur Unzeit starb und so das Krönungsritual nicht vollziehen konnte. Außerdem war Frankfurt freie Reichsstadt und zudem lag es den Habsburger Territorien näher als Aachen.

Die Reichsinsignien

Bis zum Ende des Reichs im Jahre 1806 wurden bei den Krönungen dieselben Insignien und Reliquien verwendet, die im Mittelalter zusammengetragen worden waren. Man kleidete den Kaiser in einen Umhang, von dem behauptet wurde, es handle sich um den Krönungsmantel Karls des Großen, doch war die Robe wahrscheinlich um 1133/34 in Sizilien aus Seide byzantinischer Herkunft gefertigt worden. Deutsche Quellen jedenfalls erwähnen das Kleidungsstück erstmals 1246. Doch ein Jahrhundert später galt es bereits als der Mantel Karls des Großen und wurde durch weitere Gewänder ergänzt, die wohl auch im 12. Jahrhundert auf Sizilien gefertigt waren, wie etwa Albe, Adlerdalmatika, Stola, Unterkleidung, Gürtel, Handschuhe und Schuhe.

Ähnliche Mythologien betrafen die Kaiserkrone, die höchstwahrscheinlich um 1024 im westlichen Rheinland gefertigt worden war, und den Reichsapfel, der bei der Krönung der staufischen Kaiser im 12. Jahrhundert Verwendung fand. Zu den Reichsinsignien gehörten auch das Zepter, das Schwert und die Heilige Lanze, in deren Spitze angeblich ein Nagel vom Kreuz Christi eingearbeitet war. Die Lanze war im 10. Jahrhundert in den Besitz der deutschen Könige gelangt. Das praktisch einzige Kleinod aus der karolingischen Zeit ist das „Krönungsevangeliar", eine Bilderhandschrift mit silbernem Einband, die kurz vor 800 in der Palastschule zu Aachen hergestellt wurde.

Anfänglich wurden diese Reichsinsignien und -kleinodien zusammen mit diversen Reliquien wie etwa einem Splitter vom Kreuz Christi und einem Stück Stoff vom Tuch, das den Tisch beim Letzten Abendmahl deckte, von einem König dem Nachfolger persönlich überreicht. Das erforderte häufiges Reisen und die Verwahrung an unterschiedlichen Orten. Im 14. Jahrhundert begann Karl IV. damit, sie alljährlich zu präsentieren. Als Prag 1423 durch den Aufstand der Hussiten bedroht wurde, ließ Kaiser Sigismund sie von der nahe gelegenen Burg Karlstein (Karlštejn) zum Heilig-Geist-Spital in der Reichsstadt Nürnberg bringen, der er das Privileg beständiger Aufsicht über die Sammlung verlieh. Als Nürnberg 1523 protestantisch wurde, gab es keine alljährliche Zurschaustellung mehr, doch blieben die Insignien und Kleinode dort bis 1796, als französische Truppen in Franken einmarschierten. Nun wurde die Sammlung nach Wien gebracht und kehrte erst 1938, auf Befehl Hitlers, nach Nürnberg zurück. Doch 1946 fanden sie ihre Obhut in der Hofburg zu Wien, wo sie noch heute zu finden sind.

Das Reichssymbol, der Doppeladler, kennt eine ähnliche Entwicklungsgeschichte. Karls des Großen Palast in Aachen schmückte zunächst der einköpfige Adler des Römischen Reichs. Auch die Ottonen nahmen ihn als Symbol ihrer Macht; er war einer römischen Kamee eingearbeitet, die sich auf einem Kreuz befand, das Otto III. (Reg. 983–1002) dem Aachener Dom vermachte. Die Kamee war von Juwelen und Perlen aus dem Besitz der späteren Karolinger umgeben. Bis zum 14. Jahrhundert verwies der einköpfige Adler auf den Anspruch der deutschen Kaiser, Nachfolger der römischen Herrscher zu sein. Das Bild des Doppeladlers tauchte zuerst im 4. Jahrhundert in Kleinasien auf und fand zunehmend im Oströmischen (oder Byzantinischen) Reich Verwendung, bis es die Dynastie der Palaiologen im 13. Jahrhundert endgültig als Herrschaftszeichen übernahm. Auch im Heiligen Römischen Reich wurde der Doppeladler heraldisch benutzt, und ab 1433 war er, so wie Kaiser Sigismund es wollte, schwarz auf goldenem Grund das Wahrzeichen des Reichs. Zunehmend fanden die Wappen von Städten und Fürsten auf seinen Flügelfedern Platz. Ursprünglich waren sie zu zehn Gruppen à vier Wappen angeordnet (deshalb auch die Bezeichnung „Quaternionenadler"), später fanden mehr Wappen auf den Federn Platz. Der Doppeladler konnte für den Kaiser stehen (dann zierte dessen Wappen die Brust) oder für das Reich (dann trug er ein Kreuz auf der Brust). Das heraldische Tier fand im ganzen Reich Verbreitung, so z. B. in den Wappen von Reichsstädten oder den Bannern und Dokumenten von Handwerkszünften.

Der Adler, sei er nun ein- oder doppelköpfig, gehörte zu den vielen dauerhaften Identifikationsmerkmalen, in denen sich die deutschen Untertanen mit ihren Herrschern und, wie diese, mit dem politischen Gemeinwesen verbunden sahen. Im 19. und 20. Jahrhundert bestritten viele Gelehrte, dass das Reich jemals patriotische Begeisterung oder ein Bewusstsein deutscher Identität unter den Einwohnern ausgelöst habe. Im Gegensatz dazu macht dieses Buch die Identifikation des Reichs mit der deutschen Nation, die sich kontinuierlich seit dem Mittelalter entwickelte, zu einem seiner Hauptthemen. Vorangetrieben und fokussiert wurde die Bestimmung dessen, was das deutsche Reich sein sollte, auch durch die Auseinandersetzungen über die Kirchenreform, die der Reformation vorangingen. Diese Konflikte veranlassten viele Autoren dazu, die römischen Ursprünge des Reichs zu bestreiten. Stattdessen betonten sie, es sei von Anbeginn ein deutsches Reich gewesen. Doch blieb der Titel unverändert bestehen, und einige katholische Theoretiker glaubten auch weiterhin an den römischen Ursprung und ein besonderes Verhältnis zum Papsttum, doch wurde dies zunehmend in den Bereich des Mythischen verwiesen.

Das Heilige Römische Reich in späterer Zeit

Im 18. Jahrhundert ging es nicht so sehr um das Ursprungsproblem, sondern um den Konsens zwischen katholischen und protestantischen Gelehrten über die politische Form des Reichs als einer Art Konföderation. Gemeinsam mit dem Kaiser übten die deutschen Fürsten und Städte im Reichstag die gesetzgebende Gewalt aus, wobei der Kaiser einerseits noch die feudale Oberherrschaft über die Fürsten genoss, andererseits aber wie ein höchster Richter darauf achtete, dass die gemeinsam verabschiedeten Gesetze auch eingehalten wurden. Dieses Gemeinwesen wurde allgemein einfach als „das Reich“ oder „Deutsches Reich“ oder, ganz kurz und knapp, als „Deutschland“ bezeichnet.

Auch bedeutende ausländische Intellektuelle teilten diese Auffassung vom Reich. Montesquieu besuchte es 1729 und sah in ihm eine wirksam funktionierende Föderation. Und Voltaire stand dem Reich positiver gegenüber als vielfach angenommen. Seine augenscheinlich geringschätzige Bewertung zielte insbesondere auf das Ende der Regierungszeit Karls IV. (ab 1346 römischer König). Voltaire bezog sich auf die stabilisierende Funktion der Goldenen Bulle für das deutsche Königreich, insofern als sie die Macht des Kaisers einschränkte. Ferner kommentierte Voltaire Karls augenscheinliche Gleichgültigkeit Italien gegenüber und seine Anerkennung der päpstlichen Macht. Aber zu seiner Zeit sah Voltaire das Reich als eine Republik von Fürsten unter dem Präsidium des Kaisers. Es war ein Gemeinwesen, dessen grundlegende Gesetze die herrscherliche Macht erfolgreich einschränkten und die deutsche Freiheit (oder „teutsche Libertät") bewahrten. Der Titel war im Jahrhundert der Aufklärung archaisch und anachronistisch, nicht aber das Regierungssystem.

Die Kommentatoren des 17. und 18. Jahrhunderts hatten Schwierigkeiten, das Reich im Hinblick auf andere europäische Gemeinwesen zu klassifizieren. Berühmt wurde Samuel Pufendorfs Vergleich mit einem „Monstrum". Er meinte damit nur, dass das Reich nicht gemäß den Bestimmungen des Aristoteles als Monarchie, Aristokratie oder Demokratie eingestuft werden konnte. Der große Rechtsgelehrte und Verfassungsjurist Johann Jacob Moser erklärte: „Deutschland wird auf deutsch regiert."

Deutsche Historiker des 19. und frühen 20. Jahrhunderts verachteten das Reich, weil es kein Nationalstaat gewesen sei. Überdies trage es die Schuld an der späten Entwicklung der Deutschen. Gerne priesen sie die Territorien wegen ihrer kulturellen Errungenschaften, weigerten sich aber, die Art und Weise anzuerkennen, in der das Reich diese Erfolge möglich gemacht hatte. Kritiker Deutschlands vor und nach 1945 waren häufig bemüht, schon im ersten, dem Heiligen Römischen Reich den Vorläufer des „Dritten Reichs“ zu sehen, was auf die Jahrhunderte vor 1806 einen düsteren Schatten warf. Positivere Einschätzungen, die nach 1945 vorgetragen wurden und das Reich entweder als transnationalen Vorläufer der Europäischen Union oder als ersten deutschen Nationalstaat begreifen wollten, wurden als gezwungen und unangemessen kritisiert.

Während der letzten zwei Jahrhunderte haben Narrative des Heiligen Römischen Reichs eher den Bedürfnissen der jeweiligen Gegenwart gedient, statt die objektive Realität des Alten Reichs oder wenigstens die subjektiven Erfahrungen seiner Bewohner zu begreifen. Diese Übersicht bietet eine andere Perspektive. Angelegt als chronologische Erzählung will sie zeigen, wie sich das Reich über eintausend Jahre hinweg durch höchst unterschiedliche Phasen hindurch entwickelte.

Römisches Reich und deutsches Königreich

Von Karl dem Großen bis zu den Ottonen

Römische und fränkische Ursprünge

Als Papst Leo III. in Rom am 25. Dezember des Jahres 800 Karl den Großen als *Imperator Romanorum* krönte, war dieser bereits der erfolgreiche und mächtige Herrscher des fränkischen Königreichs und zudem König von Oberitalien. Seinem Titel *Rex Francorum et Langobardorum* fügte er nun einen Kaisertitel hinzu, der umfassende Autorität andeutete, dessen Machtbefugnisse tatsächlich aber höchst vage waren. In Karls Krönung lag keinesfalls die Entstehung eines neuen Herrschaftssystems beschlossen, doch war sie ein wichtiger Wendepunkt im langsamen Übergang vom Römischen Reich zu dem, was erst einige Jahrhunderte später als Deutsches Reich oder Reich bezeichnet werden sollte.

Das fränkische Königreich entstand, als das Römische Reich an sein Ende gelangte und fränkische Stämme sich in den nordwestlichen Grenzgebieten festsetzten. Das Römische Reich hatte seinen Höhepunkt unter Kaiser Trajan um 110 n. Chr. erreicht. Doch schon bald danach bereitete die Verwaltung und Beherrschung dieses riesigen Gebiets Schwierigkeiten. Immerhin erstreckte sich das Reich von Westeuropa bis Kleinasien und umfasste an die 20 Prozent der Weltbevölkerung.

Aufgrund dieser zunehmenden Schwierigkeiten wurde das Reich fortschreitend dezentralisiert, bis Diokletian (Reg. 284–305) es förmlich aufteilte, sodass nun vier Kaiser gleichzeitig regierten. Ihre miteinander konkurrierenden ehrgeizigen Bestrebungen hatten erneute Instabilität zur Folge. Endlich wurde Konstantin der Große (Reg. 324–337), der sich bereits 310 als Kaiser im westlichen Teil durchgesetzt hatte, 324 zum Alleinherrscher im ost- wie im weströmischen Reichsgebiet. Er verlegte seine Hauptstadt nach Byzanz, das nun Konstantinopel hieß, förderte das Christentum und führte die dynastische Erbfolge ein.

Doch war die Neubelebung des Römischen Reichs nicht von Dauer. Interne Konflikte sowie Angriffe auf Rhein und Donau durch nördliche und östliche kriegerische Stämme wie die Hunnen führten 395 zur erneuten Teilung des Reichs, diesmal in einen östlichen und einen westlichen Teil. Mittlerweile wurde Rom von den Goten bedroht, die die Stadt im Jahre 410 plünderten. Neue Hauptstadt des Westreichs war nun Ravenna.

Das Byzantinische Reich im Osten mit seiner Hauptstadt Konstantinopel stand einige Jahrhunderte lang in Blüte, bis es 1453 von den Osmanen erobert wurde. Dagegen war das Weströmische Reich wiederholten Invasionen durch diverse germanische Stämme ausgesetzt. Das waren keine „Deutschen", wie deutsche Kommentatoren später versicherten: „Germanisch" war ein von den Römern verwendeter Gattungsbegriff für die Stämme der Barbaren östlich des Rheins und nördlich der Donau. Dieses Gebiet nannten die Römer *Germania*.

Als Roms Autorität verfiel, wanderten diese Stämme nach Westen und Süden, und noch bevor der letzte Kaiser Westroms 476 gestürzt worden war, hatten sich germanische Königreiche in Afrika, Spanien, Frankreich, der Schweiz, Italien und Dalmatien etabliert. Ihre Könige erkannten die Herrschaft des oströmischen Kaisers an: Sie waren nicht darauf aus, seinen Titel zu usurpieren, sondern suchten vielmehr seine Zustimmung zur Etablierung ihrer Reiche zu erlangen, zudem übernahmen sie die im Oströmischen Reich geltende Währung. Doch ihre Gebiete regierten sie ohne Einspruch von außen; sie führten fast ständig

Krieg und ihre Welt war durch den Aufstieg und Fall römischer, germanischer und hunnischer Warlords bestimmt. Erst allmählich bildeten diverse Gruppen dieser Stämme zwischen dem 3. und dem 10. Jahrhundert eine gemeinsame ethnische Identität und schließlich eine gemeinsame Sprache aus. Die bedeutendsten dieser sich herausbildenden Ethnien waren die Franken und, später dann, die Deutschen.

Die Franken entstanden aus einer Verschmelzung verschiedener kleinerer germanischer Stämme, die im 4. und 5. Jahrhundert aus den mittel- und niederrheinischen Gebieten nach Nordgallien gewandert waren. Zunächst dienten sie den Römern als Soldaten, dann wurden sie ihre Verbündeten und heirateten in die gallo-römische Oberschicht ein. Nachdem sie die Römer als Herrscher beerbt hatten, behielten sie deren Sprache, Straßennetz und Verwaltungsform bei.

Die fränkischen Stämme wurden von Chlodwig vereinigt, dem ersten Herrscher der Dynastie der Merowinger (Reg. 481/82–511). Chlodwig war ein außerordentlich erfolgreicher Militärführer, energisch und ehrgeizig. Um 500 veröffentlichte er die *Lex Salica*, ein Gesetzbuch, in dem er sich selbst als *Primus Rex Francorum*, Erster König der Franken, bezeichnete. Der oströmische Kaiser Anastasios I. (Reg. 491–518) machte ihn zum „Konsul" des Römischen Reichs und erkannte ihn 508 als fränkischen König an. Einer der Gründe für diese Ehrung mochte darin liegen, dass Chlodwig zum nizäischen Christentum – dem römischen Katholizismus – übergetreten war. Der Katholizismus war seit 380 die offizielle Religion des Römischen Reichs. Andere germanische Stammesführer hatten sich dagegen dem Arianismus zugewandt oder waren einfach Heiden geblieben. Der Übertritt zum Katholizismus sicherte Chlodwig die Mehrheit der römischen Bevölkerung; schon bald widmete er sich der Aufgabe, Beschützer der Kirche zu sein, und rief sogar im Jahre 511 in Orléans ein Konzil zusammen.

Auch als Chlodwig das Reich unter seine vier Söhne aufteilte, blieb die Vorstellung eines gemeinsamen Königreichs erhalten. Jeder erhielt einen Anteil am Kerngebiet namens „Austrasien" (die „östlichen Gebiete") um Metz, und an Aquitanien. Von den vier Hauptstädten – Reims, Orléans, Paris und Soissons – aus beherrschten etwa 200 000 Franken die Region zwischen Seine und Somme. Um 650 hatten Chlodwig und seine Nachfolger den größeren Teil Galliens mit seinen sechs bis sieben Millionen gallorömischen Einwohnern erobert und ihr Herrschaftsgebiet bis nach Thüringen und Bayern ausgeweitet.

Die Herrschaft der Merowinger beruhte auf freundschaftlichen Beziehungen zwischen Gruppen von Großfamilien, nicht auf feudalen Strukturen. Die durch Heiratsabkommen, formelle Verträge, Eide und andere öffentliche Zeremonien befestigten Bande der Loyalität schufen eng vernetzte Beziehungen zwischen unabhängigen Clans. Sie bewältigten kommunale Aufgaben, zu denen auch die militärische Verteidigung gehörte, und schlichteten Streitigkeiten durch Schiedssprüche gemäß ungeschriebenen Gesetzen. Freundschaft wurde in bestimmten Ritualen öffentlich bekundet, so z. B. in großen Festen, die das Ende einer Streitigkeit markierten.

Die merowingischen Könige übernahmen von den Römern das System regionaler Verwaltung. Sie ernannten Grafen (*comes*) und östlich des Rheins Herzöge (*duces*), die für die Ausführung der königlichen Angelegenheiten zuständig waren. Das System war augenscheinlich flexibel genug, um lokale Bedingungen berücksichtigen zu können. So konnten z. B. die schwäbischen Alemannen ihr Rechtssystem beibehalten, und auch die Bayern, die im 6. Jahrhundert in der Region zwischen Donau und Alpen aus einer Verschmelzung zahlreicher Stämme hervorgegangen waren, genossen unter ihrem Herzog beträchtliche Eigenständigkeit. Das Bündnis mit der Kirche vergrößerte den Einfluss der Herrscher.

Vier Königen in Folge gelang es, die verschiedenen Gebiete des fränkischen Königreichs zu vereinen, aber danach wirkten sich die wiederholten Teilungen negativ aus. Da häufig Minderjährige die Herrschaft antraten, mussten umfangreiche Vorkehrungen für eine Vormundschaft getroffen werden, was die Entscheidungsbefugnisse der lokalen Oberschichten erweiterte. Diese wiederum sorgten in zunehmendem Maße dafür, dass Grafen ausschließlich aus der Schicht der Grundbesitzer der jeweiligen Region ernannt wurden, was ihre Entwicklung von königlichen Beamten zu quasi-autonomen lokalen Obrigkeiten beschleunigte. Die größten Nutznießer dieser Entwicklung waren die höchsten Hofbeamten, die Hausmeier (oder Majordomos), die sich mehr und mehr als Regenten im Namen der Monarchie begriffen und innerhalb des fränkischen Adels umfangreiche Bündnisse schmiedeten. 751 wurde der Abkömmling eines solchen Hausmeiers, Pippin der Jüngere (auch Pippin der Kurze) König (Reg. 751–768), nachdem er den Papst um Erlaubnis gebeten hatte, den letzten Vertreter der Merowinger, Childerich III. (Reg. 743–751) absetzen zu dürfen.

Damit verschob sich das Zentrum der fränkischen Macht von Paris und der Seine-Region zum Gebiet zwischen Maas und Mosel, wo Pippin über Gutsbesitzungen verfügte. Er war rastlos darum bemüht, interne Widerstände zu beseitigen, und ließ beim Versuch, über Aquitanien, Schwaben und Thüringen die Herrschaft zu erlangen, den Posten des Hausmeiers unbesetzt.

Pippin wurde von dem päpstlichen Gesandten Bonifatius gesalbt, was seiner Herrschaft die Aura göttlicher Erwähltheit und Gunst verlieh. Bald schon forderte Papst Zacharias (Reg. 741–752) Pippins Unterstützung gegen die langobardischen (oder lombardischen) Könige in Norditalien. Pippins Versprechen, dem Heiligen Stuhl die ehemals byzantinischen Territorien Mittelitaliens zu sichern, führte zu einer zweiten Salbung, die diesmal von Zacharias persönlich in der Kirche St. Denis vorgenommen wurde. Nun trug Pippin den Titel *Patricius Romanorum*, Beschützer der Römer und der römischen Kirche. Als er das Exarchat (den Verwaltungsbezirk) von Ravenna für den Papst gewann, legte er damit das Fundament für den zukünftigen Kirchenstaat und für die fortwährende Zusammenarbeit zwischen seiner Dynastie und dem Papsttum. Pippins Glaubensfestigkeit zeigte sich auch an der Unterstützung einer Mission in Friesland, für die er einen Bischofssitz in Utrecht einrichtete.

Karl der Große und die Karolinger

Pippins Unternehmungen trugen Früchte in der Regierungszeit seines Sohnes Karl – später Karl der Große –, dessen Errungenschaften erklärlich machen, warum seine Dynastie als die der Karolinger, nicht der Pippiniden bezeichnet wird. In vielfacher Hinsicht führte Karl der Große (Reg. 768–814) die Vorhaben seines Vaters fort. Über dreißig Jahre lang bekämpfte er die Sachsen an der nordöstlichen Grenze, bis er sie schließlich, im Jahr 804, unterworfen hatte. In Italien führte er einen erfolgreichen Feldzug gegen die langobardischen Könige, der in der Ermordung der gesamten Königsfamilie, der Erbeutung des Schatzes und der Erweiterung von Karls Titel durch *Rex Francorum et Langobardorum* gipfelte. Am Ende seiner Regierungszeit hatte er neben Sachsen und der Lombardei auch Aquitanien, Schwaben, Bayern und Kärnten völlig in seine Gewalt gebracht. Die slawischen Provinzen im Osten seines Reichs waren zu abhängigen Territorien geworden.

Wie schon Pippin trug Karl neben seinen militärischen Offensiven für die säkulare wie die kirchliche Verwaltung Sorge. Er blieb der Tradition, Grafen zu ernennen, treu, berief aber nun auch besondere Verwalter für die Marken oder Grenzgebiete (*comes marcae*, Markgrafen). Da diese unvermeidlicherweise aus dem ortsansässigen Adel stammten, schuf Karl auch einen neuen Typus königlicher Beamter, die *missi dominici* oder Königsboten. Sie hatten keinen festen Aufenthaltsort, sondern reisten in Diensten des Monarchen. Die Berufung von Herzögen, bei denen die Gefahr nahelag, dass sie sich zu starken regionalen Führungspersönlichkeiten und damit Gegenkräften zur Krone entwickeln könnten, wurde eingestellt.

Zugleich förderte Karl der Große die Kirchenreform und den Bau von Klöstern, wobei er viel Sorgfalt auf die Berufung von Bischöfen und anderen hohen kirchlichen Würdenträgern legte. So wurde die Kirche zu einer Hauptakteurin karolingischer Regierungstätigkeit. Neben Karls Aachener Residenz wurden Bischofssitze wie Köln, Mainz, Trier und Salzburg Ausbildungszentren für Kleriker, die auch als Verwalter eingesetzt werden konnten. Des Kaisers Bemühen um eine moralische und religiöse Reform seiner Herrschaftsgebiete zog nach und nach Gelehrte und Lehrer an seinen Hof und zu den Bischofssitzen und großen Klöstern. Ihre Hauptbeschäftigung wurde das Kopieren antiker Texte, was durch die Erfindung einer neuen Schrift erleichtert wurde. Die karolingische Minuskelschrift bestand aus in der Form vereinheitlichten und gerundeten Buchstaben; sie kannte Großbuchstaben und setzte einen Abstand zwischen die Wörter. Geschrieben wurde nicht auf Papyrus, sondern auf Pergament; die Schrift war relativ schnell zu schreiben und leicht zu lesen. Mehr als 90 Prozent aller uns heute bekannten klassischen Texte verdanken wir den karolingischen Schreibern.

Doch waren diese Dinge nicht entscheidend für die Erlangung des Kaisertitels. 797 wurde der oströmische Kaiser Konstantin VI. (Reg. 780–797) von seiner Mutter, Kaiserin Irene, gestürzt, was in Konstantinopel ein Machtvakuum hinterließ. 802 wurde Irene dann ihrerseits von den byzantinischen Patriziern vom Thron gejagt. In Rom wurde im Jahre 799 Papst Leo III. (Reg. 795–816) von seinen Feinden angegriffen, die

Thron Karls des Großen in der Kapelle der Aachener Königspfalz, dem Zentralbau des heutigen Aachener Doms.

versuchten, ihn zu blenden und zu verstümmeln. Leo wurde jedoch von Karls Königsboten gerettet und von Karl persönlich nach Rom eskortiert. Dort verkündete der Papst öffentlich, er habe sich weder Ehebruch noch Meineid zuschulden kommen lassen, und er krönte den fränkischen König zum Kaiser von Rom. Da Kaiserin Irene ihres Geschlechts halber nicht als für den Titel legitimiert galt, wurde die Proklamation für rechtens gehalten.

Der neue oströmische Kaiser, Nikephoros I. (Reg. 802–811), weigerte sich indes, die Kaiserwahl anzuerkennen, weil er den Titel Karls für sich selbst beanspruchte. Doch blieben seine Einwände ohne Einfluss. Im Westen war von entscheidender Bedeutung, dass Leos Handlung die ultimative Macht des Papstes bezeugte. Die Machtfrage erlangte dann für die Beziehung zwischen Kaiser- und Papsttum entscheidende Bedeutung; die Auseinandersetzungen währten bis zum 13. Jahrhundert.

Doch während der Regierungszeit Karls des Großen spielte dieses Problem noch keine Rolle. Mochte der oströmische Hof Karl auch für wichtigtuerisch halten und sich über ihn und sein barbarisches, ungehobeltes Gefolge lustig machen, konnte das den neuen Kaiser nicht anfechten: Der Titel mehrte sein Prestige über alle Maßen. Über zwei Kronen verfügte er als König der Franken und Langobarden bereits, doch die Kaiserkrone erhob ihn über alle anderen Herrscher im Westen. Das Ausmaß seiner Macht war nicht klar definiert; erst später einigten er und seine Berater sich auf einen präzisen Titel, der zugleich ehrgeizig und zweideutig war:

Carolous serenissimus augustus, a Deo coronatus magnus pacificus imperator, Romanum gubernans imperium, qui et per misericordiam Dei rex Francorum et Langobardum. (Karl, der erlauchteste Erhabene, von Gott gekrönt, großer friedebringender Kaiser, der das römische Reich regiert und auch durch Gottes Gnade König der Franken und Langobarden ist.)

Karls unmittelbare Nachfolger kürzten den Titel zu *imperator augustus* oder *rex* ab und tilgten auch die ethnischen Bestimmungen („Franken und Langobarden"), um so die ungeteilte Herrschaftsbefugnis über ihre Gebiete zu behaupten.

Die nächsten Jahre sahen das fränkische Königreich auf seinem Höhepunkt. Feldzüge brachten militärische Erfolge und reichlich Beute, wodurch die fränkische Oberschicht mit ihren Verbindungen zur gallo-römischen Bevölkerung ein Bewusstsein von Zusammengehörigkeit und Identität entwickelte. Aus Erzählungen von berühmten Siegen und Beweisen von Tapferkeit und Treue in der Schlacht wuchsen Mythen, in denen die Heldentaten fränkischer Krieger verklärt wurden, die für die Einigung der germanischen Völker und ihrer Kulturen und Rechtstraditionen gekämpft hatten. Doch lebten die germanischen Stämme immer noch in einer vielsprachigen Gesellschaft, in der das Latein das sprachlich verbindende Element war. Hinzu kam, vorherrschend, das Vulgär- oder Volkslatein im Westen sowie Alemannisch, Bayrisch, Sächsisch und andere Regionalsprachen im Osten. Die Kaiserkrönung stattete die Monarchie mit der Aura aus, Nachfolgerin Roms zu sein und eine bedeutende sakrale oder religiöse Dimension zu besitzen. Karl der Große sah sich selbst als Knecht Gottes, der seine Kriege im Dienste einer höheren Idee führte: der Schaffung von Gottes Reich auf Erden. Folglich begriffen sich die Franken als Gottes auserwähltes Volk, als Vertreter des Guten gegen das Böse.

Doch wurden die Visionen einer neuen Weltordnung schnell auf den Boden der Wirklichkeit zurückgeholt. Als Idee blieb das *imperium* unter einem einzigen Kaiser ungeteilt, nicht aber in der geografischen Realität. Vielmehr bildeten die *regna*, die einzelnen Königtümer, die irdische Grundlage der kaiserlichen Macht und standen in der fränkischen Tradition, die Brüdern wie Söhnen einen Anspruch auf die Erbfolge gestattete. Die beiden ältesten Söhne Karls starben 810 bzw. 811. Im Jahr vor seinem eigenen Tod 814 krönte Karl, byzantinischer Tradition folgend, seinen verbleibenden Sohn zum Mitkaiser. Den Papst hatte er dabei nicht hinzugezogen, aber die Zustimmung der führenden fränkischen Adligen erhalten. Ludwig der Fromme (Reg. 814–840) konnte seine Regierungszeit relativ stabil gestalten, doch sein Tod führte zu einem blutigen Bürgerkrieg, der mit dem Vertrag von Verdun 843 sein Ende fand. Nun wurde das Reich in drei Königreiche – ein westliches, ein mittleres und ein östliches – aufgeteilt. Der Kaisertitel ging an Lothar I., den Sohn Ludwigs des Frommen, dessen mittleres Reich auch das italienische Königreich umfasste. Die Dreiteilung war der Anfang vom Ende der fränkisch-karolingischen Dynastie. Die Kaiserwürde blieb demjenigen vorbehalten, der das italienische Königreich regierte. Am Ende des 9. Jahrhunderts aber starben die Karolinger aus. Im Verlauf mehrerer Generationen wurde der Kaisertitel von einer römischen Familie zur nächsten gereicht und verlor seine Bedeutung. Zwischen 924 und 962 gab es überhaupt keinen westlichen Kaiser.

Vom östlichen zum deutschen Königreich

Die fränkischen Königreiche, das westliche, aus dem schließlich Frankreich wurde, wie auch das östliche entwickelten ein spezifisches Identitätsbewusstsein. Seine Herrscher, die Söhne Ludwigs des Deutschen (Reg. 843–876; der zweite Sohn Ludwigs des Frommen), konnten ihre Ansprüche erfolgreich gegen ihre Onkel verteidigen und so ein für alle Mal die Erbfolgerechte der Söhne über die der Brüder stellen. Sie machten sich auch Lothringen zu eigen und verlagerten die Westgrenze zurück auf eine von den Flüssen Schelde, Maas und Saône gebildete Linie. Die Nordsee und im Süden die Alpen bildeten stabile natürliche Grenzen, und im Osten blieb die Grenze gegen die Slawen von

Kärnten über den Böhmerwald bis hinauf zu Saale und Elbe unverändert. Das östliche Reich war gegenüber dem westlichen kulturell zurückgeblieben, aber militärisch erfolgreicher, und es entwickelte eine eigene Sprache. Auf Lateinisch hieß sie *lingua theodisca*, jedoch ist das Adjektiv nicht mit „deutsch" im modernen Sinne zu übersetzen. Das Wort „diutisc", zuerst 786 in einer althochdeutschen Übersetzung aus dem Lateinischen benutzt, bedeutete soviel wie „(all)gemein" [im Sinne von: „zum Volk gehörig", d. Ü.], und auch der 843 auftauchende Ausdruck „teutisci" bezeichnete lediglich all jene, die keine Langobarden waren. Die Ostfranken besaßen keine Grammatik oder geschriebene Sprache, doch ihr über mehrere Generationen aufrechterhaltenes politisches Bündnis schuf allmählich die Grundlage für eine sich von der romanischen Sprache der West- und Südfranken unterscheidende Ausdrucksform. Es war eine Mischung aus lateinischen, keltischen und diversen regionalen nord- und ostgermanischen Elementen.

Mit dem Vertrag von Ribemont (880) wurden die Grenzen zwischen dem ost- und dem westfränkischen Reich endlich festgelegt. Ludwig III. (Reg. 876–882) machte Frankfurt am Main zur Hauptstadt des östlichen Reichs. Ihre zentrale Lage erleichterte ihm die Einbeziehung des Adels in seinen Hof. Und während die westfränkischen Könige die Herrschaft über die Kirche an das Papsttum verloren, konnte Ludwig das Recht auf die Ernennung von Bischöfen und die Kontrolle des Kirchenbesitzes in seinen Händen behalten.

Doch schwächten fortwährende gegenseitige Vernichtungskriege die Dynastie der Karolinger und verschärften ein wachsendes Krisenbewusstsein. An der Ostgrenze wurde das Mährerreich ab den 830er-Jahren zur Bedrohung, die auch anhielt, nachdem Ungarn das Reich in den 890er-Jahren überrannt hatte. 881 fielen Wikinger in das Rheinland um Aachen ein und stießen 882 und 892 bis zur Mosel vor. Der letzte König der

Karolinger, Arnulf (Reg. 887–899) konnte noch 894 König von Italien und zwei Jahre später Kaiser werden, doch gelang es ihm nicht, die militärischen Unternehmungen, die praktisch in alle Richtungen hätten durchgeführt werden müssen, aufrechtzuerhalten. Sein Erbe, Ludwig das Kind (Reg. 900–911), war bei der Königskrönung im oberfränkischen Forchheim erst sechs Jahre alt und nicht mehr als eine Marionette in den Händen der mächtigen Adligen und Bischöfe. Und der Hof selbst wurde mehr und mehr vom erbitterten Kampf der Konradiner aus der Wetterau und der Babenberger aus der Gegend um Mainz beherrscht. Es ging um die Vorherrschaft im Herzogtum Franken, die sich schließlich Konrad sichern konnte. Aber die Babenberger sannen noch lange danach auf Rache.

Als die Monarchie ins Stolpern kam, gewannen die einflussreichen Markgrafen, denen im Osten die Verteidigung des Reichs oblag, an Macht. Aus den Rängen des Adels traten neue Führer hervor, die sich bald schon Herzöge nannten. Zu den besonders mächtigen Unzufriedenen gehörten die Liudolfinger aus Sachsen und die Liutpoldinger aus Bayern. Die neuen Herzöge richteten sich in den traditionellen germanischen Regionen ein: in Schwaben, Bayern, Thüringen, Sachsen, Franken, später auch in Lothringen, doch waren sie nicht die direkten Nachfolger der germanischen Herrscher der spätrömischen und merowingischen Epochen, auch handelte es sich nicht um Anführer von Ethnien oder Stämmen. Sie entstammten dem karolingischen Adel und erhoben nun den Anspruch, regionale Interessen zu vertreten und die Integrität des Königreichs insgesamt zu verteidigen. Doch ihre ausgeprägte Rivalität führte beinahe zum Untergang des Königreichs, das sie zu schützen behaupteten. Mit Unterstützung der Frankonier, der Sachsen, der Schwaben und der Bayern konnten die Konradiner die Wahl von Herzog Konrad zum König 911 in Forchheim durchsetzen. Konrad regierte bis 918. Er war der erste Herrscher, der nicht dem Geschlecht der Karolinger entstammte, verfolgte aber als Franke die Ziele seiner karolingischen Vorgänger. So wollte er Lothringen von Karl III. (dem Einfältigen), dem König von Westfranken, der es 911 erobert hatte, zurückgewinnen und des Weiteren die Vorrechte der Monarchie gegen den mächtigen Adel verteidigen. Allerdings gelang es ihm nicht, Lothringen zurückzuerobern. Das zweite Ziel erreichte er zumindest teilweise, doch erwies sich der Mangel an königlichen Vorfahren als Handicap: In Ermangelung der Aura fürstlicher Abstammung musste er sich auf Waffen stützen. In der Schlacht gegen Arnulf von Bayern (918) wurde er verwundet und starb. Da er keinen männlichen Erben hatte, konnten seine Feinde sich darauf einigen, Heinrich von Sachsen als Heinrich den Vogler zum König zu wählen. Heinrich I., „der Vogler", regierte von 919 bis 936; den Beinamen erhielt er, weil er angeblich auf Vogeljagd war, als ihn fränkische Boten mit der Nachricht von seiner Erhebung überraschten.

Das sächsisch-deutsche Königreich

Die Machtbasis Heinrichs I. lag in den Gebieten um Gandersheim, Hildesheim und Quedlinburg, und mit seiner Wahl verschob sich das politische Zentrum des ostfränkischen Königreichs nun weiter nach Osten. Heinrich wurde wohl von einer Koalition mächtiger sächsischer und fränkischer Adelsvertreter gewählt, die ihn als *primus inter pares* betrachteten; er selbst lehnte es ab, gesalbt zu werden, weil ihn das über jene herausgehoben hätte, die ihn gewählt hatten. Zunächst war seine Macht begrenzt, weil die Bayern einen Gegenkönig wählten, doch ging er mit derlei Opposition ganz anders um, als es bisher üblich gewesen war: Nach militärischen Drohungen schloss er einen Freundschaftsvertrag und hatte nach wenigen Jahren alle

Herzöge formell anerkannt; im Gegensatz zu Ludwig III. gewährte er den Herzögen sogar die Herrschaftsbefugnis über die Bischofssitze und Klöster in ihren Gebieten. Neu war auch Heinrichs im Jahre 929 gefällte Entscheidung, Otto, den ältesten Sohn aus zweiter Ehe, zum Alleinerben zu bestimmen, wodurch er drei weitere Söhne von der Thronfolge ausschloss.

So wurde die Krone nun nicht mehr als Familieneigentum betrachtet, das unter einer Vielzahl von Erben aufzuteilen war. Das wäre ohnehin unmöglich gewesen, da er den Herzögen das Herrschaftsrecht über ihre Gebiete zugesichert hatte. Doch als Heinrich Ottos Heirat mit Editha, einer Tochter Eduards des Älteren, König von Wessex, arrangierte und seinen Sohn dann 930 in Mainz krönte und salbte, gab er damit auch seiner Entschlossenheit Ausdruck, den Vorrang des Monarchen noch vor den höchsten Adligen zu betonen.

Otto I. (Reg. 936–973) hob seinerseits diesen Status bei den Zeremonien hervor, die 936 in Aachen anlässlich seiner Erhebung zum König vollzogen wurden. Vor dem Dom Karls des Großen wurde Otto von den führenden Adligen gehuldigt. Sie schworen ihm Treue. Im Dom selbst wurde er von den Erzbischöfen von Mainz und Köln gesalbt und gekrönt. Danach leisteten die Herzöge dem König bei einem Festmahl symbolische Dienste, indem sie die Rollen von Truchsess, Kämmerer, Mundschenk und Marschall übernahmen. Diese Ämter waren die Grundlage für die von den Kurfürsten getragenen zeremoniellen Titel.

Viele Jahre lang war Otto in erbitterte Konflikte mit seinen Brüdern verstrickt. Auch seine Bemühung, die Kontrolle über die Kirche zurückzuerlangen, um sie, wie unter den Karolingern, zu einer Stütze der Regierung und einem Instrument königlicher Patronage zu machen, führte zu Spannungen. Sein Interesse an Italien irritierte Schwaben und Bayern, die selbst gern die Vorherrschaft in Norditalien übernommen hätten.

Italien und das Reich

Ottos Italienpolitik war nicht aus einem Guss. Es gab keinen Masterplan für die erneute Inbesitznahme des Königreichs Italien und der Kaiserkrone, aber genau das hatte Otto zum Schluss erreicht. Als mit dem Tod Lothars 950 die italienische Königsdynastie erlosch, wollte sich Berengar II. von Ivrea das entstandene Machtvakuum zunutze machen. Er kerkerte Adelheid, die Witwe Berengars I., in einer Burg am Gardasee ein und besetzte den Königsthron zusammen mit seinem Sohn Adalbert als Mitregenten. Berengar war Vasall von König Otto geworden, als er 940 nach einem fehlgeschlagenen Aufstand gegen König Hugo von Italien zum Hofe Ottos geflohen war. Die Aussicht, dass er sich nun zum Herrscher von Oberitalien aufschwingen würde, musste den traditionellen Anspruch der deutschen Könige auf dieses Reich samt dem damit verbundenen Zugang nach Rom infrage stellen. Die Situation wurde noch dadurch verkompliziert, dass Adelheid die Tochter des Königs von Burgund war, an dessen Territorium die deutschen Könige ebenfalls interessiert waren.

Adelheid entkam der Gefangenschaft und bat Otto um Hilfe. Rasch zog er gegen Berengar zu Felde und brachte ihm eine entscheidende Niederlage bei, nahm dann den Titel eines Königs der Langobarden an und heiratete, da er seit Edithas Tod 946 Witwer war, Adelheid im Jahre 951. Im darauffolgenden Jahr aber machte er Berengar und Adalbert zu Königen unter seiner Oberherrschaft und stellte die Grenzgebiete von Verona und Aquileia unter bayrische Verwaltung.

Doch wurde der neu erreichte Status quo schon bald durch einen Aufstand erschüttert, den Liudolf, Ottos Sohn, anzettelte, weil er sich durch die Heirat seines Vaters mit Adelheid bedroht fühlte. Zwar wurde Otto schnell damit fertig und entzog Liudolf die Herrschaft über das Herzogtum Schwaben, doch nahmen die Unzufriedenen diesen Zwischenfall zum Anlass, Kontakt zu den

Sieg Ottos I. gegen die Ungarn in der Schlacht auf dem Lechfeld am 10. August 955, wie sie sich 500 Jahre später die Chronik Sigmund Meisterlins von 1457 vorstellte.

Ungarn herzustellen, deren Streitkräfte 955 Augsburg belagerten. In der Schlacht auf dem Lechfeld brachte Otto den Ungarn eine vernichtende Niederlage bei, was seinen Ruhm beträchtlich vermehrte und es ihm ermöglichte, dem Hilfeersuchen Papst Johannes' XII., der von Berengar bedroht wurde, Folge zu leisten.

Nachdem er seinem mit Adelheid gezeugten noch unmündigen Sohn die Erbfolge durch Krönung zum König gesichert hatte, marschierte er mit seinen Truppen nach Süden, übernahm die persönliche Kontrolle über das langobardische Reich und wurde am 2. Februar 962 in Rom zum Kaiser gekrönt. Zeitgleich erhielt Adelheid die Krone, womit zum ersten Mal eine Frau durch den Papst zur Kaiserin gekrönt wurde.

Der Papst höchstselbst (Reg. 955–964) hatte angeboten, Otto und Adelheid zu krönen. Keineswegs zufällig wurde dem deutschen König bei diesem Ereignis eine prachtvolle Abschrift der – gefälschten – Urkunde der Konstantinischen Schenkung gezeigt. Das Dokument bewies angeblich, dass der römische Kaiser Konstantin Papst Sylvester I. (Reg. 314–335) die Vormacht über das westliche Reich zugesichert habe, weil der Papst ihn von der Lepra geheilt hatte. Papst Johannes sah in der Krönung eines neuen Kaisers eine Gelegenheit, das eigene Ansehen zu mehren und die Vorherrschaft Roms zu festigen.

Otto nahm Papst Johannes' Angebot ohne zu zögern an. Noch bevor er nach Rom aufbrach, entwarf sein Bruder Bruno, seines Zeichens Erzbischof von Köln und Reichskanzler, ein neues Herrschersiegel. Das alte Bild des Herrschers als Krieger mit Schild und Lanze wurde durch eine Frontaldarstellung ersetzt, in der der Monarch die wichtigsten Reichsinsignien – Krone, Zepter und Apfel – trug. Es war die erste mittelalterliche Wiedergabe eines Reichsapfels, der einst das römische Symbol der Weltherrschaft gewesen war.

Ottos Ambitionen waren weniger weitreichend. Die Beziehung zwischen König und Papsttum, zwischen weltlicher und geistlicher Macht blieb unbestimmt. Otto anerkannte den päpstlichen Besitz diverser italienischer Territorien, während der Papst befürwortete, dass zukünftig jeder von der Kirche und dem „Volk von Rom" gewählte Pontifex vor seiner Weihung dem Kaiser einen Treueid schwören sollte. Aber viele der ins Auge gefassten Territorien waren nie von Kaiser oder Papst kontrolliert worden. Die Idee eines päpstlichen Treueids erwies sich lediglich als eine allgemeine Versicherung, die leicht unberücksichtigt bleiben konnte.

Otto verbrachte noch weitere zehn Jahre in Italien, wo er seine Herrschaft durch Ernennung neuer Grafen konsolidierte, königlich-feudale Vorrechte sicherte und eine neue Zitadelle in Ravenna, dem alten byzantinischen Zentrum, bauen ließ. Doch gelang es ihm nicht, den oströmischen Kaiser Nikephoros II. Phokas (Reg. 936–969) zur Anerkennung seines Titels zu bewegen. Auch war Nikephoros nicht bereit, der Heirat zwischen einer byzantinischen Prinzessin und seinem Sohn zuzustimmen. Nikephoros' Nachfolger, Johannes I. Tzimiskes (Reg. 969–976) zeigte sich dieser Idee geneigter, und so heiratete die dreizehnjährige Theophanu, möglicherweise seine Nichte, 972 Otto II. in Rom. Diese Einheirat in die östliche Kaiserdynastie bestätigte den Vorrang der sächsischen Herrscher vor anderen westlichen Monarchen.

Kaiserliche Herrschaft in Deutschland

Nördlich der Alpen ging Otto daran, seine Macht zu festigen, indem er die Ernennung von Bischöfen kontrollierte und Bistümer wie auch andere kirchliche Gründungen mit Landbesitz und Rechten ausstattete. Mit päpstlicher Erlaubnis gründete er 968 in Magdeburg ein Erzbistum; für einen Suffraganbischof wurde ein Sitz in Merseburg eingerichtet. Das bereits unter den

Merowingern und Karolingern etablierte System der Kirchenpatronage war nun so weit ausgebildet, dass Zeitgenossen von einer *Reichskirche* sprachen, über die der Kaiser als „Vikar Christi" die Oberhoheit besaß. Ottos großzügige Zuwendungen, die er den deutschen Bistümern, Klöstern und Konventen angedeihen ließ, beflügelten eine Entwicklung, die häufig als „Ottonische Renaissance" bezeichnet wird. Gemeint ist damit die Gründung von Schulen an Bischofssitzen, die Herstellung neuer Ausgaben klassischer Texte sowie eine umfangreiche liturgische Literatur, Epen, die geistlichen Dramen und Dialoge der Nonne Roswitha von Gandersheim und schließlich die „Sachsengeschichte" (*Res gestae Saxonicae*) Widukinds von Corvey neben weiteren Werken.

Zur selben Zeit ließ der an den Ostgrenzen seit Langem geführte Kampf gegen die Slawen allmählich nach. In einigen Regionen schlossen Slawen mit der deutschen Krone Tributverträge in unterschiedlicher Form: Angehörige slawischer Führungsschichten wie die böhmischen Přemysliden und die polnischen Piasten heirateten in sächsische Adelsfamilien ein und wurden in den Grenzgebieten ihrer eigenen Territorien zu Markgrafen; fast überall konnte nun das christliche Missionswesen Erfolge feiern.

Ingesamt blieb Otto der fränkisch-karolingischen Tradition treu. Seine Monarchie kannte keinen festen Sitz; er verließ sich auf die Gastlichkeit der Erzbischöfe und anderer Kirchenführer, die es ihm ermöglichte, sein Reich zu bereisen, was ihm wichtiger zu sein schien als seinen Vorgängern. Anders als die Karolinger hatte er vergleichsweise wenige Beamte; die königlichen Diener alten Schlages gehörten jetzt zum Erbadel. Der König pflegte, was für ihn wichtig war: ein Netzwerk persönlicher Beziehungen, Freundschaften und Verwandtschaften. Die Dekrete und Sendschreiben, mit denen Karl der Große und seine unmittelbaren Nachfolger regiert hatten, waren jetzt weniger wichtig als vor versammeltem Hof vollzogene Rituale. Die Gewährung von Privilegien und dergleichen geschah mittels Zeremonien, in denen Rang und Status in Szene gesetzt wurden; die Gottesdienste zu Ostern oder Pfingsten waren Ereignisse zur Feier und Darstellung von Machtverhältnissen, bei denen der König seine Autorität demonstrierte und die Adligen ihm willfahrten. Otto reiste viel durch Sachsen, an den Niederrhein und in die Rhein-Main-Region; seine unmittelbaren Nachfolger bezogen auch Schwaben und andere Teile des Reichs mit ein.

Das östliche Königreich hatte immer noch keinen formellen Titel. Otto bezeichnete sich selbst für gewöhnlich als *rex*, später als *imperator*, ohne sich auf ein bestimmtes Territorium oder eine ihm untertänige Bevölkerung zu beziehen. Sein Vater hatte einfach den Titel „König der Franken und Sachsen“ getragen, womit Schwaben und Bayern ausgeschlossen waren. Später legte Otto sich, wie schon Karl der Große, den Titel *Rex Francorum et Langobardorum (Italicorum)* zu. Er war somit ein Herrscher über Völker, nicht über Territorien.

Dennoch brach Otto, wenn er einen allgemeineren königlichen oder kaiserlichen Titel vorzog, nicht mit der Tradition. Nach Karls des Großen Regierungszeit war im östlichen Reich die einfache Bezeichnung des Herrschers als *rex* zur Norm geworden, während im westlichen Franken der Titel *Rex Francorum* ab dem 10. Jahrhundert durchgehend verwendet wurde. Vielleicht spiegelte sich darin die größere Unsicherheit, über welche Gebiete im östlichen Reich der König wirklich herrschte. Zudem verwendeten die diversen Kanzleien häufig unterschiedliche Bezeichnungen, denen Historiker häufig deshalb Bedeutung beimaßen, weil sie ihrer jeweiligen Argumentation im Hinblick auf die Entstehung einer deutschen Monarchie oder eines Reichs nützten. Tatsächlich regierten die Ottonen ein Reich, das bis ins 11. Jahrhundert im Wesentlichen ein fränkisches Königreich blieb.

Neue Ambitionen bei den Nachfolgern Ottos des Großen

Auch Otto II. (Reg. 973–983) sicherte seine Herrschaft in den cisalpinen Gebieten auf gänzlich traditionelle Weise. Zu Beginn seiner Regierungszeit musste er westliche Ansprüche auf Lothringen ebenso abwehren wie von Dänemark ausgehende Angriffe. Dass Otto zur nämlichen Zeit Schwaben seinem Cousin überließ, weckte die Feindseligkeit des bayrischen Herzogs Heinrich II. (genannt „der Zänker"). 976 wurde er von Otto abgesetzt.

Aber es gab auch Anzeichen für größere Ambitionen. Nachdem Otto 967 zum Mitkaiser gekrönt worden war, nahm er den Titel *Romanorum imperator* an, was ehrgeizigere Vorhaben in Italien verriet. In Rom setzte er sich 980 durch, doch sein Versuch, Süditalien zu gewinnen, schlug fehl, als er im Juli 982 in der Schlacht von Capo Collone (bei Cotrone in Kalabrien) gegen die Truppen des muslimischen Emirats von Sizilien eine verheerende Niederlage erlitt. Dennoch konnte er die führenden Adligen Deutschlands und Italiens dazu bewegen, seinen zweijährigen Sohn zu Pfingsten 983 in Verona zum König zu wählen. Dieser Erfolg wurde allerdings durch einen großen Aufstand der Slawen überschattet, die die kaiserlichen Streitkräfte bis an die Elbe zurückdrängten. Da Otto II. bereits 983 in Rom starb, konnte er einen Gegenangriff nicht mehr führen.

Die Erbfolge zu sichern war nicht einfach. Schon bald tauchte der seines Amtes enthobene Herzog Heinrich auf, um Anspruch auf die Vormundschaft über Ottos dreijährigen Sohn zu erheben. Das konnten der Erzbischof von Mainz und der sächsische Adel verhindern, indem sie Heinrich die Wiedereinsetzung als Herzog von Bayern versprachen. Sie statteten die Kaiserin Theophanu mit den notwendigen Herrschaftsbefugnissen aus. Theophanu konnte das Reich nördlich der Alpen stabilisieren und erneuerte die kaiserlichen Ansprüche in Italien und Rom.

Nach dem Tod der Kaiserin 991 übernahm für kurze Zeit Adelheid, die Großmutter des jungen Herrschers, das Ruder, bis 994 Otto III. im Alter von vierzehn Jahren die Macht ergriff und daranging, verlorenes Terrain zurückzugewinnen. Nachdem er sich der Loyalität des christlichen Obotritenfürsten Mstislaw in Mecklenburg versichert hatte, reiste er nach Rom, wo er seinen Cousin Brun von Kärnten als Papst Gregor V. einsetzte, der wiederum ihn 996 zum Kaiser krönte.

Es folgte ein Feldzug gegen die ostelbischen Slawen, der Ottos Position nördlich der Alpen hinreichend sicherte, um die Regierung in die Hände seiner Tante Matilda, der Äbtissin von Quedlinburg, zu legen. Sodann kehrte er nach Italien zurück, um dort die Macht des Clans der Crescentii in Rom zu brechen und die Stadt zum Zentrum seiner Macht zu machen. Er verkündete eine *Renovatio imperii Romanorum*, eine Erneuerung des Römischen Reichs, und nahm den Titel *Romanorum imperator augustus* (Erhabener römischer Kaiser) an. Außerdem ließ er sich einen neuen Palast auf dem Palatin erbauen, wo er am byzantinischen Hof gebräuchliche Titel einführte und, nach Art der byzantinischen Kaiser, allein an einem erhöhten halbmondförmigen Tisch speiste.

Auch sein Entschluss, im Jahr 1000 nach Gnesen (Gniezno) zu reisen, um dort in Erinnerung an Erzbischof Adalbert von Prag, der 997 bei der Missionierung der Pruzzen als Märtyrer gestorben war, ein Erzbistum einzurichten, kann im Rahmen seines Vorhabens, Kirche und Reich zu erneuern, gesehen werden. Gleiches gilt für seine Unterstützung, die er im selben Jahr der Etablierung eines Erzbistums in Esztergom angedeihen ließ. Otto wollte die Verbreitung des Christentums fördern und, indem er sich die Anerkennung der polnischen und ungarischen Herrscher sicherte, sein eigenes *imperium* ausweiten. Doch als er nach Rom zurückkehrte, wurde er fast umgehend von der Bevölkerung aus der Stadt vertrieben. Er starb im Januar 1002, noch bevor er Rom zurückerobern konnte.

Thronfolger Ottos III. war sein zweiter Cousin, Heinrich von Bayern, der von 1002 bis 1024 als König des Ostfrankenreichs regierte. Seine Wahl wurde von einigen mächtigen Konkurrenten aus dem Adel infrage gestellt, was ihn zweifellos in seinem Entschluss, eine *Renovatio regni Francorum* zu verkünden, bestärkte. Zwar wurde Heinrich 1004 noch zum König von Italien und 1014 zum Kaiser gekrönt – der Kaisertitel durfte unter keinen Umständen fehlen –, doch lag das Schwergewicht seiner Vorhaben in den Gebieten nördlich der Alpen. Getreu den Traditionen der Karolinger und Ottonen gründete er ein Erzbistum in Bamberg und verstärkte die Kontrolle über die Kirche, indem er mehr königlichen Kaplanen zu Bistümern verhalf als je zuvor. Auch achtete er darauf, in Lothringen die Oberhand zu behalten, und wehrte sich gegen die Ambitionen des polnischen Herzogs Boleslaw. Weil Deutschland im Mittelpunkt seiner Politik stand, wird er in zeitgenössischen Quellen auch als *Rex Teutonicorum*, König der Deutschen, bezeichnet; ein Titel, der zuvor noch keinem Herrscher zugesprochen wurde.

Doch mit Heinrichs Tod 1024 erlosch die Dynastie der Ottonen. Immerhin war es ihnen gelungen, ein deutsches Königreich auf den von ihren karolingischen Vorgängern gelegten Fundamenten zu errichten und im Reich die Kontrolle über die Kirche beizubehalten. Auch hatten sie den gewählten deutschen Königen das Recht auf den Kaisertitel gesichert. Aber die Herrschaft über das Königreich Italien blieb umstritten, ebenso wie das Machtverhältnis zum Papsttum. Diese Probleme sollten bei der Herrschaft der Salier und Hohenstaufen während der nächsten zweieinhalb Jahrhunderte eine zentrale Rolle spielen.

Das Reich im Hochmittelalter

Von den Saliern bis zu den Hohenstaufen

Die frühen salischen Könige

Während die Ottonen das Band zwischen deutscher Königskrone und der Kaiserkrone schmiedeten und zudem Anspruch auf die italienische Krone erhoben, konzentrierte sich ihre Regierungstätigkeit vorwiegend auf die Herrschaftsgebiete nördlich der Alpen. Im Gegensatz dazu mussten sich die Dynastien der Salier und Hohenstaufen, die bis zur Mitte des 13. Jahrhunderts regierten, nach Süden orientieren, weil die Frage der Beziehung zwischen Reich und Papsttum zunehmend schwieriger zu beantworten war.

Nach Heinrichs II. Tod im Jahre 1024 wählten die von seiner Witwe, Kaiserin Kunigunde, nach Kamba am Mittelrhein zusammengerufenen Bischöfe, Äbte und Adligen rasch einen Nachfolger. Zwei Cousins, deren jeder den Namen Konrad trug, schienen in hervorragender Weise geeignet. Beide waren Abkömmlinge Ottos des Großen und Sprösslinge einer fränkischen Dynastie (die nach dem fränkischen Gesetzbuch, der *Lex Salica*, Salier genannt wurden). Sie verfügten über eine starke regionale Machtbasis am Mittelrhein. Der Jüngere der beiden besaß mehr Ländereien, doch die Frau des Älteren, Gisela, war eine direkte Nachfahrin Karls des Großen und eine potenzielle Erbin der burgundischen Königskrone; außerdem hatte Konrad der Ältere bereits einen Erben.

Er wurde 1024 als Konrad II. gewählt (Reg. 1024–1039) und sah sich schon bald oppositionellen Kräften gegenüber. Er gewann die Sachsen, weil er ihnen ihre Gesetze ließ, doch der lothringische Adel widersetzte sich bis zum Tod des Herzogs von Lothringen 1030. Konrad der Jüngere, zunächst des Königs Rivale, grollte, bis man ihm 1035 das Herzogtum Kärnten zugestand.

Von Anfang an war der neue König entschlossen, sein Thronfolgerecht in Burgund, das Heinrich II. seit 1006 bewahrt hatte, zu behaupten. Als Konrad 1032 Rudolf III. von Burgund nachfolgte, ruhte das *imperium* auf drei Säulen: Burgund, Deutschland und Italien. Die Machtbefugnisse des Königs in Burgund waren beschränkt, aber Konrad sicherte sich die Kontrolle über die wichtigsten Alpenpässe. Zugleich ging er in Norditalien gegen die von den dortigen Fürsten angefachte Opposition rücksichtslos vor und setzte seine Rechte durch. 1027 wurde er als König von Italien anerkannt und reiste weiter, um in Rom zum Kaiser gekrönt zu werden. Im darauffolgenden Jahr wurde sein Sohn Heinrich als Heinrich III. in Aachen zum deutschen König gekrönt.

In Deutschland ging es Konrad darum, die Macht der Herzöge zu beschränken, wobei er eine Politik verfolgte, die auch in Italien Erfolge zeitigte: Er unterstützte die Vasallen der geistlichen und weltlichen Fürsten bei ihren Bemühungen, die Vererbbarkeit ihrer Lehen zu erreichen. Auch brachte er seine Autorität rücksichtsloser zur Geltung als seine Vorgänger. Vormals brauchten Adlige sich für Vergehen nur zu entschuldigen, um Vergebung zu erlangen, doch wer vor Konrads Gerichtshof erschien, musste fast unweigerlich damit rechnen, hart bestraft zu werden, eine Aussicht, die viele in Furcht versetzte. Ebenso wichtig war es ihm, die von Böhmen, Ungarn, Polen und den wendischen Gebieten im Nordosten ausgehenden Bedrohungen zu neutralisieren. Ferner wollte er gute Beziehungen zu dem bedeutendsten Herrscher im Norden, König Knut von England, Dänemark und – nach 1030 – Norwegen aufbauen.

Konrad setzte die Kirchenpolitik der Ottonen fort, indem er weiterhin auf das Recht baute, Bischöfe zu ernennen und beträchtliche Vergütungen von den so Ernannten zu kassieren. Doch sah man ihn nur selten auf einer Synode, und dass die Bewegung für die Kirchenreform in den 1130er-Jahren florierte, verdankte sich der Schirmherrschaft von Kaiserin Gisela. Sie übernahm die Regentschaft, als Konrad 1037 wieder nach Italien ziehen musste, um eine Krise zu beheben, die durch den selbstherrlichen Umgang des Mailänder Erzbischofs mit seinen Vasallen ausgelöst worden war. In Süditalien war es ebenfalls unruhig.

Es gelang Konrad, den Erzbischof für einige Zeit seines Amtes zu entheben, doch konnte er Mailand selbst nicht unter Kontrolle bringen. Auch im Süden blieb er erfolglos. Apulien und Kalabrien waren weiterhin im Besitz von Byzanz; die lombardischen Herzogtümer Benevento, Capua und Salerno unterstanden nicht der kaiserlichen Kontrolle und auf Sizilien regierten die Sarazenen. Hauptakteur im Süden war der normannische Söldnerführer Rainulf Drengot, der ursprünglich vom in byzantinischen Diensten stehenden Herzog von Neapel angeheuert und von ihm zum Grafen von Aversa gemacht worden war. Konrad fügte sich drein, wodurch der erste normannische Stützpunkt in Italien Anerkennung fand. Bald nach seiner Rückkehr in den Norden starb Konrad im Februar 1039 in Nijmegen.

Ihm folgte Heinrich III. (Reg. 1039–1056). Er begann die Herrschaft wie seine Vorgänger mit einer großen Rundreise durch das deutsche und burgundische Königreich. 1046 hatte er die meisten Gebiete jedes Reichs mindestens einmal besucht, ohne sich von einem Aufstand der Herzöge von Lothringen und erneuten militärischen Angriffen durch Böhmen und Ungarn beirren zu lassen.

Konsolidierung und Kirchenreform

Heinrich III. war sogar noch ehrgeiziger als sein Vater, und in seiner Regierung drängte er auf stärkere Eigenständigkeit des politischen Bereichs. So war z. B. die Hofkanzlei, die Quelle aller kaiserlichen Dokumente, nach einiger Zeit nicht mehr Bestandteil der Hofkapelle, sondern wurde zu einem politischen Amt unter Leitung des Erzkanzlers. Heinrich war tiefgläubig und neigte dazu, die Buße für seine Sünden öffentlich zu demonstrieren. Er sah sich als *vicarius Christi* mit dem Auftrag, die Welt zu befrieden. Seine Aufrufe zwischen 1043 und 1046 zu einem dauerhaften Frieden stießen auf die Resonanz einer in Westeuropa weitverbreiteten Bewegung, die während des vorangegangenen halben Jahrhunderts für zahlreiche lokale und regionale Bündnisse gesorgt hatte. Doch weckten seine Initiativen auch Misstrauen, denn Heinrichs überaus hartes Vorgehen gegen alle, die sich eines Vergehens schuldig gemacht hatten, schien den Fürsten und Adligen, ja sogar den Bischöfen ihre Rechte abzusprechen.

Wie Heinrich zu Beginn seiner Regierung bei der Berufung von Bischöfen vorging, zeigt seinen Hang zur Kirchenreform. Diese Bewegung hatte ihren Ursprung im Benediktinerkloster zu Cluny, das 910 gegründet worden war. Nach und nach hatte sie in den deutschen Klöstern Fuß gefasst und überall in der Kirche Anhänger gewonnen. Es ging dabei hauptsächlich um die weltliche Kontrolle über die Kirche und die Moral der Geistlichkeit: Simonie (Kauf oder Verkauf von kirchlichen Pfründen) und Nikolaitismus (Heirat von Geistlichen) waren kirchenrechtlich verboten.

Die bisherigen Monarchen, wie auch ihre Vasallen, hatten ganz selbstverständlich Simonie betrieben, schließlich waren die von den neu berufenen Bischöfen geleisteten Vergütungen eine überaus wichtige Einkommensquelle. Aber in den 1040er-Jahren hatte sich die Einstellung gewandelt, und Heinrich gehörte zu denen, die dafür eintraten, diese Sünde auszumerzen. Seine Italienexpedition 1046 war nicht nur eine zwingende Folge seiner Reisen durch Deutschland und Burgund, sondern auch die Gelegenheit, aktiv zu werden.

Sein Ziel war es, im Norden als König von Italien gehuldigt, in Rom zum Kaiser gekrönt und im Süden als Herrscher anerkannt zu werden. Zur Vorbereitung traf er Entscheidungen über strategische Berufungen für die drei großen norditalienischen Metropolitensitze: Mailand, Aquileia und Ravenna. Bei seiner Ankunft berief er eine Synode nach Pavia ein, wo er den Verkauf von Pfründen anprangerte. Auf einer weiteren Synode, die im Dezember in Sutri stattfand, beendete er eine seit zwei Jahren währende Papstkrise, indem er drei miteinander konkurrierende Päpste absetzte und stattdessen Bischof Suidger von Bamberg als Klemens II. (Reg. 1046–1047) zum Pontifex erhob.

Nachdem Klemens am 25. Dezember 1046 Heinrich und dessen Frau Agnes gekrönt hatte, exkommunizierte er alle, die sich der Simonie schuldig gemacht hatten. Die Bevölkerung von Rom verlieh Heinrich den Titel *Patricius*, womit er Schutzherr Roms war und an der Papstwahl mitwirken konnte. Er meinte, damit ein Recht auf Nominierung eines Papstkandidaten zu haben, was er in der Folge dreimal zugunsten deutscher Bischöfe ausnutzte. In Süditalien aber gelang es ihm nur, die normannischen Warlords zu Vasallen zu machen, was ihre wachsende Macht aber nicht beschränkte.

Dafür, dass Heinrich die kaiserliche Oberhoheit über die Kirche und die drei Königreiche wiederhergestellt hatte, empfing er posthum viel Lob. Doch seine Intervention in Rom veranlasste viele Bischöfe, sein Recht, der Kirche ihr Handeln zu diktieren, infrage zu stellen. Einige führten an, dass der Ostkaiser mit der Konstantinischen Schenkung dem Papst die Oberhoheit über den Westen gegeben habe. Andere bestritten, dass Heinrichs Weihung der eines Bischofs gleichkomme, und bezweifelten die Heiligung seines Königtums.

Diese Angelegenheiten wuchsen sich während der langen Regierungszeit seines Sohns, der im Alter von sechs Jahren als Heinrich IV. (Reg. 1056–1106) sein Nachfolger wurde, zu schwerwiegenden Problemen aus. Die Regentschaft von Kaiserin Agnes wurde anfänglich durch die Erzbischöfe von Köln und Mainz sowie den Bischof von Augsburg unterstützt. Auch schien Agnes ihre Herrschaft dadurch sichern zu können, dass sie die drei vakanten Herzogtitel an mögliche Gegner vergab: Bayern ging an den sächsischen Grafen Otto von Northeim, Schwaben an Rudolf von Rheinfelden, der auch Agnes' Tochter Mathilde heiratete, und Kärnten bekam, wie von Heinrich III. versprochen, der schwäbische Graf Berthold von Zähringen. Tatsächlich beschwor die erneute Etablierung mächtiger Herzogtümer Gefahren herauf, doch was Agnes' Position wirklich ins Wanken brachte, war ein schwerwiegender Fehler im Umgang mit der Kirche.

Der Reformkurs hatte in Rom während der vorangegangenen Jahrzehnte kräftige Fortschritte gemacht. Den Feldzug zur Bekämpfung der Simonie und für die Einhaltung des Zölibats hatte sich das Papsttum zu eigen gemacht und betrieb ihn mit dem Schlachtruf *libertas ecclesiae* – Freiheit der Kirche. Außerdem verlieh Leo IX. (Reg. 1049–1054) der päpstlichen Rolle ein anderes Gewicht. Hatten seine Vorgänger Rom kaum jemals verlassen, so reiste er hingegen wie ein Monarch und demonstrierte damit die Oberherrschaft des Bischofs von Rom über die Kirche nachdrücklicher als je zuvor. Zur selben Zeit bot der Aufstieg der Normannen die Möglichkeit militärischer Unterstützung nicht nur gegen lokale Gegner in Rom, sondern auch gegen den Kaiser. Nikolaus II. (Reg. 1058–1061) wollte die Unabhängigkeit der Päpste durch ein Dekret stärken, dem zufolge ab jetzt die Kardinäle den Papst wählen sollten, während die Akklamation durch die Geistlichkeit und Laienschaft Roms rein symbolisch war. Der römische Adel und seine kirchlichen Unterstützer überredeten daraufhin Kaiserin Agnes, die Wahl eines von ihnen favorisierten Gegenpapstes zu fördern. Doch daran wurde sie von den reformgesinnten deutschen Bischöfen gehindert, sodass nun de facto der Erzbischof von Köln zum Regenten wurde.

Stammtafel der salischen Herrscher, dargestellt in der Weltchronik des Ekkehard von Aura. Zu sehen sind u. a. Konrad II. (thronend mit Reichsapfel und Krone) und in der Mitte Heinrich IV. mit seiner zweiten Ehefrau Adelheid.

Als Heinrich IV. 1065 mündig wurde, sah er sich sogleich in Deutschland und Italien mit schwerwiegenden Problemen konfrontiert. Gerüchte über eine Verschwörung zur Ermordung des Königs lenkten den Verdacht auf Otto von Northeim, den Herzog von Bayern. Er wurde 1070 vor ein kaiserliches Gericht zitiert und sollte in einem Duell seine Unschuld beweisen. Als er das verweigerte, nahm man ihm das Herzogtum und seine sächsischen Allodialgüter (d. h. sein Privateigentum im Gegensatz zu Lehnsbesitz). Dieses rücksichtslose Vorgehen provozierte 1073 einen Aufstand in Sachsen.

Von dieser Opposition profitierte Otto von Northeim. Heinrich forderte, wo immer es nur ging, die Rückgabe von zuvor vergebenem königlichem Eigentum. Wie herrschaftlicherseits damals üblich, ließ er sich seine Lehen teuer bezahlen und verwandelte Gemeindeland (Allmenden) wie z. B. Wald in herrschaftlichen Gutsbesitz. Zunehmend wurden Burgen auf Hügeln oder Berggipfeln erbaut, was den Eindruck einer drückenden Machtkonzentration verstärkte, denn diese Anlagen schienen eher für die Beherrschung einer Region denn als Zufluchtsort für die Bevölkerung gedacht, wie es früher der Fall gewesen war. Sie wurden zumeist mit königlichen Beamten besetzt, die aus Schwaben oder anderswoher kamen; einige gehörten nicht einmal zum Adel. Da der König darauf beharrte, dass sie Töchter sächsischer Adliger heirateten, gab es Beschwerden über die Entführung und Vergewaltigung sächsischer Frauen.

Das sächsische Herzogtum, das sich gerühmt hatte, der wichtigste Stützpfeiler der ottonischen und frühen salischen Monarchie zu sein, zeigte sich nun über die häufigen Besuche des Königs alles andere als begeistert. Viele behaupteten, Sachsen sei für den König nicht viel mehr als eine Küche, die den hauptsächlich nicht sächsischen Hof ernähre.

Da Heinrich sich weigerte, die Beschwerden der Sachsen anzuhören, kam es zu einem Aufstand. Er floh nach Worms, wo die

Stadtbevölkerung gerade den Bischof verjagt hatte. Heinrich versprach Privilegien, was gut ankam. Doch sein Glück wandte sich erst zu seinen Gunsten, als eine Gruppe sächsischer Bauern die Gräber von Angehörigen der Königsfamilie schändete. Das spaltete die sächsische Opposition und überzeugte süddeutsche Fürsten und Bischöfe davon, Heinrich zu Hilfe zu kommen. Im Juni 1075 brachte er den von Otto von Northeim angeführten sächsischen und thüringischen Bauern eine vernichtende Niederlage bei. Die Anführer der Rebellen wurden eingekerkert und enteignet. An Weihnachten beschloss eine Zusammenkunft von Fürsten zu Goslar, Heinrichs Sohn Konrad, der gerade ein Jahr alt war, zum König zu wählen. Otto bat Heinrich erneut um Vergebung, woraufhin er sein bayrisches Herzogtum zurückerhielt und zum Verwalter des Herzogtums Sachsen ernannt wurde.

Konflikt mit dem Papst

Lange konnte Heinrich die Früchte seines Sieges nicht genießen. Zwar hatte Papst Gregor VII. (Reg. 1073–1085) die Sachsen gedrängt, friedlich und ihrem König treu zu bleiben, doch nun wandte er sich gegen ihn. Im Sinne seiner Vorgänger erklärte Gregor, dass Christus selbst die römische Kirche gegründet habe und dass ihr Bischof der Nachfolger Petri sei. Infolgedessen seien er und seine Legaten Oberherren aller Bischöfe und hätten darüber hinaus das Recht, sogar den Kaiser zu entthronen und seine Untertanen von allen Pflichten gegen ihn loszusprechen.

Ausgelöst wurden diese Erklärungen durch eine weitere Krise in Mailand. Ein Bündnis von Stadtleuten und Angehörigen des niederen Adels (*valvassores*) forderte eine Kirchenreform und Beteiligung an der Regierung von Mailand. 1067 waren die Rebellen gegen den 1045 von Heinrich III. eingesetzten Bischof Guido da Velate vorgegangen und hatten sich die päpstliche Unterstützung für Atto, ihren eigenen Kandidaten, gesichert. Heinrich jedoch ernannte Gotofredo II. da Castiglione, was den Vorgänger Gregors, Alexander II. (Reg. 1061–1073) dazu veranlasst hatte, Heinrichs Berater sämtlich zu exkommunizieren. Da er noch genug mit dem sächsischen Aufstand zu tun hatte, entschuldigte sich Heinrich bei Gregor und versprach, zukünftig der Simonie zu entsagen.

Nach dem Tod des Rebellenführers Erlembaldo Cotta im Jahre 1075 machte Heinrich seinen italienischen Hofkaplan Tebaldo da Castiglione (Reg. 1075–1080) zum Erzbischof und ernannte neue Bischöfe in Fermo und Spoleto, die beide zum Metropolitanbistum des Papstes (Rom) gehörten. Als Gregor dem König die Exkommunikation androhte, berief Heinrich eine Synode nach Worms, wo 24 Bischöfe sich aller Verpflichtungen Rom gegenüber für ledig erklärten und einen öffentlichen Brief unterstützten, in dem die Abdankung des Papstes gefordert wurde. In der deutschen Version bezeichnete Heinrich sich als der Gesalbte des Herrn, in der italienischen Version nannte er sich römischer *Patricius*.

Gregors Reaktion war eine drakonische Maßnahme. Er exkommunizierte Heinrich und entthronte ihn, indem er seine Untertanen von jeder Verpflichtung entband. Schon bald zeigte sich, wie schwach Heinrichs Position war. Ein neuer sächsischer Aufstand griff um sich, und der Mord an Herzog Gottfried IV. von Niederlothringen im Februar 1076 nahm ihm einen wichtigen Verbündeten. Die oberdeutschen Herzöge beriefen im Oktober jenes Jahres einen Hoftag nach Trebur, um den König auf den rechten Weg zurückzubringen. Auch die Bischöfe unterstützten ihn nicht mehr. Nur wenige waren bereit, dem Papst zu trotzen, indem sie einem Exkommunizierten die Treue hielten.

Die Anwesenheit päpstlicher Legaten auf dem Reichstag verlieh den Beratungen spirituelle Autorität. Der sächsische Vorstoß zur Absetzung des Königs schlug fehl, doch war man sich darin einig, dass er gedemütigt und dem Willen der Fürsten unterworfen werden sollte. Heinrich hatte sein Lager auf der anderen Rheinseite bei Oppenheim aufgeschlagen. Man verpflichtete ihn zum Gehorsam dem Papst gegenüber und gab ihm ein Jahr Zeit, sich von der Exkommunikation zu befreien. Gregor sollte eingeladen werden, bei einem Reichstag in Augsburg am 2. Februar 1077 den Vorsitz zu führen, um über die Zukunft des Königreichs zu beraten. Heinrich wartete diese Diskussion nicht ab. Um dem Papst zuvorzukommen, überquerte er mitten im Winter die Alpen. Am 27. Januar 1077 tauchte er, barfüßig und im Büßergewand, vor den Mauern der Burg von Canossa auf, wo Gregor sich mit der toskanischen Gräfin Matilda einquartiert hatte. Das Ritual wiederholte sich die nächsten beiden Tage, dann erlöste Gregor den König vom Bann und gab ihm den Friedenskuss, bevor beide die heilige Messe feierten.

Einer Tradition in der deutschen Geschichtsschreibung zufolge gilt Heinrichs „Gang nach Canossa“ als größte Demütigung, die ein deutscher Herrscher jemals erfahren hat. Die italienischen Historiografen sahen im Gegenzug darin den ersten großen italienischen Sieg über die deutsche Vorherrschaft, die im 15. Jahrhundert zu Italiens „Selbstbefreiung“ vom Heiligen Römischen Reich geführt habe. Die Wahrheit ist nüchterner. Indem er nach Canossa ging, zwang Heinrich gewissermaßen den Papst, ihn zu rehabilitieren, auch wenn er damit dessen Autorität als Richter über ihn anerkennen musste.

Als der Hoftag am 13. März eröffnet wurde, nahmen weder Gregor noch Heinrich daran teil. Die Fürsten befanden, Heinrich sei kein gerechter König und müsse abgesetzt werden; zwei Tage später wählten sie Rudolf von Rheinfelden, den Herzog von Schwaben, zum neuen König. Damit gaben sie den Grundsatz der dynastischen Erbfolge zugunsten einer freien Wahl (*electio spontanea*) auf: Zukünftig sollte keiner mehr einfach deshalb gewählt werden, weil er Sohn des Monarchen war. Die Diskussionen zeichneten das Königreich als ein kollektives Unterfangen, dem auch diejenigen angehörten, die dafür Verantwortung trugen: Die Fürsten hatten das Recht, darüber zu entscheiden, wer König sein solle. Während in Frankreich und England Erbmonarchien entstanden, setzten sich die Deutschen entschieden davon ab.

Doch die meisten Bischöfe, Städte und Angehörige des niederen Adels misstrauten den Fürsten. Auch der Papst erkannte zwar an, dass die Fürsten das Recht hätten, einen König zu wählen, bezweifelte aber, dass sie ihn auch absetzen könnten. 1080 hatte Heinrich seine Herrschaft in den meisten Gebieten Deutschlands mit Ausnahme von Sachsen wiederhergestellt. Nun forderte er vom Papst die Exkommunikation Rudolfs von Rheinfelden. Aber der Papst exkommunizierte und entthronte nicht ihn, sondern erneut Heinrich.

Nun jedoch beriefen Gregors Feinde unter den deutschen und italienischen Bischöfen eine Synode ein, die in Brixen (heute ital. Bressanone) stattfand, um seine Abdankung zu fordern. Sie nominierten Heinrichs ehemaligen Kanzler Wibert von Ravenna (den Gregor 1078 exkommuniziert hatte) zum Nachfolger. Die Römer öffneten Heinrich die Stadttore; Gregor wurde abgesetzt und Wibert als Klemens III. (Reg. 1080–1100) zum Papst gewählt. Am Ostersonntag 1084 dann wurden Heinrich und seine Gemahlin Berta zu Kaiser und Kaiserin gekrönt. In Deutschland beruhigte sich die Lage. Rudolf von Rheinfelden war im Oktober 1080 gestorben, und sein Nachfolger, Hermann von Salm (Reg. 1081–1088), konnte außerhalb von Sachsen nichts bewirken und zog sich schließlich in seine Heimat in Lothringen zurück.

Gregor versuchte mithilfe normannischer Streitkräfte eine Rückkehr an die Macht, doch deren Plünderungen führten zu einem Aufstand der Römer gegen Gregor, der sich daraufhin nach Salerno zurückzog, wo er 1085 starb. Als Gregors Stern sank, stieg Heinrichs, der in Italien nun wieder an Prestige gewann. In Deutschland ließ der Tod Ottos von Northeim (1083) die Sachsen führerlos zurück. Kärnten und Schwaben wurden königstreuen Gefolgsleuten zum Lehen gegeben. Der Rebell Welf IV., Herzog von Bayern, wurde von Heinrich zunächst geächtet und unternahm 1092 in Norditalien einen Aufstandsversuch gegen den König, erhielt 1096 aber wieder Bayern mitsamt dem Herzogtitel zurück. Als Heinrich 1103 mit Unterstützung der Fürsten einen vierzigjährigen Landfrieden für Deutschland verkündete, schien er sein Reich im Griff zu haben. Doch schon ein Jahr später erhob sich sein Sohn, der spätere Heinrich V., gegen ihn. Der Vater wurde zur Abdankung gezwungen und floh nach Lüttich, wo er im August 1106 starb, noch bevor er gegen den Sohn vorgehen konnte.

Heinrich IV. hatte es versäumt, mit dem Hochadel langfristige Beziehungen einzugehen und zu pflegen. Er verließ sich auf den niederen Adel sowie auf königliche Verwaltungsbeamte. Sein hartes Vorgehen gegen Missetäter aus dem Hochadel verschaffte ihm den Ruf, seine Macht ungerecht und willkürlich auszuüben. Es hieß auch, er sei unzuverlässig und moralisch verderbt; angeblich verhielt er sich Frauen gegenüber sexuell pervers, treulos und gewalttätig. Ob dies tatsächlich der Wahrheit entsprach, ist unklar, doch allein die Tatsache, dass solche Beschuldigungen erhoben wurden, deutet auf seinen schlechten Ruf und erklärt, warum er wiederholt mit Aufständen konfrontiert war.

Heinrich V. (Reg. 1106–1125) wurde anfänglich von den Bischöfen und den reformorientierten Fürsten nachdrücklich unterstützt, sodass man hoffen konnte, in Rom auch bewillkommnet zu werden. Allerdings war einer der Nachfolger Gregors, Paschalis II. (Reg. 1099–1118), entschlossen, alle die Kirche betreffenden königlichen Vorrechte aufzuheben.

Heinrichs Verbündete in Deutschland unterstützten seine Auffassung von der Vorherrschaft des Königtums über die Kirche und dem Recht des Königs, Bischöfe einzusetzen. In der deutschen Tradition waren die Bischöfe schließlich die wichtigsten Stützpfeiler der Monarchie und des Monarchen, die Akteure königlicher

Herrschaft. Mithin schickte Heinrich 1109 die Erzbischöfe von Köln und Trier nach Rom, damit sie dort für die traditionellen Rechte des deutschen Königs eintreten konnten. Der Papst antwortete schnell. Er entgegnete, dass Heinrich, wenn er auf seine Investiturrechte verzichtete, umgehend alle an die deutschen Bischöfe abgetretenen Lehensbesitz zurückerhalten würde.

Die Bischöfe reagierten aber mit Erzürnung und griffen nicht ein, als Heinrich den Papst und die Kardinäle gefangen nehmen ließ und sie zwang, die Investiturrechte des Königs anzuerkennen und seiner Krönung zum Kaiser zuzustimmen. Dennoch verscherzte sich Heinrich mit dieser Aktion die Gunst der Bischöfe, und schon bald darauf unterstützten sie die Forderungen von Papst Paschalis.

Weitere Probleme kamen hinzu. Der sächsische Adel widersetzte sich nachdrücklich Heinrichs energischen Versuchen, seinen Herrschaftsanspruch zu bekräftigen, indem er Burgen baute, kaiserliche Beamte in Dienst nahm und durch den Zugriff auf Lehnsbesitz, den lokale Familien zu erben hofften, das Krongut mehren wollte. In der mittelrheinischen Region gab es Streit mit Erzbischof Adalbert von Mainz, in Thüringen mit Graf Ludwig und dem Herzog von Sachsen. Alle drei wurden wegen Ungehorsam eingekerkert; der Herzog von Sachsen erhielt Begnadigung, nachdem er sich öffentlich Heinrich unterworfen hatte; doch das Gefühl, dass der König seine Vasallen lieber demütigte, als die Versöhnung anzustreben, ließ sich nicht betäuben.

In Italien liefen die Dinge besser: 1115 erbte Heinrich die Ländereien Matildas von Tuszien (Toskana), was sein Vermögen weiterhin vermehrte. Reichtümer hatte ihm bereits die Heirat mit der zwölfjährigen Mathilde von England (1114) beschert – die Verlobung hatte stattgefunden, als Mathilde acht Jahre alt war. Heinrich gelang es, seine Frau zur Kaiserin krönen zu lassen. Nun aber erreichte ihn die Nachricht, dass deutsche Fürsten eine Zusammenkunft planten, woraufhin er hastig nach Deutschland zurückkehrte. Da der Papst ihn inzwischen exkommuniziert hatte, war er nun gezwungen, das Investiturproblem zu lösen. Auf dem Reichstag, der 1121 zu Würzburg stattfand, beharrten die Fürsten darauf, dass er dem Papst gehorche. Im darauffolgenden Jahr kam es zu einer Übereinkunft, die später als „Wormser Konkordat" bekannt wurde. Nun unterschied man zwischen der geistlichen Rolle eines Bischofs (den *spiritualia*) und den weltlichen oder zeitlichen Aspekten (den *temporalia*). Der König konnte einen frei gewählten Bischof mit seinen *temporalia* ausstatten, d. h., ihn zum Vasallen machen, was aber nicht bedeutete, dass der König der Stellvertreter Christi war. Ein wahrer Bischof musste nach der Wahl von dem zuständigen Erzbischof in Anwesenheit zweier weiterer Bischöfe gesalbt und geweiht werden. Der Papst Calixt II. (Reg. 1119–1124) räumte nur ein, dass der Kaiser bei der Wahl von Bischöfen und Äbten in Deutschland anwesend sein und bei Stimmengleichheit für die Person eintreten könne, die von den höchstrangigen Wahlberechtigten unterstützt würde.

Aus dem Investiturstreit gingen weder Monarchie noch Kirche als eindeutige Sieger hervor. Die wichtigsten Ergebnisse betrafen Deutschland. Zum einen waren die Bischöfe nun nicht mehr königliche Beamte mit unbegrenzter Verpflichtung dem Monarchen gegenüber, sondern wurden Fürsten mit Lehnspflichten. Zum anderen gewann der König, als Feudalherr der Bischöfe, neue Rechte über die deutsche Kirche, die ihn für den erlittenen Reputationsverlust entschädigten. Und zum dritten stärkte die Kontroverse die deutschen Fürsten. Es gelang ihnen noch nicht, eine freie Königswahl durchzusetzen, aber das Prinzip war etabliert. Sie hatten den Kompromiss mit dem Papst vorbereitet und Heinrich dann zur Zustimmung gezwungen. Damit hatten sie ihr Recht gestärkt, an Entscheidungen mitzuwirken, die das Reich und die Monarchie betrafen. Der Herzog von Sachsen verweigerte die Unterschrift, worin Sachsens fortgesetzter Widerstand gegen die königliche Macht seinen Ausdruck fand.

Die Entwicklung einer deutschen Identität

In seinem Briefwechsel mit Heinrich IV. hatte Papst Gregor VII. nachdrücklich auf das *regnum Teutonicorum* (oder *regnum Teutonicum*) hingewiesen, womit Heinrich implizit alle Rechte auf Italien abgesprochen wurden. Die Verwendung dieses Terminus spiegelt auch die Entwicklung einer deutschen Identität unter Heinrich IV. und Heinrich V. Die in diesem Zeitraum ausgetragenen inneren Konflikte mobilisierten umfassendere Schichten der Bevölkerung als jemals zuvor: Nicht nur Geistliche, Angehörige des Kleinadels und Städte, sondern auch Bauern unterstützten den König gegen einheimische Gegner oder gegen Rom. Zwar gab es auch, wie etwa in Sachsen, Widerstand, insgesamt jedoch ist die Unterstützung der Bevölkerung für die Monarchie bemerkenswert. Der Ausdruck „diutisc" oder „diutsch" (die althochdeutsche Version von „deutsch") wurde zunehmend für Untertanen des deutschen Königreichs verwendet und bezeichnete nicht mehr nur eine Sprachgemeinschaft. Auch kam im späten 11. Jahrhundert der Ausdruck „deutsche Lande" in Gebrauch.

Allerdings glaubten die Deutschen auch weiterhin, dass sie einem größeren Gemeinwesen als dem deutschen Reich – nämlich dem römischen – angehörten, und sie schufen dementsprechende Ursprungsmythen. Das um 1080 verfasste *Annolied*, eine posthume Lobpreisung Erzbischofs Anno II. von Köln (er starb 1075), berichtet, dass Caesar ausgeschickt worden sei, um gegen die Deutschen zu kämpfen, die er nach zehnjährigem Kampf besiegen konnte. Aber in Rom begegnete man ihm mit Undank, weshalb er nach Deutschland zurückkehrte, wo er als Held empfangen und geehrt wurde. Die Deutschen halfen ihm, Rom zu erobern und das Reich zu errichten. Seitdem sind die Deutschen in Rom willkommen. Die wohl um 1140/1150 verfasste *Kaiserchronik* erzählt eine ähnliche Geschichte und setzt, ganz wie die Kanzlei Heinrichs V., das *regnum Teutonicum* mit dem Römischen Reich, dem *Romanum imperium*, gleich. In dieser Quelle heißt es, dass Karl der Große zuerst diese beiden Reiche vereinigt habe und die deutschen Könige seitdem Kaiser gewesen seien.

Die Staufer oder Hohenstaufen

Italien spielte auch eine zentrale Rolle in der Politik der nächsten bedeutenden Dynastie, der Staufer oder Hohenstaufen. Gewählt wurde aber erst einmal der Herzog von Sachsen, Lothar von Supplinburg (Lothar III., Reg. 1125–1137). Er war der klare Favorit der Reformer, doch mit fünfzig Jahren schon ein alter Mann. Es gelang ihm nicht, den Landbesitz der Salier in Schwaben zurückzugewinnen oder die Ansprüche des Papstes gegenüber Byzanz, den Normannen und Venedig durchzusetzen. Er wurde 1133 in Rom gekrönt, aber sein Schwiegersohn, Herzog Heinrich der Stolze von Bayern, wurde nicht als sein Nachfolger anerkannt. Die Fürsten traten für den gemäßigten, aber gut vernetzten Konrad III. von Hohenstaufen (Reg. 1138–1152) ein, wobei sie der päpstliche Legat mit allem Nachdruck unterstützte. Der mächtigere, aber auch prahlerische Bayer blieb unberücksichtigt.

Der schwäbische Staufer hatte sich eine Machtbasis geschaffen, indem er der Krone auch dann die Treue hielt, als die Herzöge von Bayern, Kärnten und Schwaben sie angriffen. Zudem war Konrads Mutter Agnes eine Schwester Heinrichs IV. Nach seiner Wahl zum König 1138 sah sich Konrad der Gegnerschaft zweier Bayern konfrontiert: Heinrich der Stolze und Welf VI. wollten die Anerkennung durch den König. Die Konflikte konnten erst nach und nach durch Heiratsarrangements bereinigt werden. Doch mit Welf gab es keine Übereinkunft. Insgesamt wurde Konrads Regierungszeit als von Krieg und Ungewissheit geprägte Periode gesehen, verdüstert ferner durch den völligen Fehlschlag des Zweiten Kreuzzugs und eines weiteren Kreuzzugs gegen die

Wenden in den südlichen Küstengebieten der Ostsee 1147/48. Hinzu kam eine große Hungersnot im Jahre 1151.

Aber Konrad legte die Fundamente für zukünftige Entwicklungen. Immer stärker wurde die Reichskanzlei zum Hauptinstrument der Regierung. Sie unterstand nun dem Management einer nicht dem Klerus angehörenden, sondern eigens für das Amt berufenen Person, also nicht mehr, wie bisher, dem Erzbischof von Mainz als Erzkanzler. So bedeutend war das Amt des Kanzlers, dass seine Träger nach dem Ausscheiden häufig mit einem Erzbistum belohnt wurden.

Das Königshaus mehrte seine Einkünfte, indem es einstiges Eigentum zurückerlangte und neues erwarb. Aus einigen dieser Besitztümer wurden bedeutende Residenzen, und die Reisen des Königs führten ihn nun, über Aachen, Goslar und Kaiserswerth hinaus, zu den großen Burganlagen, die in Hagenau, Gelnhausen, Nürnberg, Eger, Frankfurt am Main und Wimpfen errichtet worden waren. In wachsendem Maße stützte er sich in der Verwaltung auf Ministerialbeamte und Angehörige des Kleinadels, womit er ein Netzwerk von Kronvasallen schuf, das schließlich das alte System der Herzogtümer ersetzte. Zwar war Konrad der erste deutsche König seit 962, der nicht zum Kaiser gekrönt wurde, doch bezog sich seine Kanzlei auf ihn immer mit dem Titel *imperator Romanorum.*

Friedrich I. Barbarossa

Konrads Nachfolger, sein Neffe Friedrich I. Barbarossa (Reg. 1152–1190) folgte dem Beispiel seines Onkels. Er rief sofort einen dauerhaften Landfrieden in Deutschland aus, was keine einmalige Handlung blieb. Er berief neue Herzöge, Markgrafen und Landgrafen, was die Position der traditionellen deutschen Herzogtümer weiter schwächte. In den 1170er-Jahren galten dem Hof

Der Cappenberger Barbarossakopf, der noch zu Lebzeiten Kaiser Friedrichs I. entstand.

alle geistlichen und weltlichen Vasallen als Reichsfürsten; Barbarossa selbst verglich sie mit dem römischen Kardinalskollegium: Sie waren Unterstützer und Berater der Krone.

Traditionelle Darstellungen der Herrschaft Barbarossas hoben die angeblich langwierige Fehde mit seinem Vetter Heinrich dem Löwen, dem Herzog von Sachsen und Bayern, hervor. Heinrich war sehr viel wohlhabender als der König und benahm sich oft wie ein Monarch. Aber ihre Beziehung war gut, bis 1179 die sächsischen Bischöfe und Adligen den Herzog beschuldigten, ein Tyrann zu sein. Heinrich wurde zur Vernehmung vor ein Gericht geladen, weigerte sich aber, zu den gegen ihn erhobenen Vorwürfen Stellung zu nehmen. Man verhängte über ihn die Acht und er wurde seines gesamten Besitzes enteignet. Nachdem er sich 1181 unterworfen hatte, erhielt er seine Allodialgüter (seinen Privatbesitz) zurück, aber seine Vasallen unterstanden nun dem König, was dessen Herrschaftsbereich auf ganz Nord- und Ostdeutschland ausdehnte.

Auch die Entwicklungen in Burgund stärkten Barbarossas Position. Die königliche Macht wurde dort (im Norden) durch die einflussreiche schwäbische Dynastie der Zähringer vertreten. 1156 heiratete Barbarossa erneut, diesmal Beatrix, die reiche Tochter und Erbin des Grafen von Burgund, woraufhin der König die Dienste seines Stellvertreters nicht mehr benötigte. Zwar verwandelte er 1169 Burgund in das Reichslehen Franche-Comté, eine Pfalzgrafschaft. Dennoch blieb sein Interesse an Burgund erhalten, und 1178 wurde er in Arles zum König gekrönt. Das Burgund hatte noch eine gewisse strategische Bedeutung für die Kontrolle über die Alpenpässe, doch der wichtigste Aspekt von Barbarossas Heirat mit Beatrix dürfte das Geld gewesen sein, das ihm ermöglichte, mit dem Herzog von Sachsen und Bayern pekuniär gleichzuziehen und die italienischen Feldzüge zu finanzieren, die für seine Herrschaft so zentrale Bedeutung erlangten.

Deutsche Historiker des 19. Jahrhunderts haben oft beklagt, dass die Hohenstaufen Ruhm in Italien suchten, der zulasten ihres Engagements in Deutschland ging. Doch solche Argumente sind den Wertsetzungen der Moderne verpflichtet. Das mittelalterliche Reich wurde als Gesamtheit der drei Königreiche verstanden, die seine konstituierenden Bestandteile waren. Ein *imperium Romanorum* ohne Rom war undenkbar. Barbarossa wurde bereits 1155 zum Kaiser gekrönt, schneller als jeder deutsche König vor ihm, und er unternahm nicht weniger als sechs Reisen nach Italien: Mehr als ein Drittel seiner Regierungszeit verbrachte er dort, um den *honor imperii*, die Rechte der Krone, wiederherzustellen. Was seinem Erfolg Steine in den Weg legte, waren erneute Konflikte mit dem Heiligen Stuhl über Prinzipien der Rechtsprechung, die Probleme des Königreichs Italien und das Vordringen der Normannen im Süden.

Im Vertrag von Konstanz (1153) versprach Barbarossa, die Besitztümer des Papstes zu schützen und nur mit seiner Zustimmung mit den Römern oder den Normannen Frieden zu schließen. Der Papst versprach im Gegenzug, die Krone zu unterstützen und ihre Gegner zu strafen. Beide Parteien einigten sich darauf, dem Kaiser von Byzanz keine Zugeständnisse zu machen. Doch gab es schon bald Streit wegen der Frage, wie die formellen Beziehungen zwischen Papst und Monarch beschaffen sein sollten.

Als Barbarossa im Oktober 1157 Erzbischof von Lund in Burgund entführen und einkerkern ließ, wurde er von Papst Hadrian IV. (Reg. 1154–1159) daran erinnert, dass er seine Macht ihm, Hadrian, verdanke. Aber Hadrians Bezeichnung des Reichs als *beneficium* wurde von Barbarossas Kanzler Rainald von Dassel – vielleicht böswillig – mit „Lehen" übersetzt, was am Hof Empörung auslöste. Barbarossa wies die päpstlichen Ansprüche mit aller Entschiedenheit zurück, und seine Ratgeber betonten, es sei die einzige Aufgabe des Papstes, den von den deutschen Fürsten gewählten Monarchen zum Kaiser zu krönen.

Barbarossas Hartnäckigkeit führte zu fast zwei Jahrzehnten der Spannung zwischen Kaiser und Papst. Alexander III. (Reg. 1159–1181) exkommunizierte ihn zwei Mal und zwang ihn schließlich zu einem drei Wochen währenden Prozess öffentlicher Entschuldigung und Ehrerbietung in Venedig. Demgegenüber dürfte Canossa ein hübscher Winterspaziergang gewesen sein.

Auch das Königreich Italien war alles andere als einfach zu regieren. Als Barbarossa einige kleinere Städte gegen die Tyrannei von Mailand unterstützte, weckte er damit nur die Animosität anderer Ortschaften. In ganz Mittel- und Norditalien hatten die Städte im späteren 11. Jahrhundert ein starkes Bewusstsein kommunaler Identität entwickelt, und ihr wilder Stolz auf die Autonomie konnte sich gegen Mailands Hegemonie ebenso richten wie gegen den Kaiser. Auch der Adel hatte an Autonomie gewonnen und machte häufig gemeinsame Sache mit den Städten gegen jegliche Intervention oder Initiative des Monarchen.

1158 fand in Roncaglia bei Piacenza am Ufer des Po ein Hoftag statt, auf dem Barbarossa eine Übersicht über die Rechte der Krone in Italien in Auftrag gab. Seit Heinrich IV. war es unter der Abwesenheit von Monarchen zu einer Verminderung königlicher Prärogative gekommen, was nun behoben werden sollte. Barbarossas Beauftragte beriefen sich auf Vorschriften des römischen Rechts, um die insgesamt höhere Autorität des Monarchen, seine Herrschaftsbefugnis über das Königreich zu bekräftigen. Dazu gehörten auch die traditionellen königlichen Rechte der Münzprägung, Zoll- und Steuererhebung sowie die Oberherrschaft über alle Lehen, selbst nach deren Verkauf. Das roncalische Programm sollte die monarchische Herrschaft in allen drei Königreichen wiederherstellen, doch selbst die Umsetzung in Italien erwies sich als schwierig.

Am Ende von Barbarossas zweiter Italien-Expedition (1158–1162) war Mailand nicht vollständig unterworfen worden. 1164 sah er sich dem Veroneser Bund konfrontiert, zu dem sich die Städte Verona, Padua, Vicenza und Venedig zusammengeschlossen hatten, und ab 1167 stand ihm der lombardische Städtebund mit etwa 25 Mitgliedern, darunter Mailand, entgegen. Erst 1183 gelang es ihm, Frieden zu schließen und den lombardischen Bund zu einem Werkzeug der kaiserlichen Politik zu machen.

Unterdessen hatten die Bemühungen zur Wiederherstellung der monarchischen Rechte die Beziehungen zum Heiligen Stuhl beschädigt, da Barbarossa nun auch die Herrschaft über Städte im Kirchenstaat und sogar über Rom selbst beanspruchte. Die Auseinandersetzung wurde 1189 beigelegt, aber der Kaiser weigerte sich auch weiterhin, ein von seiner Herrschaft ausgenommenes päpstliches Territorium zu akzeptieren.

Die Beziehungen mit Rom wurden des Weiteren durch die wachsende Macht der Normannen in Süditalien belastet. 1130 hatte der Papst den Normannen geholfen, ein Königreich auf Sizilien zu errichten, und nun konnte Sizilien gegen den Kaiser ausgespielt werden, wenn der Heilige Stuhl es für nötig hielt. Allerdings wurde Hadrian IV. 1150 von einer byzantinischen Armee bedroht und von der römischen Bevölkerung aus der Stadt vertrieben. 1156 schloss er mit Wilhelm II. von Sizilien den Vertrag von Benevent. Darin wurde Wilhelms königliche Herrschaft über Sizilien ebenso anerkannt wie der Besitz von Festlandsitalien südlich von Spoleto und den päpstlichen Territorien (dem Kirchenstaat).

Mit Unterstützung aus Sizilien konnte Hadrians Nachfolger, Alexander III., die Wahl von vier Gegenpäpsten überleben. Die normannische Herrschaft in Sizilien stabilisierte sich unter Wilhelm II. (Reg. 1166–1189), und die byzantinische Gefahr wurde gebannt. Barbarossa blieb 1186 nur noch die Option eines Bündnisses mit Sizilien, als Wilhelms Tante Konstanze des Kaisers Sohn Heinrich (Heinrich VI., Reg. 1191–1197) heiratete. Bedingung war, dass Konstanze die designierte Erbin von Wilhelm sein sollte, falls er kinderlos blieb. Das war zu der Zeit nicht viel wert, weil Wilhelm erst dreißig und seine Gemahlin zwanzig Jahre alt war, doch wurde damit das Fundament für den nur einige Jahre später unternommenen letzten und spektakulärsten Versuch gelegt, ein wirklich ‚Römisches Reich' der Hohenstaufen zu errichten.

Im 19. Jahrhundert wurde Barbarossa als Begründer des deutschen Reichs gefeiert. Das war allerdings völlig unberechtigt, denn sein Ziel bestand darin, ein römisches Reich zu errichten, das mit der Kirche konkurrieren konnte. Signifikanterweise wurde der Terminus *sacrum imperium* zuerst von seiner Kanzlei 1157 benutzt, um ein Reich zu bezeichnen, das in sich selbst, unabhängig vom Papst, heilig war; um 1180 fand dann der Titel *sacrum Romanum imperium* Verwendung. Barbarossa förderte den Kult um Karl den Großen und brachte seinen Gegenpapst, Paschalis III. (Reg. 1164–

1168) im Jahre 1165 dazu, den großen Vorgänger heiligzusprechen. Der Kult dauerte noch lange fort, auch nachdem das Dritte Laterankonzil 1179 die Kanonisierung aufgehoben hatte.

Barbarossas Verehrung Karls als großen Feind aller Ungläubigen beruhte auch darauf, dass der erste Kaiser Pläne für einen Kreuzzug geschmiedet haben sollte. Zumindest darin kam Barbarossa dicht an sein Vorbild heran. Als nach dem Fall von Jerusalem 1187 zum Dritten Kreuzzug aufgerufen wurde, nahm Barbarossa in Mainz das Kreuz und machte sich mit 20 000 Rittern und 80 000 Mann auf den Weg. Aber er kam nie im Heiligen Land an, denn er ertrank am 10. Juni 1190 im Fluss Saleph in der Südtürkei. Da seine Knochen nicht gefunden wurden, entstand der Mythos von seinem Weiterleben.

Immerhin hatte er bereits 1169 dafür gesorgt, dass sein Sohn, der spätere Heinrich VI., zum deutschen König gekrönt wurde und so am Ostersonntag 1191 zum Kaiser geweiht und gekrönt werden konnte. Von entscheidender Bedeutung für seine Herrschaft war die Tatsache, dass seine Gemahlin Konstanze Ansprüche auf den Thron von Sizilien erheben konnte. Dieser war nach Wilhelms II. Tod im Jahre 1189 zunächst von Konstanzes Neffen, Tankred von Lecce (dem unehelichen Sohn von Herzog Roger III. von Apulien) widerrechtlich eingenommen worden. Doch nach Tankreds Tod 1194 geriet Sizilien in den Besitz der Hohenstaufen und Heinrich wurde in Palermo zum König gekrönt.

Friedrich II. und Italien

Da Heinrich VI. (Reg. 1191–1197) wusste, dass sein Sohn Friedrich ihm auf dem Thron von Sizilien, nicht aber unbedingt auf dem deutschen folgen würde, hatte er vor, Deutschland in eine Erbmonarchie umzuwandeln. Auch schien er anzudeuten, er wolle Sizilien zum vierten Königtum seines Reiches machen. Aber sein

Stupor mundi, das Staunen der Welt: Kaiser Friedrich II. auf dem Dedikationsbild zu der Handschrift „De arte venandi cum avibus" (Von der Falkenjagd).

ultimatives Ziel war noch viel höher gesteckt: Er wollte der „Friedenskaiser" sein, der Ost und West versöhnte, die Länder der Heiden im Orient eroberte, die Juden zum Christentum bekehrte und das Ende der Welt einläutete. Den deutschen Fürsten versprach er, ihre Lehen erblich zu machen, und dem Papst bot er die lukrativsten Pfründe in jedem deutschen Bistum an. Die Fürsten hielten zwar von diesen Plänen herzlich wenig, wählten dann aber trotzdem den zweijährigen Friedrich ohne Murren zu ihrem König. Heinrich hatte unterdessen Truppen für einen weiteren Kreuzzug ausgehoben, doch bevor er sich ins Heilige Land aufmachen konnte, starb er im September 1197 in Messina an der Malaria.

Der frühe Tod Heinrichs VI. destabilisierte die Herrschaft der Hohenstaufen in Italien und Deutschland gleichermaßen. Der junge Friedrich wurde zu Pfingsten 1198 zum König von Sizilien gekrönt, aber als seine Mutter später im Jahr starb, ging die Regentschaft auf Papst Innozenz III. über, der den Kirchenstaat schleunigst aus der Reichweite kaiserlicher Kontrolle brachte. Auf Sizilien schmiedeten regionale Warlords hinterhältige Pläne, um ihren Landbesitz zu mehren. Sie wetteiferten um Einflussnahme auf den jungen Herrscher und schwächten die Zentralmacht. In Deutschland gewann eine gegen die Staufer gerichtete Bewegung an Boden, was zu einer doppelten Wahl führte: Einige Fürsten unterstützten Philipp von Schwaben, den jüngeren Sohn Barbarossas, andere votierten für Otto IV., den Sohn Heinrichs des Löwen. Papst Innozenz schlichtete den Streit zugunsten Ottos, der im Juli 1198 in Aachen gekrönt wurde.

Die Einmischung des Papstes wurde von Behauptungen über die Rechte des Heiligen Stuhls bei deutschen Königswahlen begleitet. Das erzürnte die deutschen Fürsten, die sich selbst als zur Wahl rechtlich befugt ansahen. Die entscheidende Unterstützung wurde Otto durch drei rheinländische Erzbischöfe und den Pfalzgrafen bei Rhein zuteil. Diese Gruppe hatte schon bei vorangegangenen Wahlen den Anfang gemacht; nun ergriffen sie die Initiative bei einer umstrittenen Wahl. Es war ein entscheidender Schritt hin zur Bildung einer besonders definierten Gruppe, aus der später das Kurfürstenkollegium hervorging. Aber Ottos energischer Vorstoß rief schon bald in Deutschland wie in Italien Widerstand hervor, und 1212 wurde er zugunsten Friedrichs von

Sizilien abgesetzt. Die *Kaiserchronik* nannte Friedrich das „Kind von Apulien". Seine Herrschaft begann recht eigentlich mit der Königskrönung 1215 in Aachen.

Der neu gewählte König verbrachte fast seine gesamte Regierungszeit in Italien. Er verließ Deutschland 1220 und besuchte es erst wieder 1235/36 und 1237. Mit den bahnbrechenden „Konstitutionen von Melfi" 1231 stellte er die Regierung des Königreichs Sizilien auf eine neue Grundlage. Die Konstitutionen waren die erste Rechtskodifikation seit dem *Codex Iustinianus* aus dem 6. Jahrhundert. Wie Heinrich VI. entwickelte auch Friedrich II. eine welthistorische Vision seiner Bedeutung als Herrscher. Er trotzte dem Papst und wurde exkommuniziert, als er Sizilien mit dem Reich vereinigte.

War ihm Italien wichtiger als Deutschland? Immerhin brauchte er die deutsche Königskrone, damit er sich zum Kaiser krönen lassen konnte, was 1220 in Rom geschah. Auch die Nachfolge war von entscheidender Bedeutung. Bevor er nach Italien aufbrach, hatte er dafür gesorgt, dass sein Sohn Heinrich VII. (geb. 1211) zum König gewählt worden war. Außerdem war er bereits Herzog von Schwaben und Rektor [königlicher Stellvertreter; d. Ü.] von Burgund. Als Heinrich später in Deutschland dazu neigte, unabhängig zu handeln und sich sogar zu Beginn der 1230er-Jahre mit den italienischen Feinden seines Vaters verbündete, ersetzte Friedrich ihn durch seinen jüngeren Sohn Konrad.

Aber Friedrich benutzte Deutschland nicht einfach nur, um seine italienischen Ambitionen zu fördern. In seinen frühen Jahren als reisender König in Deutschland blieb er der traditionellen Politik deutscher Könige treu. Er weitete seine Reiseroute über die Regionen von Mittel- und Oberrhein bis nach Ulm, Augsburg und Nürnberg aus. Zu den Gebieten, die sich direkt in königlichem Besitz befanden, gehörten nun auch das Elsass im Westen sowie, angrenzend an Thüringen und Böhmen, das Egerland und das Pleißenland im Osten. Die Regierungstätigkeit oblag weitgehend Beamten und Ministerialen, die nach 1220 der Kontrolle durch Regenten unterstanden, zuerst dem Erzbischof von Köln, dann dem Herzog von Bayern. Mit der „Goldenen Bulle" von Rimini (1225) unterstrich die Krone ihre fortgesetzte Unterstützung für die Kolonisierung und Christianisierung des Ostens, indem sie den Deutschordensrittern Privilegien und Protektion zusicherte. Allerdings war keine Rede davon, diese östlichen Gebiete in das Reich einzugliedern oder sie formell zu „kolonisieren".

Friedrich vermied es, sich mit dem Adel anzulegen. In seinen Anfangsjahren gründete er allein in Südwestdeutschland 39 Städte, was die zu dieser Zeit stürmisch sich vollziehende Urbanisierung ebenso deutlich macht wie den fortgesetzten Druck königlicher Revindikationspolitik. 1235 verkündete er in Mainz einen neuen, zeitlich unbegrenzten Reichsfrieden. Erneut wies er auf die königlichen Vorrechte hin, während er zugleich die Rechte der Fürsten bekräftigte. Friedrich setzte das deutsche System in wirksame Funktion, jedenfalls bis seine Position in Italien in den 1240er-Jahren unsicher zu werden begann.

Italien war eine völlig andere Sache als Deutschland. Zuallererst musste er seine Herrschaft auf Sizilien sichern. Dann geriet er in einen Konflikt mit Mailand und dem lombardischen Städtebund. Probleme mit dem Papst konnten zunächst in den Hintergrund treten, weil der Papst den Wunsch äußerte, Friedrich möge einen Kreuzzug anführen, denn der Vierte und Fünfte (1201–1204 bzw. 1217–1218), an denen kein Fürst teilgenommen hatte, waren fehlgeschlagen. Friedrich versprach einen Kreuzzug für 1225, den er jedoch verschob, woraufhin Papst Honorius III. (Reg. 1216–1227) ihn exkommunizierte. Nichtsdestoweniger eroberte Friedrich Jerusalem und krönte sich dort 1229 zum König.

Der päpstliche Bann wurde 1230 aufgehoben, aber nachdem Friedrich in die Lombardei einmarschiert war, wurde er von Papst Gregor IX. (Reg. 1227–1241) exkommuniziert und dann wieder 1245 von Papst Innozenz IV. (Reg. 1243–1254). Kaiser

Seine letzte Ruhestätte fand der Kaiser in Italien: Sarkophag Friedrichs II. im Dom von Palermo.

wie Papst betrieben die Kontroverse als einen heiligen Krieg: Der Kaiser kämpfte als *malleus mundi* (Hammer der Welt), um die Kirche in ihre ursprüngliche Verfassung zurückzubringen, während der Papst Krieg führte gegen den Antichrist, das „Schlangennest" auf seiner Türschwelle. Mit dem Tod Friedrichs im Jahre 1250 endete der Konflikt. Seine Erben konnten weder in Italien noch in Deutschland Fuß fassen. Die Vision der Hohenstaufen, ein Kind der ehrgeizigen Absichten der Ottonen und Salier, hatte sich in nichts aufgelöst.

Das Reich im Spätmittelalter

Der Aufstieg der Habsburger

Die Kurfürsten

Ältere Werke über die deutsche Geschichte bezeichneten die Periode nach dem Ende der Dynastie der Hohenstaufen im Allgemeinen als das „Ende des Zeitalters der Kaiser". Angeblich begann damit der lange und langsame Zerfall des Heiligen Römischen Reichs. Dessen Ende lag jedoch noch mehr als fünf Jahrhunderte in der Zukunft. Allerdings stimmt es, dass zwischen 1250 und 1312 kein deutscher König zum Kaiser gekrönt wurde und dass bis 1493 nur ein einziger als Nachfolger seinen Sohn hatte. Von 962 bis 1250 war das Reich nacheinander von drei Dynastien regiert worden; nun aber gab es zwei Jahrzehnte mit schwachen Königen, das sogenannte Interregnum, und danach bewarben sich mehrere Dynastien um die deutsche Krone, bis schließlich im 15. Jahrhundert die Habsburger die Vorherrschaft errangen. Gerade in dieser Epoche jedoch entwickelten sich im deutschen Königreich verfassungsmäßige Strukturen, aus denen schließlich die Institution der Wahlmonarchie erwuchs. Das wichtigste Moment war dabei die Etablierung einer formellen Gruppe von Kurfürsten. Zuvor war die Beteiligung an Königswahlen sehr variabel gewesen: Anfänglich hatte das in Stammesgruppen gegliederte Volk gewählt, dann gab es Zusammenkünfte von geistlichen und weltlichen Fürsten. Im späten 12. Jahrhundert herrschte Einigkeit darüber, dass eine Wahl nur dann gültig war, wenn die drei rheinischen Erzbischöfe – von Köln, Mainz und Trier – sowie der Pfalzgraf bei Rhein daran teilgenommen hatten, wobei der Erzbischof von Mainz als Koordinator die Hauptrolle spielte. Eike von Repgow bemerkt im *Sachsenspiegel*, einem Rechtskodex, der wohl zwischen 1220 und 1235 entstand, dass der Herzog von Sachsen und der Markgraf von Brandenburg auch zu den privilegierten Wahlberechtigten gehörten.

Diese sechs hatten das Recht, zuerst zu wählen; nach ihnen konnten dann andere Bischöfe oder Fürsten (sofern anwesend) abstimmen. Dass die sechs dieses Vorrecht besaßen, erklärt Eike von Repgow mit den höfischen Ehrenämtern, die seit der Krönung von Otto dem Großen 936 mit den Titeln verbunden waren: Es waren dies die Erzkanzler von Deutschland (Mainz), Italien (Köln) und Burgund (Trier), ferner der Truchsess (Pfalzgraf bei Rhein), der Hofmarschall (Sachsen) und der Kämmerer (Brandenburg).

Vor 1250 war man bei den Wahlen üblicherweise dem dynastischen Prinzip gefolgt: Ein neuer König musste ein Blutsverwandter seines Vorgängers sein, und er war fast unweigerlich diejenige Person, die der bislang regierende Monarch als seinen Erben bestimmt hatte. Mit dem Ende der Dynastie der Hohenstaufen wurde die freie Wahl unumgänglich, und damit war ein formelleres Wahlsystem, das eine Entscheidung durch Stimmenmehrheit zuließ, notwendig geworden. Darin mag der Grund gelegen haben, den König von Böhmen (mit dem Amt des Mundschenks) zum siebten Kurfürsten zu machen, während Eike von Repgows *Sachsenspiegel* ihn noch, weil er nicht deutscher Herkunft war, ausgeschlossen hatte. 1257 traten die sieben zum ersten Mal als allein wählende Gruppe an, doch wurden die Regeln erst mit der Goldenen Bulle von 1356 formell festgelegt. Die Wahlen fanden in Frankfurt am Main statt und die Krönungen wurden in Aachen vollzogen; Mehrheitsentscheidungen wurden anerkannt, wenn zumindest vier Kurfürsten anwesend gewesen waren. Die Kurstimmen konnten nicht geteilt oder vermehrt werden, um zu verhindern, dass eine Dynastie zwei statusgleichen Angehörigen den gleichen Titelanspruch zuwies.

1338 hatten die Kurfürsten in Rhens am Rhein erklärt, dass die von ihnen gewählte Persönlichkeit dazu berechtigt war, sich römischer König zu nennen und in Deutschland ohne Rücksicht auf den Papst zu regieren. Ein Jahrhundert später trafen sich die Kurfürsten als separates Kollegium auf dem Reichstag, worin ihr wachsendes Selbstbewusstsein als Stützpfeiler und Wächter des Reichs seinen Ausdruck findet. Zur selben Zeit entwickelt sich mit dem Reichstag ein fester gefügtes Rahmenwerk verfassungsmäßiger Bestimmungen.

Die Monarchie steht vor neuen Herausforderungen

Die Ära nach dem Ende der Hohenstaufen-Dynastie hielt für potenzielle Monarchen neue Herausforderungen bereit. Der König musste nun zugleich militärischer Befehlshaber sein und für den Frieden sorgen. Er musste sich ferner die Loyalität einer großen Anzahl von Gefolgsleuten, Beratern und Unterstützern sichern, indem er sie einerseits mit Belohnungen köderte und sie andererseits, falls erforderlich, mit rücksichtsloser Brutalität disziplinierte. Er und sein das Land bereisender Hof mussten Macht und Autorität ausstrahlen; der Monarch hatte ein imponierender Souverän und höchster, Herrschaftsbefugnis vermittelnder Richter zu sein.

Neu gebaute königliche Burgen waren jetzt viel größer und eindrucksvoller. Und die neue Hofetikette, die von Frankreich in den 1170er- und 1180er-Jahren nach Deutschland gelangte, forderte vornehmere Kleidung, angemessenes Benehmen bei Hoffesten oder die Beteiligung an Turnieren und anderen Wettkämpfen der mittelalterlichen Ritterschaft; die Rituale der höfischen Werbung waren so komplex wie die des Kampfes. Zudem wuchs der Druck auf den Monarchen, mit den größeren territorialen Höfen im Reich zu konkurrieren. Auch die mächtigeren und wohlhabenden Adligen ließen imponierende Bauten errichten, führten ein verschwenderisches Hofleben, förderten Troubadoure und andere Künstler, die für Unterhaltung sorgten.

Es war immer schon etwas teurer gewesen, König zu sein, aber jetzt schossen die Kosten in die Höhe. Ohne regelmäßige Steuereinnahmen bereitete die Finanzierung arge Probleme. Bedeutsam blieben traditionelle Einkommensquellen: Geld und Naturalien, bereitgestellt aus dem königlichen Schatz oder von den Bistümern und Abteien, die wichtige Stationen auf den Reisen des Königshofs waren oder die ihn bei Aufenthalten in der Nähe versorgten. Die Kirche leistete auch noch andere *servitia* (Dienste), z. B. beschaffte sie Geld und Truppen für militärische Unternehmungen. Im 12. Jahrhundert kamen die lukrativsten Einkünfte aus der Lombardei, weil sie aus Barzahlungen bestanden, was in Deutschland seit dem 13. Jahrhundert ein wachsender Trend gewesen zu sein schien. Wohl wollte man das königliche Eigentum konsolidieren und revindizieren, andererseits aber war man geneigt, es zu beleihen oder zu verpfänden, wenn man Geld brauchte.

Die Krone konkurrierte mit dem Adel auch in der Einrichtung von Münzstätten und der Gründung von Städten, die nur dem Kaiser unterstanden und deren Freiheiten durch eine Charta garantiert waren. Die Hohenstaufen hatten in ihren Reichsstädten Platz für jüdische Gemeinschaften geschaffen, und 1236 erklärte Friedrich II. alle Juden unter königlichen Schutz gestellt, was natürlich hieß, dass sich die Krone an sie wenden konnte, wenn sie Steuern, Anleihen und Hilfe im Umgang mit Währungen benötigte. Ab etwa 1300 unterstanden die Juden nicht mehr dem König, sondern den Fürsten; allerdings befanden sich zu dieser Zeit die größten und wohlhabendsten Gemeinschaften in den freien Städten oder den Reichsstädten. 1415 versuchte Kaiser Sigismund (Reg. 1411–1437) die Herrschaftsbefugnis über die Juden zurückzuerlangen und ihnen einen „Zehnt" als Steuer aufzuerlegen, was sich auf ein Drittel ihres Einkommens hätte belaufen können.

In all dem spiegeln sich zentrale Elemente der damaligen Entwicklung der deutschen Monarchie. In England und Frankreich zielte die Monarchie darauf ab, so viel Land und Macht wie möglich anzuhäufen und mittels zentralisierter Institutionen zu regieren, die anfänglich mit Geistlichen besetzt wurden. In Deutschland ernannte die Krone unfreie Ministerialen oder Kronbeamte, denen die Regierungsfunktionen oblagen. Das Wormser Konkordat hatte die Bischöfe zu Vasallen gemacht, und 1231 waren die Rechte der geistlichen wie der weltlichen Fürsten von Friedrich II. bestätigt worden. Die alten, auf Stammeszugehörigkeit fußenden Herzogtümer wurden nach und nach aufgelöst und in Lehen verwandelt. Damit breitete sich das Feudalsystem auf einzigartige Weise in Deutschland aus. Während einige Grafen den Anschluss an den Hochadel schafften, wurden die meisten ehemaligen Ministerialen und die freien Stadtbürger in ein vielfach geschichtetes Vasallensystem integriert.

In politischer Hinsicht war, auch weil eine geschriebene Verfassung fehlte, die Rangordnung eine Möglichkeit, die komplexe Hierarchie des Reichs sicht- und darstellbar zu machen. Die früheste Beschreibung dieses hierarchischen Systems findet sich im *Sachsenspiegel*. Dort ist eine *Heerschildordnung* aufgezeichnet (mit Bild und Text), die sieben Ränge – vom König bis zum gemeinen freien Mann – schildert. Regionale Abwandlungen lassen erkennen, dass dieses Schema immer nur eine idealisierte Form der Wirklichkeit war. Auch war diese Ordnung nicht statisch, denn die Monarchie bestimmte die Hierarchie, z. B. durch die Ernennung von Fürsten und, im späteren Mittelalter, durch die Schaffung neuer Herzogtümer. Dennoch war die *Heerschildordnung* Ausdruck der Struktur des Reiches und der Beschaffenheit der Bindungen des Adels an den Monarchen.

Der Feudalismus, die Territorien, die Städte

Hauptsächliche Folge der Entwicklung des deutschen Feudalsystems war die Übertragung von Regierungsfunktionen auf die Territorien und Reichsstädte. Allgemein gesprochen entwickelten die sieben Kurfürstentümer, die siebzig geistlichen und fünfundzwanzig weltlichen Fürstentümer, die ungefähr achtzig freien oder Reichsstädte und andere kleine Gemeinwesen mehr oder weniger parallel zueinander Regierungsfunktionen; nur die allerkleinsten Territorien der Reichsritter hatten das Nachsehen. Die meisten anderen erwarben wichtige Regierungsrechte, die in anderen Ländern Europas der Krone zukamen: Rechtsprechung, Steuereintreibung, Zollerhebung, Betreibung von Münzstätten, Garantien für freies Geleit (und das Recht, dafür Kosten geltend zu machen) usw.

Damit war allerdings keine Souveränität verbunden, denn der Terminus *Landeshoheit* bezeichnete eine Regierungsform, die dem Reich und der Autorität des Monarchen unterstellt war. Fürstentümer, die in einigen Bereichen größer und territorial zusammenhängender waren, entwickelten ab dem frühen 14. Jahrhundert Rechtskodizes in schriftlicher Form. Aber viele andere Fürstentümer waren oder wurden fragmentiert: als Anhäufungen von Adelsgütern und Jurisdiktionsbereichen, von denen einige direktes, andere Lehnseigentum waren und die zudem als Ergebnis von Heiraten, Teilungen, Käufen und Verkäufen oder Belastungen mit Hypotheken fortwährenden Änderungen unterworfen waren. Viele, wenn nicht die meisten, besaßen die Rechtsprechungsbefugnis für ein Gebiet, das jemand anderem gehörte, so wie für einige ihrer eigenen Gebiete die Rechtsprechung einer anderen Person zuständig war. Viele Regionen im Südwesten des Reichs waren noch bis in die frühe Neuzeit in dieser Weise strukturiert.

Der im Reich sichtbar werdenden Tendenz zur Fragmentierung wirkten Bestrebungen entgegen, die sich die Bewahrung des

Friedens zum Ziel gesetzt hatten. Die Reichslandfrieden von 1103, 1152 und 1235 verfolgten hehre Absichten, zeitigten aber keine oder nur vorübergehende Wirkung, auch schwiegen sie sich weitgehend darüber aus, wie und durch wen Friedensbruch zu bestrafen war. Dennoch wurde die Landfriedenspolitik von Rudolf I. (Reg. 1273–1291) erneuert; und vom frühen 14. Jahrhundert an breiteten sich ähnliche Initiativen auf regionaler Grundlage über das ganze Reich aus. Einige größere Territorien erließen ihre eigene Landfriedensordnung.

Auch andere Formen der Friedensbewahrung entwickelten sich. Schon 1226 formierte sich ein Rheinischer Städtebund, bestehend aus königlichen und territorialen Städten; 1232 bildeten vier königliche Städte – Wetzlar, Frankfurt am Main, Gelnhausen und Friedburg – den Wetterauer Städtebund. Ein zweiter, größerer Rheinischer Städtebund entstand 1254. Die Hanse im Norden, die, um 1160 gegründet, zunächst eine Vereinigung von Kaufleuten war, entwickelte sich bis zur Mitte des 14. Jahrhunderts zu einem Städtebund, der sich dem Schutz der Handelsrouten von der Ost- bis zur Nordsee verpflichtet fühlte. Die Hanse überdauerte die anderen Bünde und war noch bis ins frühe 17. Jahrhundert geschäftig. Ab dem 14. Jahrhundert florierten auch von Fürsten, Grafen und Rittern geschmiedete Bündnisse. Der 1291 von den Kantonen Schwyz, Uri und Unterwalden gebildete „Ewige Bund“ erneuerte ein vorangegangenes Bündnis und hatte das Ziel, die beste Route nach Italien – die über den St. Gotthard-Pass führte –, vor Fehde führenden Feudalherren in den Tälern zu schützen. Daraus entwickelte sich ein breit aufgestelltes Selbstverteidigungsbündnis gegen Übergriffe der habsburgischen Oberherren. Streitkräfte wurden ausgehoben und ab 1315 traf sich eine „Tagsatzung“, wenn die Lage es erforderte. Es war der Kern des „Ewigen Bundes“, der 1505 das Reich formell verließ.

Außerdem gab es eine Vielzahl lokaler und regionaler Arrangements. Adelsdynastien schlossen Abkommen über Heiratsschließungen, Erbbestimmungen und wechselseitige Verteidigung im Kriegsfall. Dadurch entstand ein Netz von Beziehungen, die in Krisenzeiten zur Abschreckung dienten und für Unterstützung sorgten. Miteinander verflochtene Territorien und einander überschneidende Rechtsprechungsbezirke wie auch das rastlose Hin und Her von Transaktionen aller Art (wie etwa Grundbesitz) machten es notwendig, für Abkommen zur Konfliktlösung und für Schiedsgerichte zu sorgen.

Das alles verhinderte natürlich keine Auseinandersetzungen, von denen manche unvermeidlicherweise in Gewalt ausarteten. Doch war das Reich stabiler und in sich zusammenhängender, als oftmals behauptet wurde. Das Bewusstsein einer Identität in den Eliten von Adel, Geistlichkeit und Stadtbürgertum – die 1340 vielleicht bis zu 10 Prozent einer Bevölkerung von 14 bis 15 Millionen ausmachten –, wurde noch durch die Krise der Monarchie, aber auch durch die Erfahrung, einem spezifisch deutschen Gemeinwesen anzugehören, verstärkt. Während des 13. und 14. Jahrhunderts wurde die deutsche Sprache häufiger in der Rechtsprechung und in den von der kaiserlichen Kanzlei geführten Briefwechseln verwendet. Die Sprache wirkte als vereinigender und identitätsstiftender Faktor, und Bezeichnungen wie „deutsche Lande“ wurden gewohnheitsmäßig gebraucht.

Regionale und lokale Loyalitätsverhältnisse blieben auch weiterhin stark, während zugleich mythische Erzählungen über einen gemeinsamen Ursprung und eine gemeinsame Vergangenheit weit verbreitet waren. Während sich in Frankreich ein Kult um den Monarchen und die königlich-blutsmäßige Abstammung herausbildete, entwickelte sich die deutsche Identität anhand des Glaubens, dass Gott das deutsche Volk zu Erben der Römer erwählt habe. Sein gewählter König wurde gewissermaßen automatisch Kaiser, und es ist erstaunlich, in welchem Umfang kaiserliche Angelegenheiten in den Schriften des 13. und 14. Jahrhunderts im ganzen Reich erörtert werden. Schriften, die sich der

Umgangssprache bedienten, verwendeten üblicherweise dasselbe Wort, *riche* (oder *Reich*) für das deutsche Königreich wie auch für das Römische Reich. Zur nämlichen Zeit verstärkten die Auseinandersetzungen zwischen Monarchie und Heiligem Stuhl das Bewusstsein der Deutschen, mit der universellen römischen Kirche in einzigartiger Beziehung zu stehen.

1281 fasste der deutsche Gelehrte und Kanoniker Alexander von Roes (ca. 1225–ca. 1300) alle diese Vorstellungen in einem Traktat über den Vorrang des Heiligen Römischen Reichs zusammen. Er bekräftigte die fortwährende Unabhängigkeit des Reichs von den Päpsten und wies französische Ansprüche auf den Vorrang, die nach dem Tod Friedrichs II. erhoben wurden, zurück. Das Reich war, so Alexander, ein universelles Reich; es war von den Römern auf die Deutschen übertragen worden, und die Deutschen würden das Reich bis ans Ende aller Tage regieren und verwalten, denn sie allein waren für das universelle christliche Gemeinwesen verantwortlich. Das waren, in den ersten Jahrzehnten nach dem Ende der Hohenstaufen, steile Thesen.

Das Interregnum und der erste Habsburger König

Nachdem Innozenz IV. Kaiser Friedrich II. im Juli 1245 abgesetzt hatte, wurde sein Sohn, Konrad IV., den die Fürsten 1237 bereits zum König gewählt hatten, von ihnen nicht weiter berücksichtigt. Ihr erster Gegenkönig war der Landgraf von Thüringen, Heinrich Raspe. Er lebte jedoch nach seiner Wahl nur noch neun Monate. Darauf wählten sie den zwanzigjährigen Grafen Wilhelm von Holland (Reg. 1247–1256). Er arbeitete mit den Städten und dem Adel des Rheinischen Bundes zusammen, war aber ständig dadurch abgelenkt, dass er seine eigenen Territorien in Holland verteidigen musste. Er starb in einer Schlacht gegen die Friesen 1256.

Die erste von den sechs Kurfürsten durchgeführte Wahl endete damit, dass sowohl Richard von Cornwall (Reg. 1257–1272), der Bruder Heinrichs III. von England, wie auch Alfons X., der König von Kastilien (Reg. 1257–1272/1284), der aufgrund der Herkunft seiner Mutter Anspruch auf Schwaben erhob, gewählt wurden. Beide Gegenkönige waren hauptsächlich an Italien und dem Kaisertitel interessiert. Alfons kam nicht einmal nach Deutschland, während Richard mit seiner Gemahlin Sanchia von der Provence in Aachen gekrönt wurde und insgesamt drei Jahre in Deutschland verbrachte, mit den deutschen Fürsten jedoch kaum Kontakte pflegte. Nach Richards Tod im Jahre 1272 ignorierten die Kurfürsten einfach Alfons' vorwiegend theoretische Herrschaftsansprüche und setzten in der Folge auf Kandidaten, die über ein Territorium in Deutschland verfügten, aber die Ansprüche der Kurfürsten nicht weiter bedrohten. Alle diese Könige nutzten die jeweils eigene Position aus, um die Interessen ihrer Dynastie zu befördern, doch keinem von ihnen gelang es, den Sohn als legitimen Nachfolger anerkennen zu lassen. So waren sie alle dazu gezwungen, mit den Kurfürsten und Fürsten zu kooperieren und die ersten Jahre des Regierens mit der Sicherung ihrer Herrschaft zuzubringen.

Der erste dieser Könige war Rudolf von Habsburg. Er gehörte nicht zu den Reichsfürsten, war aber der energische und erfolgreiche Herrscher einer Anzahl von Territorien im Aargau, in Oberelsass und Schwaben. Auch sein Alter – er war 55 – könnte dazu beigetragen haben, dass die Wahl der Kurfürsten auf ihn fiel. Sein hauptsächlicher Rivale, König Ottokar II. von Böhmen, wäre zu mächtig gewesen. Nach seiner Wahl sorgte Rudolf dafür, dass seine Töchter in die Familien der weltlichen Kurfürsten einheirateten, sodass die kurfürstlichen Zusammenkünfte eher einem Reichsfamilienrat glichen. Außerdem machte sich Rudolf daran, das seit 1245 verloren gegangene Reichsgut zurückzuholen. Er folgte Richard von Cornwall darin, dass er die Krongüter in Schwaben und im Elsass zu Landvogteien machte, die nicht Ministerialen, sondern loyalen Grafen oder Rittern unterstanden. Auch gelang es ihm, viele Vergütungen in Naturalien zu Bargeldzahlungen umzuwandeln, und er erneuerte die Privilegien der Reichsstädte, indem er ihnen gestattete, ihre Gebühren zu erhöhen. Ferner verkündete er einen weiteren Landfrieden und forderte die Abschaffung illegal erhobener Zölle.

1274 berief Rudolf einen Hoftag nach Nürnberg ein und verlangte dort, dass alle Lehen binnen Jahr und Tag zu erneuern seien. Als König Ottokar sich weigerte, dieser Aufforderung für Österreich und die Steiermark nachzukommen – er besaß Böhmen und Mähren aus eigenem Recht und hielt Kärnten und die Krain (das heutige Slowenien) ohne legalen Anspruch besetzt –, war dies eine starke Herausforderung für Rudolf. Im Januar 1275 wurde über Ottokar die Reichsacht verhängt und drei Jahre später fiel er in der Schlacht. Sein Sohn Wenzeslaus II. (Reg. 1278–1305) heiratete Rudolfs Tochter Judith und durfte Böhmen und Mähren behalten. Das Herzogtum Kärnten fiel an Rudolfs Verbündeten, Meinhard II. von Görz-Tirol, während die Krain und die Windische Mark der Steiermark zugeschlagen wurden. Anfänglich behielt Rudolf Österreich und die Steiermark in persönlichem Besitz, was ihm ein jährliches Einkommen von 18 000 Silbermark verschaffte, doch 1282 übertrug er die Rechte auf seine beiden Söhne und machte sie und alle seine Nachfolger zu Reichsfürsten.

Doch Rudolfs Versuche, Thüringen nach dem Tod von Landgraf Heinrich dem Erlauchten – er starb 1288 – zu einem Kronland zu machen, scheiterten. Immerhin konnte er einigen alten Kronbesitz zurückerlangen und bei der Neuverteilung der Ländereien des Landgrafen auf seine Erben den Vorsitz führen. Damit waren die Rechte der Krone im Hinblick auf Richteramt und Oberherrschaft wiedergewonnen. In Burgund zwang er den Grafen von Savoyen zur Rückgabe von königlichem Eigentum; außerdem musste der Graf dem König seine Reverenz erweisen.

Die Kurfürsten und der Heilige Stuhl sowie der Tod zweier Söhne machten Rudolfs Pläne für die Nachfolge zunichte. Nun würde sein letzter Sohn, Albert, alles erben. Doch bevor das noch erörtert werden konnte, starb Rudolf im Alter von 73 Jahren. Als er spürte, dass das Ende nahe war, zog er nach Speyer, um im Dom neben seinen salischen und hohenstaufischen Vorgängern bestattet zu werden. Schließlich hatte er viel unternommen, um deren Erbe in Deutschland zu bewahren. Drei Könige, denen nur ein kurzes Leben beschieden war, folgten auf Rudolf. Adolf von Nassau (Reg. 1292–1298) war Graf und wesentlich vom Kölner Erzbischof beeinflusst. Als er versuchte, Thüringen und Meißen zu Kronländern zu machen, zog er sich die Feindschaft des Erzbischofs von Mainz zu. Er wurde abgesetzt und starb einen Monat später.

Die Wahl Alberts von Habsburg (Reg. 1298–1308) wurde von Papst Bonifatius VIII. (Reg. 1295–1303) für illegal erklärt, was Albert nicht daran hinderte, sich als *Rex Alemanniae* und *in regem Romanorum electus* zu bezeichnen. Er erlangte die Herrschaft über Thüringen und übernahm den unbesetzten böhmischen Thron, wurde dann aber von einem seiner Neffen, Johann von Schwaben (später bekannt als Johann Parricida) ermordet, noch bevor er sich an seinen Errungenschaften erfreuen konnte.

Der Dritte war Heinrich VII. (Heinrich von Luxemburg, Reg. 1308–1313). Er holte die böhmische Krone als Lehen für seinen vierzehnjährigen Sohn Johann, indem er für ihn eine Heirat mit der jungen Prinzessin Elisabeth von Böhmen arrangierte. Das war für die Zukunft so wichtig wie Rudolfs Inbesitznahme von Österreich im Jahre 1278. Heinrich gewann auch das Wohlwollen des Papstes und wurde im Januar 1313 in Mailand zum König von Italien gekrönt. Doch als er nach Süditalien aufbrach, um die Territorien und Titel der Hohenstaufen zurückzufordern, rief das den Zorn des Heiligen Stuhls hervor. Im April 1313 starb Heinrich in Buonconvento südlich von Siena, was seinen Ambitionen ein Ende setzte. Die italienische Monarchie zerfiel in eine lose Ansammlung nördlicher Vasallen, von denen viele bis 1806 an die deutsche Krone gebunden blieben.

Doch erneut scheuten die Kurfürsten davor zurück, den offensichtlichen Nachfolger, Heinrichs Sohn Johann von Böhmen, zum König zu wählen, weil sie fürchteten, er könne zu mächtig werden. Einige favorisierten mittlerweile Alberts Sohn, Friedrich den Schönen, Herzog von Österreich, der in Frankfurt vom Erzbischof von Köln zum König gekrönt wurde. Die Mehrheit jedoch entschied sich für Herzog Ludwig von Oberbayern, der als Ludwig IV. von 1314 bis 1347 regierte. Er wurde in Aachen gekrönt. 1325 erkannte Friedrich den Bayern als legitimen Herrscher an.

Problematischer war es, die Unterstützung des Papstes zu gewinnen. Papst Johannes XII. (Reg. 1316–1334) residierte seit 1309 in Avignon. Er war 1305 vor Unruhen aus Rom geflohen und war dem Druck des neuen Ordens der Franziskaner ausgesetzt, dass die Päpste sich in christlicher Armut und Demut üben sollten. Dennoch beharrte er auf seinem Primat. Als Ludwig in Italien intervenierte, wurde er von Johannes exkommuniziert. Allerdings hatte er sich zuvor bereits vom römischen Adligen Sciarra Colonna zum König von Italien krönen lassen, und 1328 folgte die Kaiserkrönung.

Die Kritiker des Papsttums eilten Ludwig zu Hilfe. Der Pariser Gelehrte Marsilius von Padua verfasste die Schrift *Defensor pacis* („Verteidiger des Friedens“), um den Mann zu verteidigen, den der Papst verächtlich nur als *Ludovicus Bavarus*, Ludwig den Bayern, bezeichnete. Auch wollte Marsilius dem Papst jeglichen Einfluss auf die weltliche Regierung absprechen. Wilhelm von Ockham, der die Unabhängigkeit des Kaisers vom Papst verkündete und bestritt, dass die Kirche rechtsverbindliche Dekrete (wie etwa die Exkommunikation) erlassen dürfe, hielt sich einige Zeit auch in München auf. Er und Marsilius beeinflussten im

14. und 15. Jahrhundert deutsche Theoretiker des Reichs. Die Kurfürsten vertraten ähnliche Positionen, indem sie 1338 in Rhens erklärten, dass der Kaiser nicht vom Papst abhängig sei und sie das Recht hätten, den Kaiser ohne Nominierung, Billigung, Bestätigung, Zustimmung oder Autorisierung durch den Papst auszuwählen. Die unversöhnliche Feindschaft des Papstes gegenüber dem König führte dazu, dass Ludwig einige Zeit in Deutschland beträchtliche Unterstützung genoss. 1330 schloss Ludwig mit den Habsburgern Frieden, sah sich aber gleich darauf den Ambitionen König Johanns von Böhmen konfrontiert. 1330 hatte Johann, angeblich im Namen von Ludwig, eine nicht genehmigte Expedition nach Italien unternommen und dort Verhandlungen mit dem Heiligen Stuhl geführt, um Anerkennung für seine Eroberungen zu finden. 1335 gab es erneute Querelen, als die Habsburger wie auch die Luxemburger das Recht beanspruchten, Heinrich, den Herzog von Kärnten und Grafen von Tirol, zu beerben. Ludwig unterstützte die Habsburger in der Hoffnung, Tirol für sich selbst zu gewinnen, doch beschleunigte er damit nur die Bildung eines Bündnisses zwischen Habsburg und Luxemburg, das sich gegen ihn wendete. Schließlich ging Kärnten an die Habsburger und Tirol an die Luxemburger. 1342 konnte Ludwig aber den Luxemburgern die Herrschaft über Tirol abspenstig machen. Drei Jahre später gelang es ihm auch, nach dem Tod Wilhelms II. von Holland, Holland, Zeeland und das Hennegau in seinen Besitz zu bringen.

Doch als Papst Klemens VI. (Reg. 1342–1352) Ludwig im April 1346 exkommunizierte, wendete sich das Blatt. Nun stimmten fünf Kurfürsten für den jungen Luxemburger Erben, Karl von Mähren; nur die Wittelsbacher Kurfürsten aus der Pfalz und Brandenburg blieben der Abstimmung fern. Karls erste Pflicht bestand darin, das Haus Luxemburg am Kampf des französischen Königs gegen England zu beteiligen. Am 26. August 1346 fand die Schlacht von Crécy statt, in der die Franzosen eine demütigende Niederlage erlitten. Karls Vater, Johann von Böhmen, starb im Feld, und Karl kehrte als König von Böhmen heim. Im November wurde er zum deutschen König gekrönt, und als Ludwig im Oktober 1347 auf einem Jagdausflug starb, konnte er ohne weitere Hindernisse Kaiser werden.

Karl IV., Böhmen und die Goldene Bulle

Binnen acht Jahren hatte Karl IV. (Reg. 1346–1378) über einen schwachen Gegenkönig triumphiert, die Opposition der Wittelsbacher durch eine Heirat mit der Tochter des Pfalzgrafen gespalten, sich selbst an die Spitze der zweiten Wittelsbacher Dynastie gesetzt, seine Wiederwahl und Krönung in Aachen gesichert und sich in Rom zum Kaiser krönen lassen. Im Gegensatz zu vielen seiner Vorgänger vermied er es, sich in Italien zu engagieren, und konzentrierte sich stattdessen auf Deutschland. Sein Königreich Böhmen stellte ihm die nötigen wirtschaftlichen und militärischen Ressourcen zur Verfügung.

Insofern hatte die Konsolidierung der Territorien der böhmischen Krone Vorrang. Karl fügte seinen Besitzungen die Ober- und Niederlausitz sowie die schlesischen Herzogtümer hinzu und sorgte dafür, dass sie vor zukünftigen Interventionen eines Kaisers geschützt waren. Er überzeugte den Papst, ein Erzbistum Prag einzurichten, sodass Prag nicht mehr zur Metropolitanprovinz Mainz gehören würde. Zudem eröffnete sich damit die Aussicht, alle Bistümer der Territorien der böhmischen Krone in einer Provinz zu vereinigen. Karl machte Prag zu seiner Hauptstadt und beauftragte Peter Parler, einen der damals führenden Architekten, mit dem Bau des Veitsdoms, indem er ihn zum Dombaumeister ernannte. Außerdem entwarf Parler die Bauten der Neustadt und die Steinbrücke (heute Karlsbrücke genannt). 1348 wurde die königliche Universität gegründet, die erste derartige Institution in Mitteleuropa, was die Bedeutung dieser aufblühenden Stadt noch unterstrich.

In Deutschland verringerte Karl die der Krone gehörenden Gebiete, indem er mit einigen von ihnen treue Verbündete belohnte. Offensichtlich glaubte er, es dadurch den Kurfürsten schwerer zu machen, eine Alternative zu seiner Dynastie zu finden. Er reiste unermüdlich, vor allem in Süddeutschland, und verbrachte die Hälfte seiner Regierungszeit im Gebiet zwischen Frankfurt am Main und Breslau, ein Zehntel dieser Zeit sogar allein in Nürnberg. 1356/57 besuchte er Metz und 1375 sogar Lübeck, was seit Barbarossa kein deutscher Monarch mehr getan hatte und bis zu Wilhelm I. in den 1870er-Jahren auch nicht mehr tun sollte. Zahlreiche schriftlich niedergelegte Privilegien und Instruktionen begleiteten seine traditionellen Reisen. Karls wichtigstes Gesetz war indes die Goldene Bulle von 1356, das erste geschriebene Verfassungsgesetz des deutschen Königreichs. Es legte das Wahlverfahren für den König fest und blieb bis 1806 in Kraft. In der Bulle fand die Praxis, die sich seit den 1250er-Jahren entwickelt hatte, ihren Niederschlag, doch wurde auch die für das Reich geltende Hierarchie festgelegt: Die sieben Kurfürsten durften dem Monarchen in bestimmter Reihenfolge bei zeremoniellen Festen am nächsten sitzen; ihnen folgten die anderen Reichsstände.

Karl war sich der Bedeutung von Symbolen sehr bewusst. In Böhmen förderte er den Kult um den heiligen Wenzel nach Kräften. Für viel Geld ließ er eine als Reliquiar dienende Büste des Heiligen anfertigen, um Wenzels sterblichen Überresten im Veitsdom eine Heimstatt zu geben. Die Krone auf dem Haupt der Büste war bei seiner eigenen Krönung verwendet worden. Die heiligen Insignien Böhmens und des Reichs wurden in Karls Schloss aufbewahrt und einmal im Jahr öffentlich ausgestellt. Karl initiierte auch die Weihnachtszeremonie des Reichs, als er 1347, mit dem Schwert in der Hand, bei der Messe aus dem Lukasevange-

Die Goldene Bulle Karls IV. aus dem Jahr 1356 war ein Gesetzbuch in Urkundenform. Sie legte vor allem das Wahlverfahren des römisch-deutschen Königs durch die Kurfürsten fest und galt bis zum Untergang des Reiches 1806. Sieben Ausfertigungen sind erhalten; hier das Frankfurter Exemplar.

lium (Lk 2,1) las: „factum est autem in diebus illis exiit edictum a Cesare Augusto ut describeretur universus orbis …“ (In jener Zeit geschah es aber, dass ein Erlass ausging vom Kaiser Augustus, dass alle Welt sich in Steuerlisten eintragen lassen solle.)

Doch alle diese Unternehmungen konnten keinen dauerhaften Erfolg garantieren. Karls Sohn wurde 1363 zum König von Böhmen und 1376 zum deutschen König gekrönt, doch Karls Pläne zum Erwerb von Brandenburg und zur Förderung der territorialen Ambitionen seines Bruders in Luxemburg, Brabant und Limburg führte sehr schnell zur Bildung eines umfassenden Bündnisses von Fürsten gegen ihn. Und als er die schwäbischen Städte mit Steuern belegte, um den Kauf von Brandenburg finanzieren zu können, stieß er ebenfalls auf Widerstand. 1376 bildeten vierzehn Städte ein Bündnis gegen Karl. Diese Ereignisse destabilisierten die Herrschaft bis zu seinem Tod im Jahre 1378 und überschatteten den Beginn der Regierungszeit seines Sohns.

In die Anfangsjahre von Karls Regierungszeit fiel das Wüten der Pest, die zwischen 1349 und 1352 die Bevölkerung des Reichs um ein Drittel dezimierte. Bis etwa 1400 gab es immer erneute Ausbrüche, und erst um 1450 hatten die Bevölkerungszahlen das vorepidemische Niveau wieder erreicht. Viele Überlebende suchten Zuflucht in den Städten; von den ländlichen Siedlungen wurden an die 25 Prozent verlassen. In den nächsten Jahrzehnten gab es viele Bauernaufstände, und der verarmte Kleinadel zeigte gesetzloses Verhalten. Da ihre Besitzungen nicht mehr genügend Einkommen hervorbrachten, gingen die Adligen dazu über, einander zu befehden. Die Reichsstädte wurden mit der Krise am besten fertig: Sie bildeten politische Eliten und neue Regierungsweisen aus und entwickelten umfangreiche Wirtschaftsaktivitäten. Doch auch manche Fürsten hatten Erfolg mit ihren Maßnahmen, indem sie ihre Ländereien der Verwaltung durch Ämter unterstellten, die von Amtmännern geleitet wurden. Das wurde zum Vorbild für die deutschen Territorien überhaupt.

Das Reich aber musste im späten 14. Jahrhundert mit großen Herausforderungen kämpfen: mit der Angst um die öffentliche Ordnung in Deutschland wie auch mit der Ungewissheit, die durch das große päpstliche Schisma (1378–1415) ausgelöst wurde. Das Schisma resultierte aus der Doppelwahl nach Papst Gregors VII. Rückkehr aus Avignon 1377. Nach seinem Tod im Jahr darauf forderte der römische Adel einen italienischen Papst und wählte Urban VI. (Reg. 1378–1389), der sich als Autokrat erwies; die Opposition votierte für Klemens VII. (Reg. 1378–1394), der sogleich nach Avignon zurückkehrte. Das Schisma endete so bald nicht: Zwischen 1409 und 1414 regierten drei miteinander konkurrierende Päpste gleichzeitig.

In Deutschland wurden die Forderungen, sich dieser Probleme anzunehmen, immer lauter. Leider war Karls Sohn und Nachfolger, Wenzel I., dafür nicht der geeignete Monarch. Als er 1394 von abtrünnigen böhmischen Adligen eingekerkert wurde, hielten die Kurfürsten sofort den Thron für leer und setzten ihn 1400 ab. Bis zu seinem Tod im Jahre 1419 lebte er noch als König von Böhmen. Statt seiner gelangte Ruprecht von der Pfalz auf den Thron (Oberhaupt der zweiten Dynastie der Wittelsbacher im Reich). Doch gelang ihm nur wenig; stattdessen sorgte er selbst für die Opposition, die seine Herrschaft bis zu seinem Tod 1410 lähmte.

Sigismund und die Reform von Kirche und Reich

Die einzigen ernst zu nehmenden Kandidaten für die Nachfolge Ruprechts entstammten der Dynastie der Luxemburger. Eine Minderheit votierte für Sigismund (Reg. 1410–1437), den Sohn Karls IV., eine knappe Mehrheit für Sigismunds Vetter Jobst von Mähren, der aber im darauffolgenden Jahr starb. Sigismund wurde sofort wiedergewählt, kam aber erst drei Jahre später nach Deutschland, um sich in Aachen krönen zu lassen. Das verweist auf die Schwierigkeiten, denen er sich im ersten Jahrzehnt seiner Herrschaft konfrontiert sah. Böhmen blieb in den Händen seines Stiefbruders Wenzel. Sigismund war seit 1387 König von Ungarn, was ihm auch die Herrschaft über Dalmatien, Kroatien, Serbien und Bulgarien verschafft hatte. Aber die Gewinne, die er aus diesen Regionen ziehen konnte, waren kärglich; stattdessen gab es fortwährend heftige Gegnerschaft in den Regionen und zudem mussten türkische Besatzungsstreitkräfte zurückgeschlagen werden. 1403 erhob Ladislaus von Neapel Anspruch auf den ungarischen Thron, wodurch Sigismund seine Kräfte in Italien einsetzen musste und in einen lang dauernden Konflikt mit Venedig verstrickt wurde, weil Ladislaus seine Rechte an Dalmatien an die Lagunenstadt verkauft hatte. Zwar erbte er 1419 endlich Böhmen, stieß dort aber auf die Opposition des Adels und den Hussitenaufstand. Die Hussiten waren eine von Jan Hus angeführte antiklerikal-religiöse Reformbewegung, die seit 1402 die tschechische Bevölkerung in Wallung brachte. 17 Jahre lang wurde Sigismund nicht als König von Böhmen anerkannt.

In Deutschland war Sigismund praktisch besitzlos – selbst Luxemburg war verpfändet –, und durch seine langen Zeiten der Abwesenheit blieb die Zahl der Vertrauten, auf die er sich verlassen konnte, überschaubar. Immerhin schien sein erster Besuch in Deutschland vielversprechend zu werden. Er reiste von Aachen nach Konstanz, um an den wichtigen Sitzungen des Konzils teilzunehmen, das von 1414 bis 1418 dort beriet. Es gelang, das Schisma zu beenden, indem man zwei Päpste absetzte und einen dritten zum Rücktritt zwang. An deren Stelle wurde Martin V. (Reg. 1417–1431) gewählt. Auch wurde die Entscheidungsbefugnis des Konzils bekräftigt und beschlossen, Konzile in regelmäßigen Abständen abzuhalten. Beides führte später zu Konflikten. Aber der Versuch, mit der Häresie umzugehen, scheiterte, und die

Verurteilung und Hinrichtung von Jan Hus 1415 verlängerte den Hussitenaufstand um weitere zwei Jahrzehnte.

Die Konzile von Pavia (1423/24) und Basel (1431–1449) stürzten die Kirche in einen erbitterten Kampf zwischen Papsttum und Konzil. Vorschläge zur Reform des Reichs, die an den Hoftagen von 1414 und 1417 vorgetragen wurden, führten zu nichts, außer zu weiteren Forderungen nach einer allgemeinen Revision. 1425 gab es eine neuerliche Offensive der Hussiten, die ein weiteres Jahrzehnt von Kampf und Krieg einläutete. Erst 1435 kam es in Prag zu einem Friedensschluss. Zudem stellte das Herzogtum Burgund, dem auch Brabant, Limburg, Holland, Zeeland und das Hennegau als Besitztümer eigneten, die kaiserliche Oberhoheit im Nordwesten des Reichs infrage. Hinzu kamen permanente Unruhen in Ungarn, auch das ein Hindernis für Sigismunds Fähigkeit, Führerschaft zu demonstrieren.

1433 wurde Sigismund in Rom zum Kaiser gekrönt, unternahm jedoch in Bezug auf Italien nichts. Das vielleicht wichtigste Erbe, das er dem Reich hinterließ, war die Heirat seiner Tochter Elisabeth mit dem Habsburger Herzog Albert von Österreich. Nach Sigismunds Tod 1437 wurde Albert zum König von Ungarn und Böhmen gekrönt und zum römischen König gewählt, doch fiel er im Oktober 1439 in einer Schlacht gegen die Türken, bevor er zum Kaiser gekrönt werden konnte.

Aber Sigismund sorgte nicht nur für eine habsburgische Thronfolge, sondern während seiner Regierungszeit gab es noch vier weitere bedeutsame Entwicklungen. Die erste war eine Reaktion auf die Hussitenaufstände. Am „Tag von Nürnberg“ 1422 forderte Sigismund, dass alle Reichsstände reguläre Truppen zur Verfügung stellen sollten; bisher hatten sich die Monarchen nur auf jene Kontingente stützen können, die sie als Feudalherren anfordern konnten. Daraus ergab sich die Frage, wer als Stand zum Reich gehörte. Es wurde nun ein Register erstellt, das später unter dem Titel *Reichsmatrikel* bekannt wurde. 1427 führte Sigismund, als Reaktion auf eine erneute türkische Offensive gegen Ungarn, die erste allgemeine in Geld zu entrichtende Steuer in Deutschland ein. Sie fand zwar Zustimmung, war aber unwirksam, weil es keine Methode gab, um sie einzuziehen.

Die zweite Entwicklung betraf die Kurfürsten. Wiederum nahmen sie die Sache in ihre Hände, indem sie in Bingen ein Bündnis, den Kurverein, bildeten. Allerdings führten Unstimmigkeiten zwischen ihnen dazu, dass sie Sigismund nicht absetzten, so wie sie es 1399 mit Wenzel getan hatten. Doch stärkte der Bund das Bewusstsein, die herrschende Elite im Reich zu sein. Die Hussitenkrise trug auch zur wachsenden Bedeutung der Kurfürsten von Brandenburg und Sachsen bei, weil beide im Frontgebiet über Ländereien verfügten. Die Tatsache, dass sie große und zusammenhängende Territorien regierten, während die rheinischen Kurfürstentümer fragmentiert waren, beförderte in den nächsten zwei Jahrhunderte ihre Bedeutsamkeit entscheidend.

Zum Dritten begannen nun die Fürsten, in Abwesenheit des Kaisers Versammlungen abzuhalten. Das war ein wichtiger Schritt vom Hoftag hin zum Reichstag, der 1495 in Mainz stattfand. Der Terminus *curia*, der bis dahin zur Bezeichnung einer Versammlung von Adligen benutzt worden war, wurde nun durch den Ausdruck *dieta* oder „Tag" ersetzt.

Und schließlich breitete sich das Bewusstsein, dass ein Wandel vonnöten sei, immer weiter aus, was zur Entstehung einer umfangreichen Reformliteratur führte. Die populärste Schrift dieser Art war die *Reformatio Sigismundi*, die in den späten 1430er-Jahren erschien. Allerdings stammte dieser Text nicht vom Kaiser selbst. Sein Beitrag zur Debatte war ein 16 Punkte umfassender Text, den er auf dem Hoftag zu Eger 1437 zur Diskussion vorgelegt hatte.

Friedrich III. war zwischen 1440 und 1493 römisch-deutscher Kaiser. Gemälde von Hans Burgkmair d. Ä. 1468.

Heldenhaftes Überleben – Die lange Regierungszeit von Friedrich III.

Da Albrecht II. von Habsburg nur einen unmündigen Sohn, Ladislaus Postumus (geb. Februar 1440, wenige Monate nach dem Tod seines Vaters), zum Nachfolger hatte, wandten sich die Kurfürsten an seinen Onkel und Vormund (und schließlichen Erben, denn Ladislaus starb bereits 1457), Herzog Friedrich von der Steiermark. Er wurde 1440 zum König gewählt und zwei Jahre später in Aachen gekrönt (Reg. 1440–1493).

Anfänglich saß Friedrich so wenig fest im Sattel wie seine beiden Vorgänger. Den Anspruch auf die Steiermark, Kärnten und die Krain musste er mit seinem jüngeren Bruder, Albrecht VI., teilen. Die Kontrolle erlangte er erst mit Albrechts Tod. Selbst der Adel setzte Friedrichs fortwährenden Geldforderungen Widerstand entgegen, und zwischen 1469 und 1471 kam es zu einem größeren Aufstand („Baumkirchenfehde“). Auch Friedrichs Regentschaft, die er zusammen mit seinem Bruder Albrecht und seinem Vetter Sigismund von Tirol in Ober- und Niederösterreich ausübte, gab Anlass zu dauerhaften Streitigkeiten.

In Böhmen und Ungarn stellte der Adel die Regierungsbefugnis Friedrichs zugunsten von Ladislaus ganz offen infrage. In Böhmen wurde Georg Podiebrad 1458 König. Wladislas III. von Polen erhob 1440 Anspruch auf den ungarischen Thron, wobei er von dem adligen Rebellen Johann Hunyadi unterstützt wurde. 1458 musste Friedrich den Sohn des Rebellen, Matthias Corvinus, als König von Ungarn anerkennen.

In Luxemburg, einem anderen Territorium aus dem Erbe von Ladislaus, standen die Dinge keinesfalls besser: Philipp der Gute von Burgund annektierte es 1443. Auch sonst hatte Friedrich wenig Glück: In Tirol, wo er anfänglich Regent für seinen Vetter Sigismund war, kam es zu Auseinandersetzungen mit den Schweizern. Als Friedrich Frankreich um Hilfe bat, drangen französische Söldner 1444/45 nach Lothringen, in den Sundgau und ins südliche Elsass ein.

Da blieb wenig Zeit, um das Reich zu regieren. Ab 1444 blieb Friedrich ihm 27 Jahre lang fern. Er verließ seine Hauptstadt Graz zum ersten Mal im März 1452, als er sich in Rom zum Kaiser krönen ließ, und selbst dann musste er eilends zurückkehren, um mit einem größeren Adelsaufstand fertigzuwerden. Und die Bedrohungen mehrten sich. 1453 fiel Konstantinopel an die Osmanen, was Befürchtungen über eine Invasion nicht nur Ungarns und Österreichs weckte. 1469 griffen osmanische Streitkräfte Kärnten und kurz darauf die Steiermark an. Schon bald jedoch wurde die türkische durch eine ungarische Gefahr ersetzt, als Matthias Corvinus 1487 Niederösterreich besetzte. Im Westen übte Karl der Kühne von Burgund (Reg. 1433–1477) ständigen Druck aus; zudem wuchs die französische Angriffslust, die erst mit dem Frieden von Senlis 1493 besänftigt wurde. Unruhen in den Territorien, die durch die Heirat von Friedrichs Sohn Maximilian mit der burgundischen Erbin Maria erworben worden waren, konnten erst 1488 beendet werden.

Was aussieht wie eine nicht enden wollende Reihe von Problemen und Misserfolgen, war tatsächlich eine Überlebensgeschichte mit heldenhaften Zügen. 54 Jahre lang – die längste Regierungszeit eines Kaisers – zeigte Friedrich eine bemerkenswerte Durchhaltefähigkeit. Er war vom Wert und der Schicksalsbestimmung seiner Dynastie überzeugt. Wie sein Vater hatte er immer den Titel eines Erzherzogs geführt und zweimal die Gültigkeit des *Privilegium maius* bestätigt, also jenes Dokuments, das Herzog Rudolf 1359 gefälscht hatte, um Privilegien für die Habsburger zu sichern. Dazu gehörte die eigenständige Gerichtsbarkeit, bei der ein Appell an den Kaiser nicht mehr möglich war, sowie der Titel eines *archidux palatinus* (eines Pfalz-Erzherzogs).

Friedrichs lange Zeiten der Abwesenheit vom Reich trugen ihm seitens späterer Historiker den abschätzigen Titel „Reichserzschlafmütze“ ein, was die Bedeutung seiner Herrschaft unterschätzt. 1442 erließ er die *Reformatio Friderici*, einen Landfrieden zur Bekämpfung der Fehde. Der Landfrieden sollte dauerhaft sein und erklärte Fehden für rechtmäßig nur nach einem fehlgeschlagenen Gerichtsprozess. Es war auch der erste dieser Art von Erlassen, der im ganzen Reich Verbreitung fand. 1448 schloss er mit dem Heiligen Stuhl das Wiener Konkordat, das im Reich zwar niemals als Gesetz verkündet wurde, aber bis 1806 die Beziehungen zwischen Reich und Papsttum regelte. Im Reich selbst machte er das Beste aus seiner gesetzgeberischen Befugnis, indem er das Gerichtswesen vom alten Hofgericht auf ein reformiertes Kammergericht übertrug, vor dem schon bald Fälle aus vielen Teilen des Reichs verhandelt wurden. Einige Fürsten waren sogar der Ansicht, dass der Kaiser zu mächtig würde.

Auch während Friedrichs Abwesenheit fanden Reichstage statt. Dort wurden Probleme erörtert, die seit den 1430er-Jahren immer wieder auf die Tagesordnung gesetzt worden waren. Im Vordergrund standen dabei ein absolutes Fehdeverbot und die Einrichtung regionaler Organisationen zur Erzwingung des Verbots. Immer wieder jedoch stritten sich der Kaiser (durch seine Vertreter), die Fürsten und die Städte darüber, wie solche Maßnahmen umgesetzt werden könnten. Zwischen 1454 und 1467 berieten die Reichstage angesichts der türkischen Gefahr über die Mobilisierung von Geld und Streitkräften in bedrohlichen Zeiten und über die Rolle der Kurfürsten in der Regierung des Reichs. Einziges Ergebnis war jedoch 1467 ein weiterer Landfrieden, der zum ersten Mal ein völliges Fehdeverbot aussprach. Selbst ein erneut drohender türkischer Angriff in den späten 1460er-Jahren, der Friedrich dazu motivierte, am „Christentag“ zu Regensburg im Juni 1471 teilzunehmen, resultierte nur in der Aushebung einer Streitmacht, die viel zu klein war, um irgendetwas ausrichten zu können. Die wahre Erneuerung bestand darin, dass nun die verschiedenen Stände sich in Gruppen trafen, bevor sie ihre

Ansichten in die Plenumssitzungen einfließen ließen. Das sollte zur Standardprozedur der frühmodernen Reichstage werden.

Unterdessen drohte in Süddeutschland Gesetzlosigkeit, und auch der bayrische Expansionsdrang war gefährlich. Diesen Entwicklungen setzte Friedrich seine Unterstützung für den von Fürsten und Städten gebildeten Schwäbischen Bund entgegen. Er war der größte aller traditionellen Bünde, die dem Zweck dienten, in Abwesenheit von formellen Methoden der Friedenssicherung den Frieden zu bewahren.

Bei seinen Bitten an die Fürsten und Städte, das Reich gegen die Feinde zu verteidigen, appellierte Friedrich zum ersten Mal an die „deutsche Nation“. Die Bedeutung des Ausdrucks war zweideutig, denn sie konnte „deutsche Stände“ bezeichnen, aber auch eine „ethnische Nation“. Bisweilen wurden aber auch noch ältere Bezeichnungen bevorzugt wie etwa „Lande deutscher Zunge“ oder „deutsche Lande“, alle aber wurden in der zweiten Hälfte des 15. Jahrhunderts mit wachsender Häufigkeit verwendet. Die Bedrohung durch die Türken wurde als so bedrängend empfunden, dass man die Burgunder und Franzosen als „Türken im Westen“ bezeichnete. Wachsende Unzufriedenheit mit dem Papsttum äußerte sich in langen Beschwerdelisten gegen Rom, den *Gravamina Germaniae nationis*, die auf den Reichstagen ab 1456 vorgetragen wurden. Auch das verstärkte das Verlangen nach Reform und trug zur verstärkten Rhetorik des Nationalen bei, die von humanistischen Gelehrten verbreitet wurde. Sie waren von der Veröffentlichung einer jüngst erst neu entdeckten Schrift des Tacitus namens *Germania* inspiriert worden. Den Text hatte man 1473/74 publiziert.

Die Lage spitzte sich zu, als Matthias Corvinus 1485 Wien eroberte. Friedrich befürchtete nun, dass Corvinus nach der Kaiserkrone greifen würde. Erfolgreich drängte er auf die Wahl seines Sohnes Maximilian, die 1486 in Frankfurt am Main vollzogen wurde. Seit mehr als einem Jahrhundert war Maximilian der erste

Sohn, der noch zu Lebzeiten des Vaters gewählt worden war. Die Fürsten einigten sich auf die Einführung einer allgemeinen Steuer, um Truppen auszuheben, die das Reich gegen Ungarn verteidigen konnten. Außerdem erneuerten sie den Landfrieden und das damit verbundene Fehdeverbot. Darüber hinaus jedoch forderten sie eine größere Beteiligung an der Gerichtsbarkeit. Tatsächlich floss nur wenig Geld, und die Themen wurden einfach auf die nächste Tagesordnung gesetzt.

1488 übertrug Friedrich die Regierungstätigkeit auf seinen Sohn Maximilian. Der entwickelte gleich ehrgeizige Pläne, um das Reich zu früherem Glanz und Ruhm zurückzuführen und die burgundischen und österreichischen Territorien dazu zu nutzen, das Reich zu beherrschen, wie es noch kein Monarch vor ihm getan hatte. Sein Plan schlug fehl, aber seine Verhandlungen mit den deutschen Ständen führten zur Aushandlung einer neuen Verfassung, die das Reich veränderte.

Das Reich in der Frühen Neuzeit (1)

Von Maximilian I. bis zum Dreißigjährigen Krieg

Neue politische Visionen; soziale und geistige Gärstoffe

Keinem Kaiser war es so um das Bild der eigenen Person zu tun wie Maximilian I. (Reg. 1493–1519). Er könnte durchaus das Epos *Theuerdank* verfasst haben, die dichterische Darstellung seiner Werbung um Maria von Burgund samt schließlicher Heirat; die Verse schildern die Brautfahrt eines Ritters. Ganz sicher beauftragte er seinen Sekretär, den *Weißkunig* zu schreiben, einen Bericht über seine Taten bis 1513. Unvollendet blieb *Freydal*, ein illustrierter Bericht über seine Turniere und die damit verbundenen Kostümfeste. Alle Werke vereinten Elemente der literarischen Tradition des Mittelalters mit der reichen kulturellen Bilder- und Vorstellungswelt des burgundischen Hofes im 15. Jahrhundert. Der *Theuerdank* wurde auch in gedruckter Form veröffentlicht; und alle drei Werke zeigen Maximilians Verbundenheit mit dem Humanismus, der neuen Form von Gelehrsamkeit. Der Kaiser umgab sich mit Autoren wie Konrad Celtis, der den Herrscher und seine altehrwürdige Abstammung rühmte. Maximilian war vom Potenzial des neuen Mediums Buchdruck ebenso fasziniert wie von dem propagandistischen Einfluss von Literatur und Kunst.

Seine Regierungstätigkeit war durch eine Mischung von alten und neuen Elementen gekennzeichnet. Er wollte das Reich wiederherstellen und verlorene Gebiete und Vorrechte zurückfordern. Das gelang ihm zwar nicht, aber seine Verhandlungen mit den deutschen Ständen veränderte das Reich. Es blieb eine Feudalgesellschaft, in der die Fürsten dem Kaiser Loyalität schuldeten, doch nun mehrte sich der Einfluss einer geschriebenen Verfassung, und schließlich besaß das Reich ein umfassenderes Korpus an Verfassungsgesetzen als jede andere frühmoderne Monarchie in Europa.

Die Anfänge dieser bemerkenswerten Transformation liegen in dem allgemeinen Gefühl von Unsicherheit, das in den Gebieten des Heiligen Römischen Reichs um 1500 vorherrschte. Überall gab es Diskussionen um *reformatio* („Reform"). Üblicherweise bezog sich das auf Kirche und Reich, doch war auch noch etwas Umfassenderes gemeint. Viele Kommentatoren waren davon überzeugt, dass die ganze Welt aus den Fugen geraten sei: Gottes natürliche Ordnung war vom Teufel unterwandert worden, und der herrschte jetzt in der Welt. Reform war notwendig, wenn die Menschheit von dieser Herrschaft erlöst werden sollte. Viele plädierten für die Rückkehr zu einem gerechten und natürlichen Weltzustand: Das Reich sollte wieder so sein, wie es unter den Staufern gewesen war, die Kirche müsse, hieß es, sogar zur Zeit der Apostel zurückkehren.

Es ist schwierig, die Quellen dieser Ängste eindeutig zu identifizieren. Ähnliche Gefühle machten sich auch in anderen Ländern Europas bemerkbar, doch in Deutschland waren sie außergewöhnlich intensiv. Die Deutschen glaubten nämlich, eine besondere Verantwortung für die Reform von Kirche und Reich zu haben, über die bereits seit dem späteren 14. Jahrhundert diskutiert wurde. Um 1440 verlief die Debatte schleppender, gewann dann aber wieder an Fahrt, denn Gesetzlosigkeit und Unsicherheit nahmen zu, und damit wuchs auch die Besorgnis über diese Zustände im Reich.

Einige Historiker sind der Ansicht, dass die deutsche Gesellschaft im frühen 16. Jahrhundert von einer allgemeinen Krise betroffen war. Aber die Beweislage dafür ist dürftig. Die Periode nach 1470, in der sich die Bevölkerung von den Verheerungen der Pest erholte, war durch stetiges Wachstum gekennzeichnet, und die Preise begannen zu steigen. In vielen Regionen von Mittel- und Süddeutschland blühte die gewinnträchtige Bergbauindustrie, was wiederum die Entwicklung vieler anderer Handwerke und Geschäftszweige förderte. Bevölkerungswachstum und Prosperität vermehrten die Nachfrage nach Lebensmitteln und beförderten die Entstehung neuer ländlicher Industrien, besonders der Weberei.

Viele profitierten von diesen Entwicklungen, während andere das Nachsehen hatten. Grundherren ergriffen die Gelegenheit, Gewinne aus dem Anbau und Verkauf von Lebensmitteln zu ziehen. Nun mussten die Bauern härter arbeiten, und sie ärgerten sich darüber, ihre Produkte nicht selbst auf dem Markt anbieten zu können. Einige Städte und Ortschaften blühten wirtschaftlich auf, während andere stagnierten oder verarmten, weil sie von wichtigen Ressourcen zu weit entfernt lagen oder weil neue Handelsstraßen sie links liegen ließen. Wer Anteile an Minen besaß, wurde reich entlohnt, aber die Bergarbeiter hatten lange Arbeitszeiten, harte Bedingungen und niedrige Löhne zu beklagen. Auch die ländliche Industrie hatte Gewinner und Verlierer, die ländlichen Handwerker sowie die städtischen Verwalter und Makler. Ebenso gerieten dadurch die traditionellen städtischen Handwerksgilden unter Druck.

Wenn Territorialherren ihre Ländereien besser nutzen und ausnutzen wollten, unterwarfen sie die Bauern höherer Besteuerung oder verweigerten ihnen den Zugang zu kommunalen Wäldern. Auch Fischen und Jagen konnte ihnen verboten werden. Einstmals freie Ritter wurden zu Untertanen mächtiger benachbarter Fürsten. Wo der Grundherr oder Fürst der Geistlichkeit angehörte – als Abt oder Bischof –, wurden häufig genug Beschuldigungen laut, dass die Diener der Kirche die schlimmsten Unterdrücker ihrer Mitmenschen waren.

Beschwerden über die Kirche hatten schon seit dem frühen 15. Jahrhundert ihren Ausdruck als *gravamina* auf Reichstagen gefunden. Dabei ging es zumeist um die Korruption der römischen Kirche und die der Laienschaft päpstlicherseits auferlegten Steuern. Die waren in Deutschland besonders hoch, weil es hier keine zentrale Autorität gab, die Widerstand leisten konnte. Zudem war bekannt, dass das Geld für weltliche Dinge verwendet wurde. Darüber hinaus wurde Roms Raffgier und der Verrat christlicher Grundsätze auch noch durch die zunehmende Praxis des Verkaufs von Ablassbriefen betont, womit einige geschickte Leute einen schwunghaften Handel trieben.

Zwei weitere Entwicklungen ließen die Reihen der Kirchenkritiker wachsen. Zum einen gab es neue Praktiken einer frommen Lebensweise: einmal durch die Ausbreitung der *Devotio moderna*, einer von Laien betriebenen Erweckungsbewegung, die 1380 in Deventer gegründet worden war, sodann durch die Orden der Benediktiner und Augustiner ab dem frühen 15. Jahrhundert. Zu ihren Merkmalen gehörten das Pilgertum, die kultische Verehrung von Heiligen und die Stiftung von Messen. Die Kritik an der Kirche eskalierte und ebenso die kommunale Verwicklung in ihre Angelegenheiten, insbesondere die Berufung von Pastoren oder die Verwaltung von Kirchenfonds.

Zum anderen verschaffte der Humanismus den Gegnern Roms und der einfachen Christenheit der Gemeinden einen neuen geistigen Rahmen. 1473/74 wurde in Nürnberg die Schrift *Germania* des Tacitus veröffentlicht. Man hatte sie in 1420er-Jahren als altes Manuskript entdeckt und um 1455 nach Italien gebracht. Tacitus' *Germania* beflügelte die humanistische Vorstellung einer Rückkehr zu den Ursprüngen und versorgte die Papstkritiker mit weiterer Munition. Apologeten des Papsttums hatten angeführt, dass Tacitus' Schilderungen zeigten, wie viel die primitiven Germanen Rom verdankten. Die deutschen Humanisten setzten dagegen, dass die Deutschen als indigenes Volk eine viel ältere Vorfahrenschaft aufweisen könnten als die Römer oder selbst die Griechen: Rom hatte die Germanen lediglich ausgebeutet und ihre natürliche Freiheit eingeschränkt. Die Befreiung von Rom wurde für einige

Humanisten zur Obsession, und in ihren Schriften trugen sie eindrucksvolle Argumente für eine Reform von Reich und Kirche vor.

Durch das Medium des Buchdrucks wurden nun die nach Veränderung rufenden Stimmen, wie noch bei keiner Bewegung zuvor, zu einem gewaltigen Chor vereint. Die Erfindung beweglicher Lettern durch Johannes Gutenberg in Mainz um 1439 revolutionierte die Kommunikation. Immer noch blieben die Fähigkeiten des Lesens und Schreibens auf eine Minderheit beschränkt, doch konnten nun komplexe Ideen durch Flugschriften und Flugblätter, von denen viele der größeren Effekte und Effektivität halber illustriert waren, popularisiert werden. Die wahre Revolution des Buchdrucks setzte erst in den 1520er-Jahren ein, aber der Druck von Bibeln und erbaulicher Literatur für die Massen florierte bereits in den 1470er-Jahren. Das meiste, was gedruckt wurde, war auf die eine oder andere Weise religiöser Provenienz.

Reichsreformen um 1500

Die ersten Reforminitiativen richteten sich auf das Reich. Maximilians Thronbesteigung 1493 brachte neuen Schwung in die Reichspolitik. Durch die Bemühungen seines Vaters war Maximilian Erbe von Territorien in Burgund wie auch in Österreich. Er war eifrig darauf bedacht, diese Gebiete zu konsolidieren und ferner für seine Dynastie die von Friedrich III. nach dem Tod des Ladislaus Postumus 1457 verlorenen Kronen von Böhmen und Ungarn zurückzuholen.

Ebenso wollte er das wiedergewinnen, was das Reich in Italien und der Provence – das alte Königreich Burgund – verloren hatte. Erschwert wurde dieses Vorhaben durch französische Ambitionen in Mailand und Neapel sowie durch die Herrschaft Aragons (später Kastiliens) über Sizilien. Kompliziert war die Lage auch deshalb, weil die mächtige Republik Venedig, bisweilen im Bunde mit dem

Heiligen Stuhl, entschlossen war, Maximilian daran zu hindern, sich Goriza (Görz) anzueignen. Venedig stellte sich sogar Maximilians Romzug von 1507 und damit der Kaiserkrönung in den Weg, was zur Folge hatte, dass er den Titel eines Erwählten Römischen Kaisers annahm. Weiter nördlich hatten schweizerische Streitkräfte ihn 1499 dazu gezwungen, den „Friede zu Basel" zu schließen. Da die Schweizer argwöhnten, dass Habsburg in Südwestdeutschland und im westlichen Österreich territoriale Ambitionen hegte, verließ die Alte Eidgenossenschaft 1505 das Reich. Die Sezession wurde im Westfälischen Frieden 1648 formell anerkannt.

Ohnehin musste Maximilian die Konsolidierungsbemühungen seiner Gebiete am westlichen und östlichen Rand des Reichs sowie die Rückeroberung verlorener Territorien teuer bezahlen – 1495 war er pleite und musste die deutschen Fürsten und Städte um Geld und Soldaten bitten. Auf dem Reichstag in Worms im selben Jahr hatten die Stände andere Ideen. Sie waren willens, zur Verteidigung des Reichs gegen die Osmanen und Frankreich beizutragen, nicht aber zur Rückeroberung Italiens. Auch weigerten sich die Stände, Geld oder Soldaten der Autorität des Monarchen anzuvertrauen: Bei Notfällen würden sie selbst Streitkräfte stellen, die unter ihrem Kommando verblieben. Ebenso wiesen sie Maximilians Pläne zurück, eine Zentralregierung für das Reich zu etablieren und eine Reichssteuer einzuführen. Ihre eigenen Vorschläge zur Reichsreform zielten auf Garantien für größere Stabilität und Sicherheit sowie die Bewahrung ihrer traditionellen Freiheiten. Das Reich sollte eine Wahlmonarchie bleiben; die Fürsten und Städte würden weiterhin die Regierungsbefugnis über ihre je eigenen Territorien genießen und gemeinsam handeln, um den inneren Frieden zu sichern.

Einige wichtige Übereinkünfte konnten in Worms erzielt werden. Der Ewige Landfriede verbot nun endgültig und unbefristet das Fehderecht. Um alle innenpolitischen Auseinandersetzungen, auch die zwischen Herrschern und Untertanen, zu schlichten, wurde das Reichskammergericht gegründet. Der Hoftag wurde nun zum ersten Mal „Reichstag“ genannt und erhielt souveräne Würde: Es war der Ort, an dem „Kaiser und Reich“ gemeinsam Gesetze auf den Weg brachten. Eine Grundsteuer, der „Gemeine Pfennig“ sollte das Reichskammergericht finanzieren.

Aber der Plan für eine zentrale Regierungsinstitution wurde von den Fürsten torpediert; nachfolgende Reichstage richteten *Reichskreise* ein, übergeordnete territoriale Einheiten, um die Urteile des Reichskammergerichts umzusetzen, vom Kaiser und den Ständen gemeinsam verabschiedete Gesetze zu implementieren und je nach Bedarf für die Mobilisierung von Truppen und die Bereitstellung von Geldern zur Verteidigung zu sorgen. Diese Kreise konnten erfolgreich arbeiten, weil sie ganz unzweideutig den Ständen unterstanden. Deren Entschlossenheit, die Krone innerhalb der 1495 bis 1500 vereinbarten Schranken zu halten, wurde 1519 noch einmal bekräftigt, als die Stände entschieden, dass Karl V. vor der Krönung eine „Wahlkapitulation“ unterzeichnen sollte. Alle nachfolgenden Monarchen unterschrieben eine solche Kapitulation, die neuere Forscher als Schlüsseldokument der Verfassung einschätzen.

Maximilian waren damit die Flügel gestutzt. Er war zwar in der Lage, das deutsche Königreich zu verteidigen, doch seine Feldzüge in Italien und der Provence scheiterten, bescherten ihm nur einen ungeheuren Schuldenberg, der bei seinem Tod im Jahre 1519 über sechs Millionen Gulden betrug. Insgesamt gingen die Stände aus den Verhandlungen über die politische Neuordnung als Sieger hervor, was sich auch in dem neuen Titel niederschlug, den sie dem Reich verliehen: Nicht mehr nur „Heiliges Römisches Reich“ hieß es, sondern „Heiliges Römisches Reich Deutscher Nation“.

Reich und Reformation

Unterdessen war in Thüringen eine Bewegung entstanden, die die religiösen Verhältnisse grundlegend verändern, die neue verfassungsmäßige Ordnung verstärken und den Verlauf der deutschen Geschichte für die nächsten dreihundert Jahre prägen sollte. Als Martin Luther im Oktober 1517 den Verkauf von Ablassbriefen angriff, war das der Wendepunkt seiner langen spirituellen Odyssee, die ihn durch die verschiedenen religiösen Strömungen der Zeit führte. Durch sein Beharren darauf, dass der Glaube des einzelnen Christen ausreichend sei, stellte Luther implizit die Funktion der katholischen Kirche infrage und inspirierte viele dazu, sie für ganz und gar überflüssig zu erklären: Christen, so hieß es, brauchten weder Papst noch Bischof, sondern einfach nur gut organisierte und aufrichtige christliche Gemeinschaften.

Als der Papst Luther verurteilte, wandte dieser sich mit einem Appell an die deutsche Nation. Viele sahen in ihm eine Galionsfigur, die ihren eigenen Beschwerden über die Kirche abzuhelfen imstande sei. Luther widersetzte sich der Forderung des Papstes, er solle seine häretischen Ansichten widerrufen, und verbrannte öffentlich die päpstliche Bulle zusammen mit Bänden des Kanonischen Rechts vor dem Stadttor von Wittenberg. Als er auf dem Reichstag zu Worms im April 1521 vor dem Kaiser auftrat, wurde er zum Nationalhelden. Vor aller Öffentlichkeit bekannte er sich zu seinen Anschauungen und zwang so Karl V., die Drohung, über ihn die Reichsacht zu verhängen, in die Tat umzusetzen.

Während der Kaiser und die Fürsten darüber stritten, wie nun vorzugehen sei, lösten Luthers Ideen, die mittlerweile durch die Verbreitung seiner drei großen reformatorischen Traktate von 1520 weithin bekannt geworden waren, eine Volksbewegung aus. Die neuen Lehren wurden in Stadt und Land und von Unzufriedenen allerorten begeistert aufgenommen, weil sie glaubten, dass die von Luther vorgetragene Interpretation der Schriften des Neuen Testaments ihre Klagen und Beschwerden theologisch unterfüttern würde. Viele gingen erheblich weiter, als Luther jemals vorgehabt hatte: Sie wollten die existierende Ordnung umstürzen, damit das Reich Gottes auf Erden beginnen könne. Schon bald hatten sich

„Luther Triumphans": Die Kritik Luthers und anderer Reformatoren an der römischen Kirche spaltete Europa für einhundertfünfzig Jahre.

viele Ortschaften und Städte zur Reformation bekannt: Das Wachstum der Territorialstaaten in Schwaben, Franken und am Oberrhein sollte durch einen Aufstand der Ritter zum Erliegen gebracht werden, und in den Jahren 1524 und 1525 kulminierte ein von Luthers einstigem Kollegen Thomas Müntzer geführter Bauernaufstand in einer Kriegserklärung an die Herrscher und Fürsten.

Die Reformationsbewegung stieß auf nur wenige Hindernisse. Dem Tod Maximilians I. im Januar 1519 folgte ein 18-monatiges Interregnum. Bereits Ende Juni 1519 hatten sich die Kurfürsten für Maximilians Enkel Karl entschieden, doch konnte er erst im Oktober 1520 nach Deutschland kommen, um gekrönt zu werden. Im Frühjahr 1521 endlich berief er seinen ersten Reichstag.

In diesem verhaltenen Beginn zeigte sich, mit welch schwieriger Lage Karl V. umzugehen hatte, was ironischerweise an der unermesslichen Machtfülle lag, über die er verfügte. Maximilian hatte das Schwergewicht seines Regierens gleichermaßen auf den Osten wie den Westen gelegt, aber Karl war ganz und gar westlich orientiert. Geboren wurde er in Gent und in Brüssel wuchs er auf. 1515 wurde er Herzog von Burgund und erbte von seinem Großvater mütterlicherseits 1516 die spanische Krone (samt Neapel, Sizilien, Sardinien und den spanischen Übersee-Kolonien in den ((!)) Amerikas und Asien). 1519 wurde er zum römisch-deutschen König und Kaiser gewählt. Ein neues Weltreich war im Entstehen begriffen. Aber es war niemals einfach, die vielen unterschiedlichen Bereiche dieses Reichs unter Kontrolle zu halten. Zwischen 1522 und 1530 (ebenso wie zwischen 1532 und 1540) blieb Karl den deutschen Landen fern, weil er in Spanien, seiner hauptsächlichen Einkommensquelle, mit einem Aufstand konfrontiert war; zudem wurde er in Italien von Frankreich und im Mittelmeer von den Osmanen bedroht.

Diese Zeiten der Abwesenheit trugen nicht zur Festigung seiner Autorität in Deutschland bei. Seine Entscheidung, über Luther die Reichsacht zu verhängen, blieb für den Reformator ohne Folgen, weil der Kurfürst von Sachsen es sich nicht nehmen ließ, seinen Untertan zu schützen. Zudem sympathisierten manche Fürsten ganz offen mit der neuen Lehre und förderten sie, um die Pfarrgemeinden und andere kirchliche Einrichtungen in ihren Territorien besser verwalten zu können. Vor allem aber waren sich die deutschen Stände einig in ihrem Widerstand gegen jegliches einseitige Handeln des Kaisers. Schon bald kamen sie zu dem Entschluss, dass konkrete Regelungen erst getroffen werden könnten, wenn es ein allgemeines oder zumindest deutsches Kirchenkonzil gebe, auf dem die „Gravamina der deutschen Nation" erörtert werden könnten.

Karl kämpfte darum, diese Probleme aus der Ferne bewältigen zu können. Er ernannte seinen Bruder Ferdinand, dem Maximilian die habsburgischen Erblande vermacht hatte, zum Regenten in Deutschland, war aber nicht willens, ihm zu viel eigenen Spielraum zuzugestehen. Lange zierte er sich, Maximilians Letztem Willen nachzukommen, der Ferdinand zum Eigentümer der österreichischen Territorien bestimmte. Er versprach zwar, für Ferdinands Wahl als offensichtlicher Erbe zu sorgen, blieb aber bis 1530 in dieser Hinsicht untätig. Karl schien darauf erpicht, die Ambitionen seines Bruders zu unterlaufen. Und beide, Karl wie Ferdinand, waren in zunehmendem Maße davon abhängig, dass ihnen die deutschen Stände im Kampf gegen die Osmanen und Franzosen Beistand leisteten, wodurch die Verhandlungsposition der Fürsten und Städte natürlich gestärkt wurde.

Diese versuchten unterdessen, die Ausbreitung von Anarchie zu unterbinden. Der Bauernkrieg von 1525 hatte ihnen einen tiefen Schock versetzt und mehr Fürsten als bisher davon überzeugt, dass die Reformationsbewegung nur dann unter Kontrolle zu bekommen war, wenn man ihr Entfaltungsraum gab, statt sie zu bekämpfen. Der Reichstag von 1526 beschloss, dass bis zu einem nationalen Kirchenkonzil jeder Herrscher seinem Gewissen folgen solle. Schon bald ergriffen städtische und territoriale Regierungen die Gelegenheit, kirchliche und Bildungseinrichtungen und -angelegenheiten unter ihre Fittiche zu nehmen. 1529 wurde in Marburg die erste protestantische Universität gegründet, und überall wurden höhere Schulen reformiert oder etabliert, um die neue Lehre zu verbreiten. Auch künstlerische Auswirkungen hatte die neue Religion. Die von früheren Generationen verehrten heiligen Gegenstände und die alten, der Frömmigkeit geweihten, Kunstwerke verschwanden. So war z. B. Mitte der 1520er-Jahre die vom sächsischen Kurfürsten Friedrich dem Weisen zusammengetragene Reliquiensammlung – die größte im Reich – aufgelöst und in Windeseile durch eine ebenso bemerkenswerte Sammlung von Gemälden und Drucken Lukas Cranachs und seiner Werkstatt ersetzt worden. Außerdem verlangten neue Formen der Liturgie eine neue Kirchenmusik, insbesondere Lieder, zu denen Luther selbst eine beträchtliche Anzahl beisteuerte. Der kulturelle Wettbewerb zwischen den Territorien gewann eine belebende konfessionelle Dimension.

Das rasche Entstehen städtischer und territorialer Kirchen machte schon bald eine einheitliche Reichspolitik unmöglich. 1529 versuchte ein Reichstag (der, wie 1526, in Speyer stattfand) erneut, die Ausbreitung des Protestantismus einzudämmen, indem er das Wormser Edikt bekräftigte, und all jenen, die die neue Lehre angenommen hatten, weitere Neuerungen verbot. Vierzehn Fürsten und Städte jedoch legten dagegen Protest ein und wurden deshalb „Protestanten" genannt – so kam der Begriff „Protestantismus" in die Welt. 1530 kam Karl – stolzer Sieger über Frankreich und zudem vom Papst in Bologna mit der Kaiserkrone bedacht – nach Deutschland, um von den Protestanten zu fordern, dass sie sich als Gläubige erklärten. Ihrer Augsburger Konfession folgte von katholischer Seite die *Confutatio* (Widerlegung). Karl verfügte, dass diese den Vorrang haben solle. Angesichts der Möglichkeit, dass das Wormser Edikt gegen sie verwendet werden könnte, bildeten die Protestanten ein Verteidigungsbündnis, den Schmalkaldischen Bund. Der protestantische Zusammenhalt vertiefte sich nach Karls erneuter Abwesenheit – er verließ Deutschland 1532. Ferdinand blieb im Kampf gegen die Osmanen, die 1529 erneut Wien belagert hatten, weiterhin abhängig von der militärischen Unterstützung der Protestanten.

Der Augsburger Religionsfriede

1540 war Karl fest entschlossen, dem Protestantismus in Deutschland ein Ende zu bereiten, stieß dabei aber auf erbitterten Widerstand. 1552 erlitt er im Fürstenkrieg eine Niederlage, was dann 1555 zum Augsburger Religionsfrieden führte. Nun wurden die unter der Herrschaft Maximilians I. entwickelten Verfassungsprinzipien bestätigt, und es beschleunigte sich Karls Abdankung als Kaiser zugunsten von Ferdinand. Der Traum eines die Alte wie die Neue Welt umfassenden Reichs war zerplatzt. Die „teutsche Libertät" triumphierte.

Der Augsburger Religionsfriede weitete den Ewigen Landfrieden auf die Religionsangelegenheiten aus. Die Herrschenden, darunter auch die Räte von Reichsstädten und sogar die Reichsritter, konnten nun verfügen, dass ihre Religion auch die ihrer Untertanen sein solle (*cuius regio, eius religio*). Einzige Bedingung war, dass sie die Pflicht hatten, Andersgläubigen das Recht auf Auswanderung zuzugestehen. Einige Probleme blieben ungeklärt, so insbesondere der Status jener kirchlichen Territorien, die bereits säkularisiert worden waren, sowie die Rechte von protestantischen Adligen und Städten in den kirchlichen Territorien katholischer Provenienz. Aber darüber kam es erst später zu Auseinandersetzungen.

Der Augsburger Friede machte die Reformbeschlüsse von 1495 (Worms) und 1500 (Augsburg) erst richtig praktikabel. Zudem gab es nun allgemein den Willen, nach Jahrzehnten der Unsicherheit und der bitteren Kriegserfahrungen der 1540er-Jahre, die Friedensvorstellungen in die Tat umzusetzen. Das zeigte sich besonders in den Einstellungen der Kaiser, die auf Karl V. folgten, sowie im Verhalten der deutschen Fürsten.

Im Gegensatz zu Karl waren Ferdinand I. (Reg. 1558–1564) und Maximilian II. (Reg. 1564–1576) in wesentlicher Hinsicht deutsche Kaiser. Karls politische Visionen richteten sich eher auf Europa als auf Deutschland. Ferdinand nun hatte, nach langen Jahren als Regent für seinen Bruder in Deutschland, als König von Böhmen seit 1526 und als designierter Nachfolger für den Kaiserthron seit 1531, mehr Erfahrungen über das deutsche Reich gesammelt als Karl. Außerdem war Ferdinand durch seine Herrschaft über die österreichischen Erblande selbst Reichsfürst und seine Position damit vergleichbar früheren Kaisern, die am südöstlichen Rand des Reiches über Landbesitz verfügt hatten.

Maximilian II. war in Wien geboren und hatte 1546/48 mit Karl im Schmalkaldischen Krieg gekämpft. Dem folgten vier Jahre als Statthalter in Spanien, die mit Karls Niederlage in Deutschland endeten. Seine Erfahrungen in Madrid und vor allem Karls Versuch, ihn von der Thronfolge auszuschließen und den eigenen Sohn, Philipp, zum Kaiser zu machen, hatten ihn seinen spanischen Verwandten entfremdet und Sympathie für die Lage der deutschen Fürsten entwickeln lassen. Als er 1552 nach Wien zurückkehrte, knüpfte er enge Beziehungen zu wichtigen katholischen und protestantischen Fürsten und war, als er die Herrschaft übernahm, mit den führenden politischen Kräften wie auch mit der deutschen Politik und der Praxis des Regierens in Deutschland vertraut.

Ferdinand wie auch Maximilian besaßen ein vertieftes Verständnis der konfessionellen Situation in Deutschland und begünstigten diejenigen Kräfte, die nach Neutralität strebten. Ferdinand setzte der Ausbreitung des Protestantismus in seinen eigenen Territorien Widerstand entgegen, sah aber die Notwendigkeit von Kompromissen und begriff, dass man kontrovers eingestellte Theologen nicht in die Reichspolitik einbeziehen sollte. Wiederholt drängte er den Heiligen Stuhl zur Reform: Rom solle erwägen, das Abendmahl in beiderlei Gestalt zuzulassen, und das Zölibat lockern. Damit könne man, so glaubte er, die deutschen Protestanten in den Schoß der katholischen Kirche zurückholen.

Maximlians religiöse Anschauungen waren so unorthodox, dass sie fast seine Thronfolge behindert hätten. Als er nach Wien zurückgekehrt war, pflegte er Umgang mit humanistischen Gelehrten katholischen und protestantischen Glaubens aus den Niederlanden, Spanien und Italien. Während Ferdinand solche Persönlichkeiten im Rahmen seines auf Versöhnung gerichteten katholischen Reformprogramms förderte, scheint Maximilian seinen katholischen Glauben praktisch aufgegeben zu haben. Zwar schwor er, um sein Erbe antreten zu können, feierlich, dass er die römische Kirche nie verlassen werde, doch Rom misstraute ihm, und seine Anschauungen waren der Ausbreitung des Protestantismus in seinen Territorien alles andere als hinderlich. Im Reich selbst betrieb Maximilian eine auf Versöhnung und Kompromissbereitschaft gerichtete Politik. Er fühlte sich dem Religionsfrieden von 1555 absolut verpflichtet und legte großen Wert auf seine Rolle als Schiedsrichter im Reich wie auch auf einvernehmliches Regieren mit dem Reichstag.

Ferdinand und Maximilian strebten in ihren persönlichen Beziehungen nach einer Überwindung der konfessionellen Spaltung. Mit einer Vielzahl von Fürsten pflegten sie Freundschaften, die sie durch persönliche Zusammenkünfte und eine umfangreiche Korrespondenz weiter festigten. Auf diese Weise konnte das traditionelle Netzwerk des deutschen Hochadels an die neuen Verhältnisse im Reich nach dem Augsburger Religionsfrieden angepasst werden.

Dieser Frieden verlieh auch den wichtigsten Institutionen des Reichs neuen Schwung. Zwischen 1556/57 und 1582 trat der Reichstag sieben Mal zusammen, wobei der Kaiser (nach Maximilian II. Rudolf II.) persönlich anwesend war. Die Diskussionen und Beratungen folgten dem um 1500 festgelegten und vom Reichserzkanzler, dem Kurfürsten von Mainz, 1570 kodifizierten Prozedere. Der Reichstag erörterte gegenwärtige Probleme des inneren Friedens, die Organisation der Reichskreise, den Zustand der Währung, die Tätigkeit des Reichskammergerichts sowie Reichssteuern vor allem für die Türkenfeldzüge. Entscheidungen über religiöse Angelegenheiten wurden an die Regierungen der Städte und Territorien übertragen. Zusätzlich zum Reichstag gab es noch drei Treffen der Kurfürsten, eine Generalversammlung der Kreise, mehrere sogenannte Reichsdeputationstage (besondere Zusammenkünfte von Vertretern der Stände, um ein ganzes Spektrum der vom Reichstag auf die Agenda gesetzten Themen zu diskutieren) sowie eine Anzahl von Treffen zwecks Erörterung spezifischer Probleme. Dazu gehörten die Fragen, wie das Reichskammergericht zu betreiben und zu verwalten sei, sowie die Frage der Verteilung der Steuerlasten im Reich.

Auch die Reichskreise führten jetzt regelmäßige Versammlungen ein und etablierten Sonderkomitees, um sich Problemen wie etwa der Währungsregulierung zu widmen. Sie beriefen Offiziere, um sie zu leiten und zu repräsentieren; sie beriefen Beamte, um ihre Geschäfte auf- und miteinander abzustimmen. Nicht alle

Regionen entwickelten ein entsprechendes Tätigkeitsniveau; am aktivsten waren diejenigen, die zahlreiche kleinere Territorien umfassten, besonders also Gebiete in Mittel- und Süddeutschland. Wo größere Territorien vorherrschten, neigten sie dazu, Auseinandersetzungen zu schlichten und Tätigkeiten zu regulieren, mit denen andere Kreise sich beschäftigten. Ferner entstanden regionale Organisationen von Reichsgrafen und -rittern, die diese Gruppen nun in die institutionelle Struktur des Reiches einbinden konnten, indem sie ihnen größeren Schutz und Sicherheit für ihren Landbesitz boten.

Dem Reichskammergericht wurde nach 1559 ein Oberstes Gericht des Kaisers in Wien zur Seite gestellt: der Reichshofrat. Die beiden Institutionen bildeten ein Paar von Obersten Gerichtshöfen für das Reich, die gelegentlich miteinander konkurrierten, im Allgemeinen jedoch einander ergänzten. Das Reichskammergericht wurde personell umfangreicher besetzt, finanziell opulenter ausgestattet und in seinen Verfahren verbessert. Die Autorität des Gerichts wuchs mit der Zahl der Fälle, und zwischen 1559 und 1585 gab es nur sieben Einsprüche gegen seine Urteile.

Auch der reformierte Reichshofrat trug zur Befriedung und „Verrechtlichung“ des Reichs bei. Einige Prozessparteien zogen den Rat vor, weil er in seinen Verfahren flexibler und zügiger war als das Kammergericht. Bei den Verfahren des Reichshofrats war es üblich, Kommissionen zu entsenden, die vor Ort Recherchen betreiben sollten. Damit konnten lokale Kräfte in die Konfliktlösung einbezogen und viele Probleme durch lokale Schlichtung gelöst werden. Die alte Überzeugung, dass der Reichshofrat von katholischen Prozessparteien bevorzugt wurde, wird durch die Tatsache widerlegt, dass Protestanten ihn genauso häufig in Anspruch nahmen. Trotz späterer Vorwürfe, er sei konfessionell einseitig, verdoppelte sich die Zahl der verhandelten Fälle zwischen 1580 und 1610. Vor beide Gerichte zogen Parteien aus West- und Norddeutschland wie auch aus den alten Kernlanden Mittel- und Süddeutschlands, wodurch das wachsende Einzugsgebiet der

Reichsgerichtsbarkeit und der Beitrag, den die Gerichte für das Zusammenwachsen des Reichs leisteten, augenfällig werden.

Historiker haben den Reichstag häufig als dysfunktional und schwach gezeichnet, und sein Prozedere hat Zeitgenossen oftmals vor Rätsel gestellt. Doch zeigen viele wichtige Entscheidungen, die er nach 1555 traf, ein neues Solidaritäts- und Zielbewusstsein. Sein Umgang mit innen- wie außenpolitischen Problemen lässt auf ein hohes Maß an Rationalität und Praktikabilität schließen.

Um 1500 hatten die Stände deutlich gemacht, dass sie zur Selbstverteidigung bereit seien, nicht aber zur Förderung rein habsburgischer Interessen. Der Kaiser ging die Stände häufig um Geld an, damit das Reich gegen die Osmanen verteidigt werden konnte. Die Stände waren zur Hilfe bereit und brachten 1576 insgesamt etwa 3,7 Millionen Gulden auf, mehr als die Summe aller Türkensteuern, die vor 1555 unter Karl V. eingetrieben wurden.

In den frühen 1570er-Jahren zeigte die livländische Affäre ganz deutlich, welche Bedeutung die Unterscheidung zwischen deutschen und rein habsburgischen Interessen immer noch besaß. Livland gehörte rein formell nicht zum Heiligen Römischen Reich, aber die deutschen Stände unterstützten nachdrücklich Ferdinands I. Besitzanspruch auf Livland. Als aber Maximilian II. versuchte, seine Ansprüche zuerst gegen Dänemark und Schweden, dann gegen Polen-Litauen durchzusetzen, waren die Stände zu keiner Hilfestellung bereit. Die traditionelle deutsche Geschichtsschreibung deutete diese Haltung des Reichstags als Zeichen seiner Schwäche und den Mangel an Nationalgeist. Tatsächlich aber legte der Reichstag einfach den gleichen Maßstab an, den er schon für die Italienpläne Maximilians I. um 1500 verwendet hatte. Die „Revindikation“ Livlands und Maximilians Bemühungen von 1573 und 1575, Kandidaten des Hauses Habsburg auf dem polnischen Thron zu platzieren, waren rein habsburgische Projekte. Einige Fürsten waren zudem der Ansicht, der Kaiser werde dadurch im Norden zu mächtig.

Der Reichstag wollte auch nicht in den niederländischen Konflikt hineingezogen werden, der 1568 ausbrach. Die holländischen Rebellen baten um Hilfe gegen die tyrannische Religionspolitik, die Spanien in den Niederlanden betrieb. Doch obwohl viele deutsche Adlige Wilhelm von Oranien und dem Haus Nassau persönlich verbunden und viele Grafen zum Calvinismus übergetreten waren, räumte der Reichstag seiner Entschlossenheit, Frieden und Stabilität im Reich zu bewahren, den Vorrang vor der Verwicklung in einen möglicherweise ruinösen Konflikt ein.

Vorrang genoss auch die Aufrechterhaltung des inneren Friedens. Der Reichstag von 1566 demonstrierte eindrucksvoll das gemeinsame Interesse von Kaiser und Ständen an der Bewahrung des Friedens und dem erfolgreichen Wirken der Kreise und anderer Reichsinstitutionen. Zudem einigte man sich auf eine enorm hohe Steuer, um die kaiserlichen Streitkräfte zwecks Verteidigung des Reichs gegen die Osmanen zu stärken. Außerdem musste man der Instabilität Herr werden, die seit 1558 durch Wilhelm von Grumbachs Auseinandersetzungen mit den Bischöfen von Würzburg herrschte. So beauftragte der Reichstag den Kurfürsten von Sachsen, der unter dem Oberkommando des Kaisers stand, Grumbachs Streitkräfte zu vernichten.

Nachdem 1556/57 der Versuch, zwischen Katholiken und Protestanten zu vermitteln, gescheitert war, bestätigte der Reichstag einfach die Abkommen von 1555, ohne die Frage einer religiösen Wiedervereinigung weiter zu erörtern. Eine Debatte darüber, ob die Konversion des pfälzischen Kurfürsten zum Calvinismus ihn außerhalb des reichsweit vereinbarten Religionsfriedens stellte, wurde dadurch vermieden, dass die anderen protestantischen Fürsten beschworen, den Kurfürsten von der Pfalz als Anhänger des (lutherischen) Augsburger Bekenntnisses anzuerkennen.

1570, auf dem Reichstag zu Speyer, verhinderten die Fürsten erneut die Umsetzung eines Plans, dem zufolge ein stehendes Heer unter dem Kommando des Kaisers aufzustellen und in den

Kreisen feste Arsenale und Kriegskassen für den Kaiser einzurichten seien. Die Existenz eines solchen Heeres hätte gegen die Verfassung verstoßen; auch fürchteten manche, das Reich könne in einen zentralisierten Staat verwandelt werden. Auf dem Reichstag zu Regensburg 1576 halfen Sachsen und Bayern, eine Initiative der Pfalz zu vereiteln, mit der, unter Berufung auf die *Declaratio Ferdinandea*, die förmliche Anerkennung der Rechte protestantischer Adliger und Städte in kirchlichen Territorien verlangt wurde, wogegen die Katholiken Einspruch erhoben hätten.

Neue Spannungen

In den 1580er-Jahren aber wurde die Lage erheblich instabiler. 1586 starb mit Kurfürst August I. von Sachsen (Reg. 1553–1586) das letzte führende Mitglied der „Generation von 1555". Und die Augsburger Friedensbestimmungen führten zu einer wachsenden Zahl von Auseinandersetzungen und Kontroversen. In den 1580er-Jahren war in vielen der führenden katholischen und protestantischen Territorien ein konfessionell imprägniertes Ordnungssystem durchgesetzt worden, mit dem sich im Reich vor dem Dreißigjährigen Krieg eine neue, kompromisslose Politik etablieren konnte.

Verschlimmert wurde die Lage durch die religiösen Konflikte in den Niederlanden und in Frankreich sowie durch Nachrichten über den Beginn einer entschiedenen Gegenreformation in einigen österreichischen Territorien. Die deutsche Politik geriet aus dem Gleichgewicht, was an diversen Faktoren lag: zum einen an der Marschroute spanischer Truppen, die von ihrem Heimatland über Genua zu den Niederlanden gelangten und häufig in nordwestliche Gebiete einfielen, zum anderen an der zeitweiligen Verwicklung der Pfalz und anderer deutscher Territorien in den Kampf der Protestanten in Frankreich. Doch die Mehrheit wollte nicht in außenpolitische Streitigkeiten hineingezogen werden;

ihre Solidarität festigte sich angesichts der türkischen Bedrohung. Um ihr zu begegnen, beschlossen verschiedene Reichstage die Einführung beträchtlicher Steuern – so 1594, 1597/97 und 1603 (mit der höchsten Steuer, die jemals beschlossen wurde).

Das in den 1590er-Jahren weit verbreitete Gefühl, es herrsche eine umfassende Krise, wurde noch durch eine „Kleine Eiszeit“ verstärkt, die in den 1570er-Jahren eingesetzt hatte. In den deutschen Territorien wuchsen die durch Armut, soziale Unruhen und Bauernaufstände verursachten Probleme; hinzu kamen nach 1580 zunehmende Hexenverfolgungen. Kurzfristiger Klimawandel destabilisierte die deutsche Gesellschaft bis in die ersten Jahrzehnte des 17. Jahrhunderts.

Auf Maximilian II. folgte Rudolf II. (Reg. 1576–1612), der anfänglich den von seinen Vorgängern eingeschlagenen Kurs fortsetzte. Er wurde am spanischen Hof erzogen, was ihm den Ruf eintrug, ein katholischer Hardliner zu sein. Doch 1582 entschärfte er die potenziell explosiven Situationen, die sich aus diversen Streitigkeiten entwickelt hatten: In der katholischen Reichsstadt Köln ging es um das Problem protestantischer Gottesdienste, im Erzbistum Magdeburg forderte der protestantische Administrator, den Sitz im Fürstenkollegium einnehmen zu können, und Gebhard Truchsess von Waldburg, seines Zeichens Kurfürst und Erzbischof von Köln, war zum Protestantismus übergetreten, was mit seiner zwangsweisen Absetzung 1584 und der Wahl eines bayrischen Wittelsbachers als Nachfolger endete.

Rom begegnete Rudolf mit nicht weniger Misstrauen als seinen Vorgängern. Wie Maximilian hing auch Rudolf der Idee an, dass in Böhmen wie im Reich kein einzelner Glaube vorherrschend sein solle. Seinen Hof richtete er in Prag ein, was ihn dem Reich sogar näher brachte, denn nach der auf den Tod Ferdinands I. folgenden Teilung der habsburgischen Erblande geriet Wien in größere Distanz zum Reich, weil Tirol und die südwestlichen Erblande bis 1665 von einer Nebenlinie regiert wurden, die gegenreformatorisch orientiert war. Prag eignete sich für die Kommunikation mit Nord-, Mittel- und Süddeutschland sehr viel besser als Wien, und es lag zudem außerhalb der Reichweite der osmanischen Streitkräfte.

Aber nach der Jahrhundertwende sahen viele Zeitgenossen Rudolfs Rückzug, seine Krankheit und seinen veränderten Geisteszustand sowie das zunehmende Chaos in der Regierungsverwaltung mit kritischen Augen. Rudolf wandte sich von seinen bisherigen Beratern ab und einer neuen Gruppe vorwiegend katholischer Höflinge zu. Außerdem litt er unter zunehmenden familiären Spannungen, da sein Bruder Matthias und andere ihn drängten, eine Entscheidung über die Thronnachfolge zu treffen. Rudolf war Vater mehrerer außerehelicher Kinder, aber er hatte nie geheiratet; seine Unentschlossenheit bezüglich der Nachfolge war zu einem erheblichen Maß durch die heftige Abneigung bestimmt, die er gegen seinen Bruder empfand.

Da es nun aber dem Reich an politischer Führung mangelte, musste sich die im Entstehen begriffene Kontroverse zwischen katholischen und protestantischen Interpretationen des im Reich geltenden Rechts notwendigerweise verschärfen. Beide Seiten gingen immer mehr dazu über, die Urteile von Reichskammergericht und Reichshofrat im Hinblick auf gegensätzliche Interpretationen der Bestimmungen des Religionsfriedens von 1555 anzufechten, was das Funktionieren der Rechtsprechung in Reichsangelegenheiten beeinträchtigte. 1608 wurde auch der Reichstag durch diese Dispute handlungsunfähig. Vergeblich forderte Rudolf eine Steuer, um die Aushebung von 24 000 Soldaten für den Kampf gegen die Osmanen zu finanzieren. Der Reichstag wurde aufgelöst.

Weil die Reichspolitik in eine Sackgasse geraten war, kam es am 14. Mai 1608 zur Gründung der Protestantischen Union und ein gutes Jahr später – am 10. Juli 1609 – zur Gründung der Katholischen Liga. Im März 1609 stritten sich Brandenburg und Pfalz-Neuburg über die Nachfolge von Herzog Johann Wilhelm von Jülich-Kleve; die Auseinandersetzung drohte in einen Krieg auszuarten. Wahrscheinlicher wurde diese Aussicht durch Einmischung des französischen Königs und durch Rudolfs Umdisponierung von Truppen, die eigentlich an den Niederrhein marschieren sollten, dann aber nach Süden geschickt wurden, um Bruder Matthias in Oberösterreich einzuschüchtern. Doch die Truppen plünderten Prag, was die böhmischen Stände dazu veranlasste, Rudolf zugunsten von Matthias abzusetzen. Allerdings entschärfte Rudolfs Tod im Januar 1612 die Lage, und Matthias konnte sich in Ruhe zum Kaiser wählen lassen.

Matthias (Reg. 1612–1619) verhielt sich als Monarch völlig korrekt und förderte Pläne zur Überwindung der politisch-konfessionellen Spaltung im Reich. Doch in seinen eigenen Territorien betrieb er eine rigoros antiprotestantische Politik, wodurch Erbitterung und Misstrauen, hervorgerufen durch die jüngsten Auseinandersetzungen, noch verstärkt wurden. Auch sein Versuch, für 1613 einen Reichstag einzuberufen, war so zum Scheitern verurteilt. Doch noch zögerten die deutschen Stände, das um 1500 etablierte empfindsame Gleichgewicht der Mächte zum Kippen zu bringen. Protestantische Union und Katholische Liga wollten aus dem Erbfolgestreit von Jülich-Kleve-Berg keinen Krieg machen. Die meisten Fürsten schreckten davor zurück, in ein internationales protestantisches Bündnis oder in die Großmachtambitionen der spanischen Krone verstrickt zu werden. Die protestantische Rhetorik dieser Jahre war nicht bellizistisch, sondern patriotisch imprägniert.

Der Dreißigjährige Krieg

Der Dreißigjährige Krieg (1618–1648) begann mit einem böhmischen Aufstand gegen die Habsburger Herrschaft. Als die böhmischen Rebellen dem calvinistischen Kurfürsten der Pfalz, Friedrich V., den Thron anboten, reagierte Ferdinand II. (Reg. 1619–1637) mit nachdrücklicher Rücksichtslosigkeit: Kaiserliche Truppen brachten den Streitkräften der Aufständischen in der Schlacht am Weißen Berg im November 1620 eine vernichtende Niederlage bei. Danach verfolgte Ferdinand den „Winterkönig" Friedrich bis nach Deutschland und übertrug die Kurpfalz Herzog Maximilian von Bayern. Er übte damit Machtbefugnisse aus, die nicht nur für den geächteten Pfälzer, sondern für alle Fürsten von Belang waren. Viele fürchteten, Ferdinand habe die Absicht, das Reich zu rekatholisieren. Dadurch wurden weitere protestantische Fürsten in den Konflikt hineingezogen, und auch Christian IV., der König von Dänemark und Herzog von Holstein war, sah sich zur Intervention genötigt.

Bis 1629 hatten die kaiserlichen Armeen einen Sieg nach dem anderen errungen, und Ferdinands Restitutionsedikt forderte die Rückgabe aller seit 1552 säkularisierten Kirchengüter. Das alarmierte die Protestanten erst recht, doch die Entwicklung motivierte auch die – katholischen wie protestantischen – Kurfürsten, die Entlassung des kaiserlichen Generalissimus Wallenstein zu fordern, dessen Erfolge, so fürchteten sie, dem Kaiser in Norddeutschland zu viel Macht bescherten.

Nun aber griff der schwedische König Gustav Adolf mit französischer Finanzierungshilfe in den Krieg ein, was Wallenstein wieder auf den Schauplatz brachte. Im November 1632 fiel Gustav Adolf in der Schlacht von Lützen, und 1634 erlitten die schwedischen Streitkräfte eine Niederlage, doch führte der ungebrochene protestantische Widerstand 1635 zum Frieden von Prag: Ferdinand verzichtete auf die Umsetzung des Restitutionsedikts, und die Fürsten einigten sich auf die Ausweisung aller ausländischen Truppen.

Ungeachtet dieser Vereinbarungen griff nun Frankreich in den Konflikt ein, wobei es zum einen das Ziel verfolgte, die Macht Spaniens zu brechen, was 1659 gelang. Zum anderen sollte der habsburgische Kaiser gestürzt werden, dessen Truppen unermüdlich durch Süddeutschland gejagt und verfolgt wurden. Als aber auf Ferdinand II. der versöhnlicher gestimmte und agierende

Die Schlacht am Weißen Berg bei Prag am 8. November 1620 war die erste große militärische Auseinandersetzung im Dreißigjährigen Krieg. Die Truppen der böhmischen Stände unterlagen den kaiserlichen und bayrischen Truppen der Katholischen Liga. Gemälde von Pieter Snayers.

Herrscher Ferdinand III. (Reg. 1637–1657) folgte, wuchs bei den deutschen Fürsten die Sehnsucht nach Frieden und die Rückkehr zum „alten System".

Am Ende dieses langen Kampfes um die Bewahrung der „teutschen Libertät" stand der Westfälische Friede von 1648, der mit dem Frieden von Osnabrück die Konflikte im Reich und mit dem Frieden von Münster die umfassenderen europäischen Auseinandersetzungen beilegte. Damit war der unter der Regierung von Maximilian I. ausgehandelte verfassungsmäßige Status quo wiederhergestellt. In dem in Osnabrück erreichten Abkommen wurde nun der Calvinismus neben lutherischem Protestantismus und Katholizismus als offizielle Religion im Reich anerkannt. Die Kircheneigentumsfrage löste man, indem man 1624 zum „Normaljahr" erklärte (d. h. zur Norm für den jeweiligen kirchlichen Besitzstand).

Die Rechte der katholischen, lutherischen und calvinistischen (reformierten) Minderheiten wurden gesichert, womit das Prinzip *cuius regio, eius religio*, also das Recht der Fürsten, die Religion in ihren Territorien zu bestimmen, eingeschränkt wurde. Allerdings bestätigte man den Status protestantischer Herrscher als *summus episcopus* (höchster Bischof) der Kirche in ihren Territorien. Von diesen Bestimmungen waren Böhmen und die österreichischen Erblande ausgenommen, was es den Habsburgern ermöglichte, den Katholizismus nach 1648 ungestraft durchsetzen zu können. Streitigkeiten über konfessionelle Angelegenheiten im Reich sollten gütlich auf Reichstagssitzungen beigelegt werden, die in zwei *corpora* (parallelen Kollegien) stattfanden, damit die katholische Mehrheit nicht die protestantische Minderheit überstimmen konnte. Alle anderen Auseinandersetzungen zwischen einzelnen Ständen im Reich sollten friedlich durch die Gerichte geschlichtet werden.

Die kaiserliche Macht war formell an die Zustimmung des Reichstags gebunden (alle Gesetze wurden von „Kaiser und Reich" verkündet); wenn die Fürsten Bündnisse eingingen, war ihnen das erlaubt, sofern sie sich nicht gegen den Kaiser und das Reich richteten. Bayern gab die Kurwürde an die Pfalz zurück. Der Friedensschluss verdeutlichte das Scheitern der Ambitionen Ferdinands II. und den Triumph der „teutschen Libertät" über die deutsche Monarchie. Frankreich gewann das Elsass, Schweden bekam Pommern und das säkularisierte Erzbistum Bremen. Beide Mächte wurden, zusammen mit dem Kaiser, Garanten des Friedensvertrags und der Reichsverfassung. Ein separater Vertrag in Münster sicherte der Schweiz die Anerkennung als unabhängigen Staat; damit gehörte sie ganz offiziell nicht mehr zum Reich. Auch die Niederländische Republik wurde unabhängig, was faktisch durch ihre Unterschrift unter den Vertrag von Münster, die neben die Signatur Spaniens gesetzt war, anerkannt wurde.

Der Vertrag von Osnabrück unterschied so deutlich wie nie zuvor zwischen dem deutschen Reich und seinen umfassenderen

„Der Friedensschwur von Münster". Im Zuge des Westfälischen Friedens erkannte Spanien die Souveränität der nördlichen Niederlande an. Gemälde von Gerard ter Borch, Kopie um 1670.

feudalen Gebieten, die noch in Norditalien, Teilen des alten Königreichs Burgund und den südlichen Niederlanden überlebt hatten. Habsburgische Interventionen in diesen Gebieten fanden in unterschiedlicher Form statt: Die südlichen Niederlande wurden direkt regiert, während es in Italien, wo die diversen Territorien und Städte immer noch den Kaiser als Schutzherrn und Schlichter ihrer Auseinandersetzungen betrachteten, eine eher locker organisierte Oberherrschaft gab.

In Deutschland dagegen hatten die Habsburger eine ganz andere Position, weil sie nun an eine geschriebene Verfassung gebunden waren, über deren Einhaltung ausländische Garanten wachten. Doch selbst ohne Frankreich und Schweden als Wachhunden hatte die Entwicklung in Deutschland zwischen 1495 und 1648 dafür gesorgt, dass eine starke Monarchie nicht durchgesetzt werden konnte.

Das Reich in der Frühen Neuzeit (2)

Vom Westfälischen Frieden bis zu seinem Ende 1806

Wiederaufbau und Erneuerung

Der Dreißigjährige Krieg war für weite Gebiete des Reichs eine Katastrophe. Die Bevölkerung dürfte von etwa 20 auf vielleicht 16 bis 17 Millionen Einwohner zurückgegangen sein. Am schlimmsten getroffen hatte es Pommern und Mecklenburg im Nordosten, Thüringen und Hessen in Mitteldeutschland sowie den Südwesten. Württemberg verlor 57 Prozent seiner Einwohner und erreicht erst 1750 wieder den Vorkriegsstand. Unaufhörlich zogen marodierende Truppen durch die Lande und ließen zerstörte Ortschaften und verwüstete Felder zurück. Und selbst dort, wo sich die materiellen Schäden in Grenzen hielten, blieben Zivilisten wie Regierungen auf beträchtlichen Schuldenbergen sitzen. Viele Adlige, die vor 1618 auf steigende Preise spekuliert hatten, wurden von der durch den Krieg beschleunigten Wirtschaftskrise fast in den Ruin getrieben und hatten noch bis ins 19. Jahrhundert mit der aufgehäuften Schuldenlast zu kämpfen.

Aber die Nachkriegszeit bot auch neue Möglichkeiten. Die großen Verluste an Menschen führten zu erhöhtem Bedarf an Arbeitskräften; unternehmungsfreudige Individuen und Gemeinschaften belebten alte Aktivitäten wieder und entwickelten neue Fähigkeiten und Fertigkeiten. Im Zuge des Wiederaufbaus fanden die Verwaltungen in den Territorien neue Wege im Umgang mit Landbesitz und Gewinnerwirtschaftung. Obwohl die Verschuldung ein durchgängiges Problem war, steckten viele Fürsten nun enorme Summen in den Bau von Residenzen und in die Kulturförderung, um mit Kunst, Musik, Büchern und anderem das Prestige ihres Territoriums und des regierenden Hofes zu mehren. Territorien wie Bayern, Brandenburg, Braunschweig und Sachsen investierten in derartige Elemente von „Soft Power" – ein Zeichen für ihre wachsenden politischen Ambitionen. Aber auch die kleineren Territorien bemühten sich um entsprechende Gestaltung, damit sie in der nach 1648 herrschenden Konkurrenzatmosphäre überleben konnten. Alle diese Entwicklungen trugen zur außergewöhnlichen kulturellen Vitalität in Deutschland bei, die sich vor allem in den literarischen, musikalischen und philosophischen Errungenschaften des 18. und frühen 19. Jahrhunderts zeigte.

In seinem Buch *Teutscher Fürsten-Stat* von 1656 skizzierte der Gelehrte und hohe Staatsbeamte Veit Ludwig von Seckendorff am Modellfall Sachsen-Coburg-Gotha die Theorie und Praxis des Regierens in einem intensiv verwalteten und paternalistisch strukturierten kleinen deutschen Territorium. Seckendorffs Buch wird oft als Beweis für den Aufstieg des Absolutismus in dieser Epoche angeführt, aber kein Fürst genoss absolute Macht.

Alle waren in der einen oder anderen Weise von der Kooperation der Stände in ihren Gebieten abhängig, also von den Vertretern von Adel, Städten und Klerus in den Versammlungen, die über Steuervorhaben und andere gesetzgeberische Maßnahmen berieten. Zudem schuldeten die Territorialherrscher den Gesetzen des Reiches weiterhin Gehorsam: *Landeshoheit* war keine volle Souveränität. Die Untertanen hatten das Recht, vor den Reichshofrat oder das Reichskammergericht zu gehen: Wenn Herrscher gegen die Gesetze verstießen, konnte und würde der Kaiser eingreifen. Nach 1648 reagierten einige mächtigere Fürsten mit Ungeduld auf die Beschränkung ihrer Machtbefugnisse im Reich. Manche erhofften sich sogar die vollständige Souveränität, aber dafür mussten sie Monarchen außerhalb des Reichs werden: Die Kurfürsten von Sachsen, Brandenburg und Hannover (Kurfürstentum Braunschweig-Lüneburg) wurden Könige von Polen, Preußen und Großbritannien.

Nach 1648 fand das Reich zu neuer Stärke. Trotz aller Rückschläge in den 1640er-Jahren konnte Ferdinand III. (Reg. 1637–1657) seine Autorität zurückgewinnen. Er reformierte den Reichshofrat, der im Westfälischen Frieden als kaiserlicher Oberster Gerichtshof neben dem Reichskammergericht anerkannt worden war. Von Dezember 1652 bis Mai 1654 fand in Regensburg ein Reichstag statt, bei dem der Kaiser selbst den Vorsitz führte. Man kam zu einer Einigung im Hinblick auf die Reform des Reichskammergerichts und die Minderung der Kriegsschulden (etwa durch Zinserlass). Allerdings wehrten sich die Stände erneut erfolgreich gegen die Bildung einer Reichsarmee und beschlossen stattdessen, dass jeder Fürst in der Lage sein sollte, für die Verteidigung seines Landes und des Reiches Steuergelder aufzubringen. Viele andere Themen wurden schlichtweg vertagt.

Ferdinand III. konnte seinen Ruf festigen, sodass er in der Lage war, für die Erhebung von acht Grafen und einem Reichsritter in den Fürstenstand Zustimmung zu erlangen. Dadurch wurde die kaiserliche Partei im Reichstag gestärkt. Außerdem ließ er im Juli 1653 seinen erstgeborenen Sohn zum römischen König wählen und krönen. Aber als dieser ein Jahr später eines plötzlichen Todes starb, geriet die Thronfolge in Gefahr, weil Ferdinands zweiter Sohn, Leopold, noch minderjährig war, als sein Vater 1657 starb. Nun gab es ein 15 Monate währendes Interregnum, aber für Leopold keine plausible Alternative, sodass er gewählt wurde, als er 1658 volljährig wurde. Als Leopold I. regierte er 47 Jahre (1658–1705), was der Position der Habsburger als Kaiser zur alten Stärke verhalf und dem politischen Rahmen, den das Reich durch den Friedensschluss von 1648 erhalten hatte, Substanz verlieh. Leopolds Politik wurde von seinen beiden Söhnen Joseph I. (Reg. 1705–1711) und Karl VI. (Reg. 1711–1740) fortgesetzt.

Äußere Bedrohungen und die Stabilisierung des Reichs

Drei gegen das Reich gerichtete Drohungen stärkten dessen Zusammenhalt. 1663 marschierten osmanische Streitkräfte nach einer Auseinandersetzung um Siebenbürgen erneut in Ungarn und Mähren ein und bedrohten Wien, was in Süd- und Ostdeutschland Panik auslöste. 1664 kam es zu einem Friedensschluss, der zwanzig Jahre lang hielt. Seine Bestimmungen indes führten in Ungarn zu einer Unabhängigkeitsbewegung des Adels, die Wien beschäftigt hielt, bis die Osmanen 1683 erneut angriffen und die Stadt zum ersten Mal seit 1529 wieder belagerten. Es folgte eine Reihe von Feldzügen, die mit dem Sieg über die Osmanen 1697 endete. Nun wurden die Habsburger als Herrscher über Ungarn und Siebenbürgen anerkannt. Aber es gab weiterhin Widerstand in Ungarn, der 1711 unterdrückt wurde. 1716 brach ein weiterer Krieg mit den Osmanen aus, der 1718 mit dem Frieden von Passerowitz endete und den Habsburgern das Banat, Nordserbien und die Kleine Walachei bescherte, die allesamt 1739 wieder verloren gingen, nachdem sich Karl VI. 1737 dazu entschieden hatte, den Russen in einen Krieg gegen die Osmanen zu folgen.

Diese osmanischen Kriege riefen in Deutschland eben jenen Patriotismus hervor wie die militärischen Konflikte im 16. Jahrhundert. Die deutschen Fürsten erhoben Steuern, schickten Truppen und kämpften bisweilen sogar selbst an der Seite des Kaisers, um das Reich vor den Osmanen zu schützen.

Die zweite Bedrohung kam aus dem Westen. Anfänglich gab sich Frankreich damit zufrieden, im Reich antihabsburgische Gefühle zu schüren, indem es den Mainzer Kurfürsten zur Bildung eines Rheinbundes (1658–1668) als Zusammenschluss von Fürsten förderte. Nach dem Ausbruch des Kriegs der Franzosen gegen die Niederländische Republik 1672 wurden auch Lothringen, das Elsass, Trier und die Pfalz zu Kriegszielen Frankreichs. 1679 bot der Friede von Nimwegen eine kurze Atempause, bevor Frankreich mit der Politik der *Réunion* begann. Im Rahmen dieser Politik wurden alte Lehnsrechte geltend gemacht, um alle möglichen Gebiete im Reich zu annektieren, die einmal von jenem Territorium abhängig gewesen waren, das man Frankreich im Westfälischen Frieden abgetreten hatte. Straßburg fiel 1681 an Frankreich und am Rhein wurden bei Freiburg und Breisach französische Festungen errichtet.

Zu erneuten Feindseligkeiten kam es im Pfälzischen Erbfolgekrieg (1688–1697) und im Spanischen Erbfolgekrieg (1701–1714), der in Italien und Deutschland ausgetragen wurde. Nach dem Tod Ludwigs XIV. gab es eine Ruhepause, bis dann mit dem Polnischen Thronfolgekrieg (1733–1738) und dem Österreichischen Erbfolgekrieg (1740–1748) das vertraute Muster von periodischen Angriffen auf das Reich im Zusammenhang mit Konflikten, die es nicht direkt betrafen, wieder aufgenommen wurde. Schließlich entwickelte sich im Siebenjährigen Krieg (1756–1763) ein neues Bündnissystem, in dem Frankreich und Österreich gegen Preußen und die Seemächte (Großbritannien und die Niederlande) standen.

Die französische Aggression stellte auch eine Bedrohung für den inneren Zusammenhalt des Reichs dar, weil Frankreich ein Magnet für deutsche Feinde oder Rivalen der Habsburger war. Zwischen den 1660er- und den 1740er-Jahren suchten u. a. Mainz, Köln, Brandenburg und Bayern zeitweilig ein Bündnis mit Frankreich zu schmieden. Bayern gar kämpfte sowohl im Spanischen wie auch im Österreichischen Erbfolgekrieg an der Seite Frankreichs.

Die dritte Bedrohung schließlich hing mit dem Norden zusammen, wo diverse Konflikte die Stabilität des Reichs bedrohten. Besonders gefährdet war Brandenburg, das zwischen 1674 und 1679 mit Schweden im Krieg lag, aber die Habsburger Interessen standen auch in Polen auf dem Spiel. Der schwedisch-polnische Krieg von 1655 bis 1660 zeigte, wie weit der Einfluss Frankreichs in Deutschland reichte, da die französische Regierung intervenierte, um Schwedens Niederlage zu verhindern und Österreich und Brandenburg zur Annahme eines Friedens zu zwingen. Die französische Unterstützung für Schweden und das Interesse an der polnischen Krone blieben bis 1700 unvermindert erhalten. In den Großen Nordischen Krieg, der von 1700 bis 1721 zwischen Schweden und Russland geführt wurde, waren die Habsburger nicht direkt involviert, und die meiste Zeit hatten sie ohnehin mit dem Spanischen Erbfolgekrieg genug zu tun. Infolgedessen geriet der Kaiser in Abhängigkeit von Brandenburg und dem neuen Kurfürstentum Hannover, die beide die Mühen auf sich nahmen, das Reich gegen Schweden zu verteidigen. Daran wird sichtbar, in welchem Maße die Macht und damit die Aspirationen der säkularen Kurfürsten wuchsen; das war ein Hauptcharakterzug der Epoche nach 1648.

Leopolds I. Ruhm und Ruf beruhten schließlich auf dem Triumph über die Osmanen und die Franzosen, vor deren Bedrohung er das Reich bewahrte. Doch seine Wirksamkeit in der Innenpolitik verdankte sich im Wesentlichen dem klugen Umgang mit königlichen Vorrechten und der Reichspolitik.

Leopold sicherte sich die innenpolitische Unterstützung durch Patronage. Freigebig verfuhr er mit der Verteilung von Posten zur Vermehrung von Geheimräten und ehrenamtlichen Kämmerern und führte neue Titel ein wie „Erzmarschall der Kaiserin“. Auch kürte er neue Grafen und Barone, und erhob bisherige Grafen zu Fürsten. Heiratsbündnisse schufen Verbindungen zu den prominenteren Adelsfamilien. Er selbst nahm eine Erbin des Hauses Pfalz-Neuburg zu seiner dritten Frau. Drei seiner Kinder wurden in deutsche Dynastien eingeheiratet: in die bayrischen Wittelsbacher, die Braunschweig-Lüneburger und die Braunschweig-Wolfenbütteler. Bayern wandte sich gegen die Habsburger, aber die Braunschweig-Lüneburger Dynastie wurde zu einem der wichtigsten Bündnispartner im Norden gegen Brandenburg. Leopold erkannte das an, indem er das Fürstentum 1692 zum Kurfürstentum Hannover erhob. Brandenburg reagierte darauf irritiert und sah sich in seinen Bestrebungen behindert. Leopold versuchte, zögernd allerdings, die Wogen zu glätten, indem er den Kurfürsten zum König in (nicht: von) Preußen erhob, einem Territorium außerhalb des Reichs. Den sächsischen Ambitionen versuchte Leopold gerecht zu werden, indem er die Bemühungen des Kurfürsten um die polnische Krone (1697) unterstützte.

Leopold kümmerte sich auch um die Institutionen im Reich. Der Reichstag, den er im Januar 1663 nach Regensburg einberief, sollte der letzte in der Geschichte des Reichs werden – als „Immerwährender Reichstag" dauerte er bis 1806. Anfänglich war das gar nicht so geplant, doch ergab es sich mit der Zeit, weil der Reichstag bei wichtigen Themen zu keiner Entscheidung gelangte. Im Nachhinein aber erwies sich die Permanenz als nützlich. Leopold selbst nahm nur fünf Monate lang an den Beratungen teil, war aber dann durch den Erzbischof von Salzburg als Prinzipal-Kommissar vertreten. Zudem wurden ihm alle wichtigen Dokumente nach Wien geschickt. Das Hauptaugenmerk des Reichstags richtete sich zunächst auf die Ausarbeitung einer Wahlkapitulation für alle zukünftigen Wahlen zu König und Kaiser im Reich, die schließlich 1711 vorlag. Sie wurde zwar nie Gesetz, weil Karl VI. sie nicht ratifizierte, galt aber nichtsdestoweniger als informelles Grundgesetz. In den 1670er-Jahren versuchte man erneut, das Problem einer Reichsarmee anzugehen. Erreicht wurde eine Übereinkunft über die Größe des Heeres, während die Aushebung von Truppen wie bislang den Kreisen oblag. Der Reichstag versuchte sich auch in Wirtschaftsgesetzgebung, was allerdings erfolglos blieb. Dennoch können sich seine gesetzgeberischen Leistungen, verglichen mit anderen europäischen Parlamenten der damaligen Zeit, das englische Unterhaus eingeschlossen, durchaus sehen lassen. Allein schon die Tatsache, dass die Sitzung des Reichstags eine immerwährende war, d. h. ununterbrochen stattfand, ist Symbol für die Einheit des Reichs. Und viele Vorschläge und

Anträge, die der Reichstag erörterte, aber nicht in die Tat umsetzte, wurden als Initiativen von den Kreisen oder den Territorien aufgegriffen. Auf diesen Ebenen herrschte kein Mangel an Gesetzgebung, vielmehr war es der Beginn des Goldenen Zeitalters legislativer Aktivität in den deutschen Territorien.

Leopold nutzte den Reichstag, um Informationen zu erhalten und auf diese Weise im Reich präsent zu sein. Tatsächlich bereiste er es nur fünf Mal und gelangte dabei nie weiter nach Norden als bis Frankfurt. Aus eben diesem Grunde erweiterte er beständig das Netzwerk von kaiserlichen Botschaftern und Residenten in ganz Deutschland und nutzte sogar den von der Familie Thurn und Taxis betriebenen kaiserlichen Postdienst, um die Aktivitäten der Städte und Fürsten heimlich überwachen zu lassen. Sein einflussreichstes Instrument war wohl der Reichshofrat. Das Reichskammergericht konnte nur zeitweise arbeiten, weil die Fürsten ihre Zahlungen zur Unterstützung der Institution nicht leisteten. Außerdem wurde die Tätigkeit durch französische Interventionen gestört, weshalb das Gericht 1689 von Speyer nach Wetzlar umzog. Demgegenüber konnte sich der in Wien ansässige Reichshofrat als verlässliche, schnell arbeitende, unparteiische und autoritative Institution profilieren. Sogar protestantische Fürsten wie etwa die thüringischen verhandelten zunehmend ihre dynastischen Auseinandersetzungen in Wien. Allerdings muss man erwähnen, dass die größeren Territorien auf pauschale Befreiung von der Rechtsprechung des Reichshofrats drängten – ein weiteres Zeichen für ihr Streben nach stärkerer Unabhängigkeit und spezifischem Status im Gegensatz zu den Fürsten kleinerer Territorien –, doch waren sie dann verpflichtet, eigene Oberste Gerichtshöfe oder Appellationsgerichte zu etablieren. Das Fehdewesen starb aus, ebenso wie andere Formen gewaltsamer Konfliktbewältigung, und manch ein Bauer oder Bürger suchte, wenn er unzufrieden war, lieber das Gericht auf, als einen Aufstand zu wagen.

Reichspatriotismus

Leopolds Erfolg spiegelte sich in neuen Formen eines auf das Reich bezogenen Patriotismus. Seit den 1680er-Jahren wurden Pläne für die zukünftige Entwicklung des Reichs verbreitet. Sie umfassten Vorschläge für die Versöhnung der christlichen Kirchen, Ideen zur Reform der Institutionen, der Wirtschaftsentwicklung und der Verrechtlichung sowie Vorstellungen über die Einrichtung reichseigener Akademien mit den Schwerpunkten Künste, Wissenschaften und Sprache. Gerade solche Diskussionen wurden insbesondere durch den Philosophen und Universalgelehrten Gottfried Wilhelm Leibniz vorangetrieben, der anfänglich in Diensten des Kurfürsten von Mainz stand und danach für den Herzog von Braunschweig-Lüneburg, den späteren Kurfürsten von Hannover, tätig war. Kein deutscher Intellektueller war so gut vernetzt wie Leibniz: Er wechselte Briefe mit mehr als 1000 Persönlichkeiten in 169 europäischen Orten und Institutionen. Auch im Reich selbst war der Umfang seiner Kontakte einzigartig und spricht für die internetähnliche Verbundenheit der deutschen Intellektuellen, an der die etwa 35 Universitäten keinen geringen Anteil hatten. Verstärkt wurde das Bewusstsein geistiger Gemeinschaft durch einen florierenden Buchhandel und die Publikation der ersten akademischen Zeitschriften wie etwa die 1682 in Leipzig gegründeten *Acta Eruditorum* („Verhandlungen der Gelehrten“), die naturwissenschaftliche Originalbeiträge und Rezensionen von in ganz Europa erschienenen Büchern veröffentlichten.

Aber Leibnizens Pläne blieben weitgehend unverwirklicht, und die erste Akademie der Künste und Wissenschaften wurde außerhalb des Reichs gegründet: in Berlin, nicht in Wien. Doch die Begeisterung für das Reich und dessen mögliche Verbesserung dauerte bis ins 18. Jahrhundert an. Ein Grund dafür, dass für Wien vorgesehenen Projekte unverwirklicht blieben, könnte darin liegen, dass Leopold nach der Fertigstellung des leopoldinischen

Flügels der Hofburg (um 1680) praktisch nichts mehr in Angriff nahm. Der Wiener Hof blieb auf den aus dem 13. Jahrhundert stammenden Kernbereich der Residenz beschränkt, der zuletzt Mitte des 16. Jahrhunderts modernisiert worden war. Das war in gewisser Weise programmatisch: Während andere deutsche Dynastien und die Adelsfamilien in den Erblanden und im Reich die Residenzen in Wien unterhielten, sich neue Paläste erbauen ließen, legte Leopold Wert auf altehrwürdige Kontinuität.

Leopolds Söhne – Joseph I. und Karl VI. – waren als Bauherren aktiver. Joseph entwarf Pläne für einen Sommerpalast in Schönbrunn, der in Karls Regierungszeit vollendet wurde. Karl selbst ließ die Hofburg beträchtlich erweitern und die prächtige Karlskirche in Wien errichten (1716–1739). Das Projekt, das Stift Klosterneuburg zu einem österreichischen Escorial zu machen (1723–1740), blieb unvollendet. All diese Unternehmungen waren beispielgebend für eine Bauweise, die später „Reichsstil“ oder „Kaiserstil“ genannt und von den Fürsten im Reich gern nachgeahmt wurde. Brandenburg-Preußen und Sachsen-Polen entwickelten dagegen eigene Stilformen. Bayerns Feindseligkeit den Habsburgern gegenüber führte zu einem Flirt mit dem französischen Stil. Aber der katholische Adel und die geistlichen Herrscher bevorzugten den „Reichsstil“. Sogar einige protestantische Fürsten waren bereit, ihre Residenz mit einem „Kaisersaal“ auszustatten. Diese prächtigen Säle wurden reich mit Wand- und Deckengemälden und mit Statuen geschmückt – allegorische Bildwelten, die die Majestät des Kaisers ebenso hervorhoben wie den Status des jeweiligen Territorialfürsten.

Während der Regierungszeit Karls VI. gab es zwei weitere Vertrauensbekundungen für das Reich. 1726 trat Johann Christoph Gottsched in Leipzig in die „Teutschübende poetische Gesellschaft“ ein, die spätere „Deutsche Gesellschaft“, die er zu einem Forum für seine Ideen zur Reform der deutschen Sprache und Literatur machte. Anfänglich hoffte er auf materielle Unterstützung durch den Dresdner Hof, wandte sich 1738 dann aber an Wien. Bereits 1727 hatte er in der Ode *Das Lob Germaniens* Karl VI. als Herrscher über das „neue Rom" gefeiert. Der Wiener Hof half ihm zwar nicht weiter, doch sein Glaube an Deutschland war ungetrübt und seine literarischen Reformvorschläge blieben so lange einflussreich, bis junge Autoren in den 1750er-Jahren dagegen aufbegehrten und so den Beginn einer modernen deutschen Literatur einläuteten.

Im selben Zeitraum mehrten sich Schriften, die sich mit dem Reich auseinandersetzten: Es waren Versuche, die Beziehungen zwischen dem Reich und den Territorien zu bestimmen. Auch ging es um das Wesen des Reichs und seine einzigartig mehrschichtigen Institutionen sowie das komplexe Rechtssystem, das sowohl die „teutsche Libertät" der Fürsten wie auch die Rechte der Individuen schützte. Die umfangreichste Kompilation und Darstellung deutschen Rechts war das 53 Bände umfassende *Teutsche Staatsrecht* (1737–1754), das der in württembergischen Staatsdiensten stehende Johann Jacob Moser verfasst hatte. Dieses monumentale Werk ging davon aus, dass das Reich nur historisch begriffen werden könne. Folglich gab er eine detaillierte Darstellung des Öffentlichen Rechts, wie es für jeden im Reich – vom Kaiser bis zum Bauern – Geltung besaß. Wie andere Autoren sah auch Moser das Reich als einzigartiges System, das trotz mancher Seltsamkeiten einen inneren Zusammenhang besaß.

Neue Herausforderungen nach der Regierungszeit Leopolds I.

Neben diesen bedeutsamen Entwicklungen, die die deutsche Identität des Reichs verstärkten, war die Regierung der Nachfolger Leopolds – Joseph I. und Karl VI. – keine Zeit ungetrübten Glücks. Joseph wurde nur 32 Jahre alt; in seiner sechsjährigen Regierungszeit verwendete er nicht unbeträchtliche Ressourcen, um in den späteren Stadien des Spanischen Erbfolgekriegs an Italien festzuhalten. Er betrachtete das als kaiserliche Mission, auch wenn die deutschen Fürsten davon wenig hielten. Auch versuchte er sich an einer Reform des Justizsystems, scheiterte damit jedoch.

Sein Bruder Karl war anfänglich ein eher zögerlicher Monarch, der immer seinem spanischen Königreich verbunden war, auch wenn er es nach 1711 nicht mehr betreten sollte; sein letztes Wort auf dem Totenbett 1740 lautete „Barcelona". Doch schon bald freundete er sich mit seiner neuen Rolle an. Er griff auf den Symbolismus und die Bilderwelt seines Namensvetters Karl V. zurück und unternahm auch große Anstrengungen zu einer Wiederbelebung kaiserlicher Rechte und Einkünfte. Seine Verwaltungsreformen in Wien bewirkten, dass nun endlich die kaiserlichen Angelegenheiten von denen Österreichs getrennt wurden, was den Reichsvizekanzler empfindlich traf, weil er es als Degradierung auffasste. Doch begriffen weder Karl noch seine Beamten die beiden Herrschaftsgebiete als einander gegenseitig ausschließend, und der Verlust des Reichs wäre für Österreich ein harter Schlag gewesen. Sein Recht im Reich nahm er mit Nachdruck wahr und griff auch in Bischofswahlen in Mecklenburg ein, wo er einen tyrannischen Herzog absetzte. Für manche war Karl ein allzu aktiver Herrscher: Bereits 1716 beklagte sich Friedrich Wilhelm I. von Brandenburg-Preußen (Reg. 1713–1740) darüber, dass Karl „uns alle unterdrücken und sich souverain machen" wolle. Dazu war Karl jedoch nicht in der Lage, weil er zwei größere Probleme zu bewältigen hatte. Das erste war das zunehmend auf Konfrontation angelegte Verhalten von Brandenburg-Preußen. Es resultierte aus dem Versuch des katholischen Kurfürsten von der Pfalz, die Bedingungen des Friedens von Rijswijk (1697) zu nutzen, um sein Territorium zu rekatholisieren. Der Friedensvertrag schien den Katholiken das Recht zu geben, ihren Gottesdienst überall dort zu feiern, wo es ihnen während der französischen Besatzung zwischen 1688 und 1697 erlaubt worden war. Der Reichstag brachte keine Lösung für das Problem zustande: Einige Protestanten drohten mit Krieg. Schließlich gab der Kurfürst nach, die Protestanten verzichteten auf Gewaltanwendung und der Kaiser gewann seine Autorität zurück. Die ganze Angelegenheit machte aber augenfällig, dass die unterschwellige Spannung zwischen Protestanten und Katholiken immer noch vorhanden war und sich keinesfalls abgeschwächt hatte. Und war bislang Sachsen traditionell der Vorreiter der protestantischen Sache gewesen, so übernahm jetzt Brandenburg-Preußen diese Rolle. Sachsen behielt formell den Sitz der protestantischen Körperschaft (des *Corpus Evangelicorum*) im Reichstag zu Regensburg, aber die Konversion des sächsischen Kurfürsten zum Katholizismus aufgrund seiner Wahl zum polnischen König schwächte Sachsens Position im Reich. Zwar spielte auch Hannover bei der Verteidigung der Rechte der Protestanten in der Pfalz eine wichtige Rolle, doch waren die hannoveranischen Kurfürsten zunehmend mit Großbritannien beschäftigt. Brandenburg, das sogar von vielen natürlichen Verbündeten im Reich mit Misstrauen und Furcht betrachtet wurde, machte das Beste aus der Lage. Durch die Bedrohungen während des Dreißigjährigen Krieges und in den darauf folgenden Kriegen des Nordens hatte es gezwungenermaßen eine starke Armee aufgebaut und war nun das einzige deutsche Territorium, das für Österreich eine glaubhafte militärische Bedrohung darstellte.

Das zweite Problem für Karl war die Thronfolge. Der Kaiser hatte vier Kinder, doch nur zwei seiner Töchtet überlebten das Kindesalter. Auch Joseph hatte nur zwei Töchter hinterlassen. Zu einer Zeit, da viele deutsche Dynastien die Primogenitur einführten, war es nur natürlich, dass die Habsburger dem Folge leisteten. Karl aber schlug etwas anderes vor, nämlich die Möglichkeit einer weiblichen Thronfolge, die Beibehaltung aller Reichslehen und eine Garantie des Reichs für den Bestand der habsburgischen

Besitzungen außerhalb der Reichsgrenzen. Allerdings war klar, dass Karls Tochter Maria Theresia den Kaiserthron nicht würde erben können; einige Fürsten befürchteten sogar, dass die Zustimmung zu Karls „Pragmatischer Sanktion" (1713) die kaiserliche Nachfolge zugunsten eines zukünftigen Ehemanns vorherbestimmen würde, sofern dieser ein Deutscher war.

Allerdings erwies sich Franz I. Stephan von Lothringen, den Maria Theresia 1736 heiratete, als nicht mächtig genug, um nach dem Tod Karls VI. 1740 ein ernsthafter Kandidat für die Nachfolge zu sein, ungeachtet der Tatsache, dass er Lothringen gegen das Großherzogtum Toskana eingetauscht hatte. Nach einem 13-monatigen Interregnum wurde der Kurfürst von Bayern, Karl Albert, gewählt, der einzig dadurch qualifiziert war, dass zwei seiner Vorfahren im Mittelalter den Kaisertitel getragen hatten.

Diejenigen, die bereits böse Vorahnungen hatten, als sie für Karl VII. (Reg. 1742–1745) stimmten, sollten recht behalten. Karl VII. war ständig knapp bei Kasse. Seit er 1726 sein Kurfürstentum geerbt hatte, war er von französischen Subventionen abhängig gewesen und blieb es auch als Kaiser. Politisch und militärisch war er auf preußische Unterstützung angewiesen. Zwei Tage nach seiner Krönung in Frankfurt besetzten österreichische Streitkräfte Bayern, und so saß Karl, abgesehen von einer kurzen Periode im Jahre 1744, in Frankfurt fest. Seine Ansprüche auf Böhmen und die österreichischen Erblande waren lächerlich angesichts der Tatsache, dass seine Armee, die in der Schlacht um Belgrad 1739 Österreich gegen die Osmanen unterstützte, fast vollständig vernichtet worden war.

Selbst die Einrichtung einer Regierungsorganisation im Reich – einer Reichskanzlei oder eines neuen Reichshofrats – erwies sich als schwierig, nicht zuletzt deswegen, weil die Österreicher mit der Herausgabe des Reichsarchivs so lange zögerten, dass es am 20. Januar 1745, dem Todestag Karls VII. immer noch nicht eingetroffen war. Mittlerweile aber hatte er die meisten sei-

König Friedrich II.. Gemälde von Anton Graff, entstanden 1781, 18 Jahre nach Ende des Siebenjährigen Kriegs.

ner noch verbliebenen Unterstützer dadurch vor den Kopf gestoßen, dass er einen preußischen Plan ernst genommen hatte: Wenn er eine Reihe von süddeutschen Bistümern und Reichsstädten zu Kronbesitz machte, würde Preußen ihn als Kaiser unterstützen.

Das bayrische Experiment war eine Katastrophe. Von Anbeginn hatte es im Schatten wichtigerer Ereignisse gestanden, die durch den neuen preußischen König Friedrich II., später bekannt als Friedrich der Große (Reg. 1740–1786), initiiert worden waren.

Sein Regierungsantritt fiel mit dem Tod von Karl VI. zusammen. Während andere Dynastien Ansprüche auf habsburgische Territorien erhoben, war Friedrich der Einzige, der in dieser

Hinsicht handelte: Im Dezember 1740 ließ er eine Armee von 30 000 Mann in Schlesien einmarschieren. Österreich führte drei Kriege – 1740–1742, 1744/45 und 1756–1763 –, ohne Schlesien zurückholen zu können. In die ersten beiden Konflikte war auch Frankreich verwickelt, indem es bayrische und sächsische Ansprüche auf Habsburger Gebiete unterstützte. Doch allein Preußen erreichte seine Kriegsziele: Der im Dezember 1745 geschlossene Friede von Dresden brachte Schlesien in preußischen Besitz.

Erneuerung unter Habsburg-Lothringen

Der Friedensschluss von Dresden aber leitete auch die Rückkehr der Habsburger zu alter Stärke ein. Nach dem Tod Karls VII. erkannten die Kurfürsten, dass es zu Franz I. Stephan von Lothringen keine glaubwürdige Alternative gab, und selbst der preußische König stimmte der Wahl zu: Franz I. regierte von 1745 bis 1765. Doch tat Berlin nun alles, um die erneute Stärkung habsburgischer Regierungsmacht im Reich zu behindern. Da Brandenburg sich im Norden Deutschlands ausbreitete, war Friedrich der Große bald in drei Reichskreisen vertreten, sodass er dort überall Habsburger Ansinnen blockieren konnte. Zwar war seine Heirat mit Elisabeth Christine von Braunschweig-Wolfenbüttel-Bevern alles andere als glücklich, doch achtete er sehr genau darauf, dass seine acht Geschwister für Bündnisse in ganz Mittel- und Norddeutschland sorgten. Auch nutzte er jede Gelegenheit, um als Beschützer der Protestanten in Mittel- und Südwestdeutschland einzugreifen.

Das alles erwies sich als vorteilhaft während des letzten, des Siebenjährigen Kriegs um Schlesien 1756 bis 1763, denn zumindest war nun die Opposition gegen Friedrich gemildert. Der Siebenjährige Krieg war Teil einer umfassenderen Konfrontation, bei der ein neues Bündnis aus Frankreich, Österreich und Russland gegen eine protestantische Allianz aus Briten, Niederländern und Preußen stand. Für die meisten, die in diese Bündnisse integriert waren, stand der Kampf zwischen Großbritannien und Frankreich um die Kontrolle über die transatlantischen Kolonien im Vordergrund. Allerdings nutzte Österreich das neu geschmiedete Bündnis mit Frankreich, um noch einen weiteren Versuch zur Rückeroberung Schlesiens zu lancieren.

Als Friedrich einfach in Sachsen einmarschierte, sprach der Reichstag über ihn die Acht aus. Preußische Propagandisten und später deutsch-preußische Historiker lobten den König, weil er so tapfer für die Sache der Protestanten eingestanden und viele heldenhafte militärische Siege errungen habe. Tatsächlich aber waren die Siege im Siebenjährigen Krieg nur spärlich, und Friedrich hatte Glück, ihn mit heiler Haut zu überstehen, was nur gelang, weil Russland das Bündnis mit Österreich beendete. Im Frieden von Hubertusburg (1763) fiel Schlesien endgültig an Preußen, während Friedrich sich aus Sachsen zurückzog.

Unterdessen hatte Franz I. hart daran gearbeitet, die Autorität Habsburgs im Reich wiederherzustellen. Nach seiner Krönung verweigerten die weltlichen Kurfürsten und der Kurfürst von Köln, ein Wittelsbacher, zum ersten Mal die Erneuerung der Lehen und die dem Kaiser gebührende traditionelle Huldigung. Viele weltliche Fürsten schlossen sich an. Das bayrische Zwischenspiel mit Karl VII. hatte die Regierung der Habsburger in Wien auch dazu gezwungen, deutlicher als je zuvor zwischen den Interessen des Reichs und denen Österreichs zu unterscheiden. Zwar gab es Überschneidungen, doch nun lagen die Angelegenheiten des Reichs und Österreichs in getrennten Zuständigkeiten von Ministern und Beamten. Neben der Franz I. verantwortlichen Reichskanzlei gab es eine österreichische Staatskanzlei, die Maria Theresia unterstellt war.

1746 gab Franz eine Untersuchung in Auftrag, die feststellen sollte, ob das Reich für Österreich tatsächlich von Nutzen war.

Der Bericht kam zu dem Schluss, dass Österreich und das Reich aufeinander angewiesen waren und es mithin undenkbar sei, dass Österreich den Kaisertitel anheimgeben solle.

Franzens größte Errungenschaft war vielleicht die Sanierung der österreichischen Finanzen. Es gelang ihm, ein beträchtliches Vermögen für das Haus Habsburg-Lothringen (wie es nun hieß) anzuhäufen. Auch konnte er sich der Loyalität derer versichern, die bislang der Krone treu ergeben gewesen waren: die Bischöfe, die Äbte und andere Würdenträger der Reichskirche, die Reichsstädte und die Reichsritter. Die Feindseligkeit des Kurfürsten von Köln aus dem Hause Wittelsbach zwang Franz dazu, den Bischofswahlen größte Aufmerksamkeit zu widmen. Das bildete die Grundlage für ein spätes Wiederaufleben der habsburgischen Bischofspolitik, was nicht ohne Bedeutung war, wenn Franzens Söhne volljährig wurden und als Kandidaten für solche Ämter in Betracht kamen. Doch gelang es ihm nicht, die Gerichtshöfe zu reformieren, und der Reichshofrat wie auch das Reichskammergericht machten während seiner Regierungszeit keine glückliche Figur. So kam es zu einer wachsenden Zahl von direkten Appellen an den Reichstag, was den Eindruck hervorrief, das Reich sei schwer zu regieren und der Kontrolle des Kaisers entglitten.

Joseph II. und die Grenzen der Reform

Als Gatte von Maria Theresia konnte Franz I. nie das Prestige erlangen, das Leopold I. oder Karl VI. genossen hatten. Sein Sohn Joseph II. (Reg. 1765–1790) hatte bessere Aussichten, auch wenn er bis zum Tod seiner Mutter, Maria Theresia, im Jahre 1780 in den österreichischen Ländern nur Mitregent war, denn die Lage im Reich war für den 24-jährigen Monarchen günstig.

Maria Theresia, Kaiserin des Heiligen Römischen Reichs und Königin von Ungarn und Böhmen im Kreise ihrer Kinder. Auf der rechten Seite ihr Sohn und Mitregent Joseph II. Gemälde von Heinrich Füger, 1776.

Nach dem Siebenjährigen Krieg waren Friedrich und viele andere Fürsten nicht auf weitere Konfrontationen erpicht und auch die konfessionellen Feindseligkeiten der vorangegangenen Jahrzehnte waren abgeflaut.

Kurz vor dem Tod von Kaiser Franz I. hatten die Kurfürsten selbst eine Agenda zur Reichsreform aufgestellt, die Joseph II. noch erweiterte. Aber auch er geriet schon bald in Schwierigkeiten. Nunmehr verweigerten alle Kurfürsten und alle „alten Fürsten“ (die, deren Titel auf etwa vor 1550 zurückgingen) die

Erneuerung ihrer Lehen. Zwar konnte Joseph einige kleinere Veränderungen in der Gesetzgebung erreichen, und es gelang ihm auch, die Reichsritter gegen Versuche Württembergs und der Pfalz, sich ihrer Länder zu bemächtigen, zu schützen, doch blockierten die Fürsten alles, wovon sie eine Vermehrung kaiserlicher Macht befürchteten.

Von 1778 an reagierte Joseph darauf mit einer Politik, die nahezu alle provozieren musste. Er wollte das Reich rationeller und moderner gestalten, untergrub aber schließlich seine eigene Autorität. Da er mit der Verweigerungshaltung des Reichstags haderte, sorgte er stillschweigend für dessen fünf Jahre währende Lähmung. In den verstreuten süddeutschen Habsburger Gebieten, die zu Tirol gehörten, rief er Opposition gegen sich auf den Plan, indem er Justiz und Verwaltung auf eine Art reformierte, die den traditionellen Rechten von Adel, Städten und ländlichen Gemeinschaften zuwiderlief. Und im gesamten Reich strich er Pensionen, was bei Hunderten von Empfängern für erhebliche Verbitterung sorgte. Zugleich reaktivierte er das alte Recht eines neu gewählten Kaisers zur Erstnominierung eines Pfründners in kirchlichen Institutionen, wobei er unweigerlich seine eigenen Beamten oder Familienmitglieder berücksichtigte. Und schließlich trugen ihm seine Versuche, die Grenzen der bischöflichen Diözesen in den österreichischen Territorien neu zu ziehen, sodass im Endeffekt eine österreichische katholische Landeskirche entstehen würde, nicht wenige Feinde ein. Unter ihnen war auch sein Bruder Max Franz, der Kurfürst von Köln.

1777 bis 1779 und 1784 versuchte Joseph, Bayern an sich zu reißen, was noch viel katastrophalere Folgen nach sich zog. Die Idee stammte aus den 1690er-Jahren; da aber nun der gegenwärtige Kurfürst von Bayern kinderlos war, schien die Gelegenheit für eine Übernahme ideal zu sein. Der Erbe mit dem stärksten Anspruch war Karl Theodor, der Kurfürst der Pfalz und Oberhaupt der zweiten Linie der Wittelsbacher im Reich. Zwar hatte er kein Interesse an Bayern, war aber zu einem Handel bereit, der ihm ein Territorium am Niederrhein und schließlich die zu Österreich gehörenden südlichen Niederlande versprach. Als der bayrische Kurfürst unerwartet verstarb, wurde der Handel öffentlich bekannt, und Preußen erklärte an der Spitze eines Bundes zum Schutz des Reichs vor österreichischem Expansionsdrang den Krieg. Joseph machte einen Rückzieher und verzichtete im Frieden von Teschen 1779 auf alle Ansprüche betreffend Bayern. Dadurch wurde neben Frankreich und Schweden auch Russland, das die Friedensverhandlungen initiiert hatte, zum Garanten des Reichs.

1784 ließ ein zweiter – offenbar insgeheim von Russland unterstützter – Plan, dem Karl Theodor nun aufgrund seiner massiven Schulden nur zu gern zustimmte, die Alarmglocken im Reich so heftig läuten, dass die Kurfürsten von Brandenburg-Preußen, Hannover und Sachsen einen Fürstenbund gründeten, um Josephs Plan zu durchkreuzen. Vierzehn weitere Fürsten, darunter der Kurfürst von Mainz, schlossen sich an. Aber der Plan scheiterte erneut, und der Bund löste sich allmählich auf. Viele seiner Mitglieder fürchteten preußische Ambitionen ebenso wie Josephs Expansionsdrang. 1788 war der Bund Geschichte und etwas mehr als ein Jahr später auch Kaiser Joseph. Nachfolger wurde sein Bruder Leopold II. (Reg. 1790–1792). Er wollte für Ordnung sorgen, erlebte aber in den zwei Jahren seiner Regierungszeit den Beginn einer neuen Krise, die schließlich das Reich zerstören sollte.

Ältere deutsche Darstellungen dieser Periode behaupteten, dass die wachsende Konfrontation zwischen Brandenburg-Preußen und Österreich nach 1740 das allmähliche Ende des Reichs eingeläutet habe. Österreich und Preußen hätten gleichermaßen das Interesse am Reich verloren und einen Kampf um die Herrschaft über Deutschland geführt, dem das Reich zum Opfer gefallen sei. Die Weigerung der Fürsten, ihre Lehen nach 1765 zu erneuern, wird als weiterer Beweis für die Gleichgültigkeit der herrschenden deutschen Elite dem Reich gegenüber aufgefasst. Zwar musste das Reich nicht das Schicksal Polens erleiden, das 1772, 1793 und 1795 Teilungen durch Österreich, Preußen und Russland unterlag und schließlich ganz von der Landkarte verschwand, doch gehen einige Historiker davon aus, dass das Ende des Reichs im Jahre 1806 damit vergleichbar ist. In solchen Argumenten schlägt sich die negative Einschätzung späterer deutscher Historiker nieder, nicht die Gleichgültigkeit von Zeitgenossen. Doch selbst in der neueren deutschen Geschichtsschreibung findet sich das Narrativ des nach 1740 unvermeidlichen Niedergangs. Tatsächlich aber blieb das Interesse am Reich unvermindert erhalten. Sicher gab es viel Kritik. Friedrich Karl von Moser sprach beileibe nicht nur für sich, als er die fehlende Einheit in den 1760er- und 1770er-Jahren und die offenkundige Reformunfähigkeit des Reichs beklagte. Und die geistlichen Territorien waren zunehmender Kritik durch die Autoren der Aufklärung ausgesetzt, die ihre Existenz für anachronistisch ansahen.

Doch sollten solche Kritiken als Beiträge zu einer lebendigen Reformliteratur betrachtet werden. In den 1760er-Jahren waren viele davon überzeugt, dass Joseph II. die Fähigkeit besitze, das Reich zu erneuern, während sein Handeln in den 1780er-Jahren ebenso viele zu der Erklärung veranlasste, das Reich werde seine Rücksichtslosigkeit schon überleben und zu seinem alten, historisch gewachsenen Gleichgewicht zurückfinden. Die reichskritische Propaganda des Fürstenbundes wiederholte nur die Themen des protestantischen Verfassungsdiskurses aus dem 16. und 17. Jahrhundert, worauf Wien mit einem frappierend modernen Argument antwortete: Die vom Fürstenbund betonte „teutsche Libertät" sei nur ein Feigenblatt für die Tyrannei der Fürsten, während der Kaiser für eine auf der Souveränität des Volks beruhenden Monarchie stehe.

Viele Intellektuelle schrieben nun in entschieden moderner oder aufgeklärter Weise über das Reich, das sie nicht mehr als

Feudalstaat, sondern als Föderation betrachteten. So bezeichnete der Göttinger Gelehrte Johann Stephan Pütter, der führende Staatsrechtler des späteren 18. Jahrhunderts, das Reich als „einen aus mehreren besonderen Staaten zusammengesetzten, aber doch wieder einen Staat zusammen ausmachenden Staatskörper". Er vertrat die föderale Auffassung vom Reich, die auch das Denken des Fürstenbundes charakterisierte.

Pütter verlieh einem Patriotismus und einem Gefühl der Identifikation mit dem Reich Ausdruck, die von vielen geteilt wurden. Zwischen 1765 und 1790 wurden vor dem Reichshofrat in Wien an die 10 000 Fälle verhandelt, von denen ungefähr 4000 die etwa doppelte Menge an Personen eher bescheidener sozialer Herkunft betrafen. Im selben Zeitraum waren etwa 7000 Personen vergleichbarer gewöhnlicher Herkunft an Verhandlungen vor dem Reichskammergericht in Wetzlar beteiligt. Die Prozessbeteiligten stammten aus allen Gebieten Deutschlands und viele von denen, die sich an die Gerichte wendeten, um gegen ihre Fürsten zu klagen, bezeichneten sich als Untertanen des Reichs, bisweilen sogar als „Reichsbürger". Daran zeigt sich, wie verbreitet das Rechtsempfinden im Reich war und dass viele Menschen im Kaiser ihren eigentlichen Herrscher sahen.

Die Französische Revolution und Napoleon

Viele dieser Argumente finden sich auch in der Reaktion deutscher Kommentatoren auf die Französische Revolution. Denn ungeachtet mancher Begeisterung über die Ereignisse in Frankreich war die Überzeugung weit verbreitet, dass Deutschland mit dem Nachbarn nicht zu vergleichen sei. Typisch war, was Franz Wilhelm von Spiegel zum Desenberg, u. a. Kurator der Bonner Universität, 1789 konstatierte. Die Reichsverfassung, erklärte er, sei die beste „aller möglichen Regierungsformen", weil hier der Mensch „am wenigsten von seiner natürlichen, am wenigsten von seiner politischen, und gar nichts von seiner bürgerlichen Freiheit verloren habe". Für die Deutschen gebe es also, anders gesagt, im Gegensatz zu den Franzosen nicht die Notwendigkeit, sich zu erheben, denn sie müssten nicht etwas zurückfordern, dessen man sie gar nicht beraubt habe.

Diese Zuversicht währte einige Jahre. Noch 1795 erklärte Christoph Martin Wieland: „Die dermahlige teutsche Reichsverfassung ist, ungeachtet ihrer unläugbaren Mängel und Gebrechen, für die innere Ruhe und den Wohlstand der Nazion im ganzen ohne alle Vergleichung zuträglicher und ihrem Karakter und dem Grade von Kultur, worauf sie steht, angemessener, als die französische Demokratie."

Doch drei Jahre zuvor, im April 1792, hatte die neue französische Republik Österreich und Preußen den Krieg erklärt. Französische Streitkräfte annektierten die am linken Rheinufer gelegenen Territorien des Reichs, hoben sofort alle Feudalrechte dort auf und drangen über den Rhein nach Süddeutschland vor. Trotz der üblichen Schwierigkeiten, die das Reich mit der Bereitstellung einer Armee hatte, waren die anfänglichen Verteidigungsbemühungen lokaler Einheiten und regionaler Truppen einigermaßen effektiv, und im Oktober 1794 einigte man sich auf ein 200 000 Mann starkes Heer.

Doch die Sehnsucht nach Frieden war groß. 1795 schloss Brandenburg-Preußen den Frieden von Basel, wodurch Norddeutschland größtenteils aus dem Konflikt herausgehalten werden konnte und bis 1806 neutral blieb. 1797 musste Österreich, nach einer vernichtenden Niederlage in Italien, formell in die Annexion der linksrheinischen Gebiete einwilligen.

Nachdem die Reichsstände auf dem Rastatter Kongress (1797–1799) ebenfalls zugestimmt hatten, gewann die Vorstellung zunehmend an Attraktivität, die geistlichen und kleineren Territorien könnten dazu dienen, jene Fürsten zu entschädigen, die Ländereien und Rechte an Frankreich verloren hatten. Öster-

Am 17. April 1797 wird der Vorfriede von Loeben durch Napoleon Bonaparte und Gesandte Österreichs unterzeichnet. Es folgt der Friede von Campo Formio im Oktober 1797, welcher den Ersten Koalitionskrieg beendet. Gemälde von Guillaume Lethière, 1805.

reich unternahm den Versuch, das Ruder herumzureißen, indem es sich dem von Russland und Großbritannien geführten Zweiten Koalitionskrieg 1799 anschloss. Doch musste Wien eine weitere Niederlage einstecken und im Frieden von Lunéville 1801 die französischen Annexionen anerkennen. Als Kaiser Franz II. (Reg. 1792–1806) sich weigerte, in einer Konferenz zur Neuordnung des Reichs den Vorsitz zu führen, musste der Reichstag die Dinge in die Hand nehmen. Fürsten mit Landverlusten engagierten sich hierbei mit einiger Begeisterung.

1803 machte der Reichsdeputationshauptschluss Vorschläge zu einer radikalen Neustrukturierung des Reichs. Er bestätigte die Abtretung des linken Rheinufers an Frankreich, und am rechten Rheinufer verschwanden drei Kurfürstentümer, neunzehn Bistümer, vierundvierzig Abteien, fast alle Reichsstädte und alle Gebiete der Reichsritter: Insgesamt wurden etwa 10 000 qkm Land und an die drei Millionen Einwohner neuen Territorien einverleibt. Die Hauptgewinner waren Brandenburg-Preußen (im Rheinland), Baden, Württemberg und Bayern. Das Verschwinden der geistlichen Territorien verschaffte den protestantischen Fürsten zum ersten Mal eine Stimmenmehrheit, was die Position der Habsburger im Reich gefährdete. Weil die geistlichen Kurfürstentümer aufgelöst worden waren, gab es mit Baden, Hessen-Kassel, Salzburg und Württemberg vier neue Kurfürstentümer.

Der französische Druck auf das Reich ließ indes nicht nach. 1804 nahm Franz II. den Titel eines Kaisers von Österreich an (als Franz I.), was im Wesentlichen geschah, um Napoleons formeller Annahme des Kaisertitels im selben Jahr zuvorzukommen. Nach einer weiteren schweren Niederlage Österreichs und dem demütigenden Frieden von Pressburg im Dezember 1805 machte Napoleon Bayern und Württemberg zu Königreichen mit unbeschränkter Souveränität und Baden und Hessen-Darmstadt zu Großherzogtümern. Sechzehn deutsche Fürsten in Süd- und Westdeutschland verließen nun das Reich und schlossen sich dem von Frankreich dominierten Rheinbund an. Am 1. August 1806 sandte Napoleon eine Botschaft an den Reichstag, in der er das Reich als nicht mehr existent betrachtete und dem Kaiser eine weitere Besetzung Österreichs androhte, falls er den Kaiserthron nicht räumen sollte. Franz II. erklärte sich daraufhin zur Abdankung bereit. Am 6. August 1806 wurde offiziell die Auflösung des Reichs bekannt gegeben. Damit waren alle deutschen Herrscher von ihren Verpflichtungen entbunden, denn das Reich hatte bereits zu existieren aufgehört. Eine tausendjährige Geschichte war an ihr Ende gelangt.

Das Erbe des Heiligen Römischen Reichs

Nach 1806

Die vor 1945 verfasste deutsche Historiografie vertrat üblicherweise die Auffassung, dass das Heilige Römische Reich 1806 lautlos in der Versenkung verschwunden war und in der deutschen Geschichte praktisch keine Spur hinterlassen habe. Tatsächlich aber gibt es mehr als genug Hinweise darauf, dass sein Ende Schrecknis und Ungläubigkeit auslöste. Auch scheint die Sehnsucht danach weit verbreitet gewesen zu sein. Zweifellos aber wurden solche Gefühle von der raschen Folge der Ereignisse und den Problemen, die zwischen 1806 und 1815 die Szene beherrschten, überschattet.

Die Säkularisierung der geistlichen Territorien im Reich und die Mediatisierung der zahlreichen kleineren Territorien führten zur Vergrößerung der übrigen, die nun auch zum ersten Mal souveräne Staaten wurden. Napoleon machte aus Westfalen ein Königreich für seinen Bruder Jérôme. Wie bereits erwähnt, wurden Bayern und Württemberg ebenfalls zu Königreichen, Baden und Hessen-Darmstadt zu Großherzogtümern. Alle waren sie im neuen Rheinbund (*Conféderation du Rhin*, 1806) an Napoleon gebunden. Damit wollte er Preußen im Nordosten und Österreich im Südosten isolieren. Bald danach gab es weitere territoriale Veränderungen. So fielen große Teile Westfalens 1815 an Preußen. Im Endeffekt blieben nur 39 Staaten übrig, die sich im selben Jahr zum Deutschen Bund vereinigten.

Dieser Prozess, in dem einstmalige Herrscher zu Untertanen wurden und Millionen Untertanen neue Herrscher erhielten, und das bisweilen mehr als einmal, wurde von einer Debatte über die Frage begleitet, in was für einer politischen Struktur die Deutschen eigentlich lebten. Die Auflösung des Reichs hatte das gesamte Territorium in vier Zonen aufgespalten: So gab es nun die direkt von Frankreich besetzten Gebiete, ferner die Staaten des von Frankreich dominierten Rheinbunds und schließlich Preußen sowie Österreich. Damit ergab sich die Frage, ob „Deutschland" jemals wieder eins sein würde. Manche erhofften sich die Restaurierung des Heiligen Römischen Reichs, andere befürworteten ein österreichisch-preußisches Kondominium, bei dem die Einflusssphären nördlich bzw. südlich des Mains liegen sollten. Auch eine dritte Option gewann an Unterstützung: Es könnte eine Art Konföderation geben, in der die Souveränität der Staaten bewahrt bliebe und zugleich ein gemeinsames Band den Zusammenhalt garantierte. Neben diesen konkret-politischen Diskussionen bekannten junge romantische Dichter und Schriftsteller ihren Glauben an die Größe des mittelalterlichen Reichs und malten Vorstellungen von einem neuen, zukünftigen Reich aus. Junge Patrioten, die oftmals als die ersten echten deutschen Nationalisten bezeichnet wurden, hegten Visionen von einem vereinten Deutschland aller Deutschen ohne die Fürsten, deren egoistisches Verhalten sie für die gegenwärtige Misere verantwortlich machten. Persönlichkeiten wie Johann Gottlieb Fichte, Friedrich Ludwig Jahn und Ernst Moritz Arndt sind häufig als die ersten Propheten einer neuen und gefährlichen Form des deutschen Nationalismus gesehen worden. Ihr hauptsächliches Begehren war, die Franzosen zu vertreiben, die deutsche Einheit wiederherzustellen und dem deutschen Volk Macht zu verleihen. Der glühende Nationalismus und die antifranzösische Rhetorik dieser Schriftsteller waren für die preußische Regierung im entscheidenden Kampf gegen Napoleon, der 1813 begann, von großem Nutzen. Andererseits gerieten sie nach dem gewonnenen Krieg durch ihre republikanischen und demokratischen Überzeugungen bei der Obrigkeit in Verdacht.

Allerdings ist die tatsächliche Bedeutung der romantischen Autoren und patriotischen Freiwilligen im Kampf gegen Napoleon häufig überschätzt worden. Der Krieg wurde nicht nur von preußischen, sondern auch von russischen und österreichischen Truppen gewonnen, und die Zukunft „Deutschlands“ wurde von jenen entschieden, die die Interessen der souveränen Staaten verfochten. Bayern hatte den Rheinbund kurz vor der „Völkerschlacht“ bei Leipzig im Oktober 1813 verlassen, Württemberg, Baden, Hessen-Darmstadt und Hessen-Kassel waren kurz danach ausgetreten.

Die Pläne des Freiherrn vom Stein und seines Sekretärs Ernst Moritz Arndt zielten auf einen starken deutschen kaiserlich regierten Nationalstaat; sie waren beeinflusst von romantischen und patriotischen Visionen. Doch dienten ihre Entwürfe letztlich nur als nützlicher Kontrast bei den schwierigen Verhandlungen über die Zukunft der deutschen Gebiete, bei denen der preußische Kanzler Karl August von Hardenberg und der österreichische Außenminister Klemens von Metternich die beherrschenden Persönlichkeiten waren.

Beide standen, wenn auch aus unterschiedlichen Gründen, dem „nationalen“ Gesichtspunkt skeptisch gegenüber. Hardenberg empfand tiefe Sehnsucht nach dem Alten Reich als einem System, das die Deutschen eintausend Jahre lang vereinigt hatte, aber er erkannte, dass die Entstehung der neuen souveränen deutschen Staaten nicht mehr rückgängig zu machen war. Metternich war nicht so sentimental und kam schnell zu dem Schluss, dass das Heilige Römische Reich unter österreichischer Führung keine Zukunft haben würde. Metternich entstammte einer Dynastie von Reichsrittern, die ursprünglich Adlige im Kurfürstentum Trier gewesen waren und ihre Ländereien bei der französischen Besetzung des Rheinlands und durch die folgende Säkularisierung und Mediatisierung verloren hatten. Metternich verkaufte die Ländereien, die sein Vater als Entschädigung erhalten hatte.

Er blieb Besitzer von Schloss Johannisberg im Rheingau, das er von Franz I. als Belohnung für seine Verdienste um Österreichs Sieg über Napoleon und die Vertretung der österreichischen Interessen auf dem Wiener Kongress erhalten hatte, doch er machte Plasy in Böhmen zur Residenz für seine Familie. Für Metternich war die Gründung des Deutschen Bundes mit Österreich als Präsidialmacht das logische Ergebnis dessen, dass Österreich seinem Monarchen 1804 den Kaisertitel verlieh und das Heilige Römische Reich 1806 sich aufgelöst hatte.

Der Deutsche Bund und danach

Die neuen souveränen Staaten waren entschlossen, ihren Status und die Herrschaft über die neu erworbenen Territorien und Untertanen zu bewahren. Doch garantierte der Deutsche Bund auch Elemente einer Kontinuität mit dem Heiligen Römischen Reich. Seine Grenzen waren die des Alten Reichs; die östlichen Provinzen Preußens (Ost- und Westpreußen sowie Posen) kamen erst 1848 hinzu. Und wie zuvor dem Reichstag gehörten dem neuen Organ, der Bundesversammlung, nur Vertreter der Herrscher, nicht des Volkes an, was allerdings zunehmend auf Kritik stieß. Die Artikel der Bundesakte waren darauf ausgerichtet, die den Deutschen in der Vergangenheit gewährten Rechte auch für die Zukunft zu sichern: das Recht auf politische Vertretung, Bewegungsfreiheit, Recht auf Eigentum, Freiheit der hauptsächlichen drei christlichen Konfessionen und keine politische und zivilrechtliche Benachteiligung ihrer Mitglieder; hinzu kam das Versprechen eines Gesetzes zur Pressefreiheit.

Der Deutsche Bund war kein Bundesstaat, sondern ein Staatenbund, doch enthielten seine Verfasstheit wie Verfassung genügend vertraute Elemente, um die Behauptung zu rechtfertigen, dass er im Wesentlichen eine Fortsetzung des Alten Reichs war.

Das Kaiser-Wilhelm-Nationaldenkmal im Kyffhäusergebirge (erbaut 1890–96). Die Darstellung des soeben erwachenden Kaisers Barbarossa (in Anlehnung an die mittelalterliche Kyffhäuserlegende) in Verbindung mit dem sich darüber befindenden Reiterstandbild Kaiser Wilhelms I. soll das Kaiserreich von 1871 in direkte Beziehung zum Heiligen Römischen Reich setzen.

Allerdings wuchs auch die Unzufriedenheit mit der generellen Konstruktion des Bundes. Kritisiert wurden insbesondere die mangelhafte militärische Verteidigungsfähigkeit und die ausbleibenden Fortschritte in der Erweiterung der Bürgerrechte. Aber auch das Fehlen einer überterritorialen Gerichtsbarkeit, wie sie das Alte Reich gekannt hatte, und einer zentralen politisch-repräsentativen Institution wurde als Mangel erkannt. Diese vielfältigen Mängel bildeten eine Ursache für die Revolution von 1848, aber das Frankfurter Parlament scheiterte bekanntlich.

Danach wurde die Frage, wie angesichts der Unzulänglichkeiten des Bundes größere Einheit herzustellen sei, immer drängender. Auch breiteten sich erneut romantische Vorstellungen von einem starken Reich aus, und Preußen verfolgte mit verstärktem Selbstvertrauen und Ehrgeiz seine Politik im Reich. All das führte 1866 zum Krieg zwischen Preußen und Österreich und 1871 zur Gründung des Deutschen Reichs, dem Österreich nicht angehörte. Zwar spiegelte sich in seiner föderalen Struktur noch einmal das politische Muster des Alten Reichs, und die neuen Herrscher aus dem Haus Hohenzollern gefielen sich darin, Assoziationen an die mittelalterlichen Hohenstaufenkaiser hervorzurufen, wenn es ihnen passte. Doch hatte dieses neue Reich mit dem Alten Reich kaum etwas gemein.

Nach dem Scheitern der Hohenzollern und der Habsburger und dem Ende ihrer Reiche gewannen Ideen von einem Großdeutschland in den 1920er-Jahren erneut an Attraktivität. Die Österreich und Deutschland in den Friedensverhandlungen nach dem Ersten Weltkrieg auferlegten Strafen, insbesondere die territorialen Verluste, führten vielfach zu der Auffassung, dass ein Bündnis zwischen den Republiken von Deutschland und Österreich nun an der Zeit sei, doch das wurde von den Siegermächten sofort verboten. Hitlers Pläne für ein großdeutsches Reich verwarfen einerseits die bisherige deutsche Geschichte als wertlos, während andererseits behauptet wurde, damit würde Deutschland seine schicksalhafte Bestimmung erfüllen. Das betonte Hitler bereits 1934, als er die traditionelle föderative Struktur durch die Regionalorganisationen der NSDAP ersetzte.

Interpretationen des Heiligen Römischen Reichs seit 1945

Das Ende des NS-Staats führte nicht sofort zu neuen Einschätzungen des Heiligen Römischen Reichs. In der DDR galt es als zum Untergang verurteilte Feudalherrschaft ohne Bedeutung für die Gegenwart, während in der Bundesrepublik das Interesse allmählich wieder erwachte. Katholische Historiker interessierten sich dafür, weil sie darin eine Alternative zum katastrophengeplagten preußisch dominierten protestantischen Reich sahen. Und der Korporativismus des Alten Reichs machte es auch für all jene attraktiv, die starke, christlich geprägte Sozialstrukturen als Bollwerk gegen ein Wiederaufleben des Nationalsozialismus wie auch gegen die Ausbreitung des Kommunismus setzen wollten.

Vor allem aber passte die Geschichte des Alten Reichs gut zum neu sich bildenden Narrativ der Bundesrepublik Deutschland als eines postnationalen, europäischen Staats. Von den 1950er-Jahren an legten westdeutsche Historiker wie Heinrich Lutz, Konrad Repgen und Karl Otmar von Aretin die Fundamente für eine neue Sicht auf das Reich in der Frühmoderne. Seitdem ist mehr dazu geforscht worden als je zuvor, ohne dass es indes größere Resonanzen gegeben hätte. Trotz höchst erfolgreicher großer Ausstellungen in Berlin und Magdeburg zum 200. Jahrestag der Auflösung des Reichs lassen sich nur schwer Hinweise darauf finden, dass dessen Geschichte für die deutsche Öffentlichkeit von Bedeutung ist. Auch Kenntnisse darüber sind so gut wie nicht vorhanden.

In Österreich ist die Lage kaum anders. Hier gab es nach 1945 eine entschiedene Abwendung von der gemeinsamen Geschichte. Das Interesse der Gelehrten am Heiligen Römischen Reich lebte später auf als in der Bundesrepublik, und es war auch begrenzter. Die österreichische Geschichtsschreibung spielt die Bedeutung des Reichs für die Entwicklung Österreichs zur Großmacht immer noch herunter. Im Übrigen war für Deutsche wie Österreicher allein schon der Begriff *Reich* nach 1945 völlig diskreditiert.

Es stellt sich also die Frage, wie ernst die Bezugnahme auf das Alte Reich in gegenwärtigen Narrativen zu nehmen ist – insbesondere in solchen über Europa mit einem postnationalen Deutschland als Mittelpunkt? Wie weit tragen die Argumente über die Bedeutung des Reichs für die Gegenwart? Kann das Heilige Römische Reich wirklich als Modell für Europa dienen? Es gehört doch zur Vergangenheit und ist nun einmal nicht wiederzubeleben.

Andererseits lässt sich nicht bezweifeln, dass seine Gesetzes- und Rechtstraditionen mitsamt den Traditionen, die in anderen Ländern Europas entstanden, zur Entwicklung des modernen Europas beigetragen haben. Angesichts der Tatsache, dass der Beitrag der deutschen Gesellschaft zu westlichen Ideen von Demokratie und Freiheit von der deutschen Geschichtsschreibung so häufig geleugnet worden ist, muss selbst das als wichtige Einsicht gewertet werden.

Unvermeidlicherweise dürfte das Alte Reich, mit oder ohne öffentliche Resonanz, auf die eine oder andere Weise in den von Historikern und anderen Kommentatoren konstruierten Narrativen weiterleben. Wenn die Europäische Union ihre derzeitige Krise überwindet, könnten die Hinweise auf Parallelen zwischen dem Alten Reich und Europa wieder an Popularität gewinnen. Und wenn die EU zerbricht, läge ein anderer Vergleich nahe: Das Scheitern des Heiligen Römischen Reichs wäre dann als das Exempel zu sehen für das Scheitern der EU. Historische Narrative werden immer durch gegenwärtige Ereignisse geprägt.

Doch kann das alles nicht von den tatsächlichen Errungenschaften des Reichs ablenken. Sein mehrschichtiges Regierungssystem legte das Fundament für eine Föderation von Territorien, die sich als überaus dauerhaft erwies, wie auch für die regionale und kulturelle Vielfalt, die damit einherging. Die große Anzahl von höfischen und städtischen Zentren, die Ambitionen von Fürsten und der Stolz freier Städte sorgten für ausgedehnte Patronage in allen Bereichen kultureller Produktion.

Schon in seinem frühen Stadium war das Reich für die Mitte Europas ein den Frieden sicherndes System und entwickelte trotz vieler Spannungen Mechanismen der Konfliktbewältigung, die den kleineren Territorien das Überleben an der Seite der größeren ermöglichten. Das Reich war keineswegs frei von inneren Konflikten und sogar Bürgerkriegen, doch liefen diese unvermeidlicherweise auf die Wiederherstellung der Einheit hinaus. Das Reich setzte auf Verhandlungen und Kompromisse, statt auf Krieg und Gewalt. Es entwickelte bemerkenswerte allgemein verbindliche Rechtsinstitutionen und einen umfangreichen Korpus an Gesetzen, der die Untertanen des Reichs schützte. Neben der Schweiz war das Reich das einzige europäische Gemeinwesen, das eine dauerhaft zufriedenstellende Lösung für die religiösen Spaltungen des 16. Jahrhunderts fand.

Das Reich währte weitaus länger als jeder darauffolgende deutsche Staat und bleibt in dieser Hinsicht das erfolgreichste politische Gemeinwesen der deutschen Geschichte. Vor allem aber bildete es den Rahmen aus, innerhalb dessen sich deutsche Sprache und Identität im Verlauf von eintausend Jahren herausbilden konnten. Das Heilige Römische Reich, das als fränkisches Königreich begann, endete als ein wahrhaft deutsches Reich.

Literatur

Abulafia, David: Herrscher zwischen den Kulturen. Friedrich II. von Hohenstaufen, Berlin 1991.

Althoff, Gerd: Otto III. (Gestalten des Mittelalters und der Renaissance), Darmstadt 1996.

Ders.: Heinrich IV. (Gestalten des Mittelalters und der Renaissance), Darmstadt 2013.

Arnold, Benjamin: Medieval Germany, 500–1300: A Political Interpretation, Toronto 1997.

Becher, Matthias: Merowinger und Karolinger, Darmstadt 2009.

Blanning, Timothy C.W.: The French Revolution in Germany: Occupation and Resistance in the Rhineland 1791–1802, Oxford 1983.

Ders.: Das alte Europa 1660–1789. Kultur der Macht und Macht der Kultur, Darmstadt 2006.

Ders.: The Holy Roman Empire of the German Nation Past and Present, in: Historical Research LXXXV (2012), S. 57–70.

Ders.: Frederick the Great: King of Prussia, London 2015.

Brady, Thomas A.: German Histories in the Age of Reformations, 1400–1650, Cambridge 2009.

Clark, Christopher: Preußen. Aufstieg und Niedergang 1600–1947, München 2007.

Coy, Jason Phillip (Hg.): The Holy Roman Empire, reconsidered, New York 2010.

Dixon, Scott C.: Contesting the Reformation, Oxford 2012.

Fichtner, Paula S.: Emperor Maximilian II, New Haven 2001.

Dies.: Terror and Toleration: The Habsburg Empire confronts Islam, 1526–1850, London 2008.

Forster, Marc R.: Catholic Germany from the Reformation to the Enlightenment, Houndmills 2007.

Freed, John: Frederick Barbarossa: The Prince and the Myth, New Haven 2016.

Friedeburg, Robert von: Luther's Legacy: The Thirty Years War and the Modern Notion of 'State' in the Empire, 1530s to 1790s, Cambridge 2016.

Fuchs, Ralf-Peter: The supreme court of the Holy Roman empire, in: The Sixteenth-Century Journal XXXIV (2003), S. 9–27.

Fuhrmann, Horst: Deutsche Geschichte im hohen Mittelalter, von der Mitte des 11. bis zum Ende des 12. Jahrhunderts, Göttingen 1978.

Gagliardo, John G.: Reich and Nation: The Holy Roman Empire as Idea and Reality, 1763–1806, Bloomington 1980.

Greengrass, Mark: Das verlorene Paradies, Europa 1517–1648, Darmstadt 2018.
Gross, Hanns: Empire and Sovereignty: A History of German Public Law Literature in the Holy Roman Empire, 1599–1804, Chicago 1973.
Haverkamp, Alfred: Aufbruch und Gestaltung, Deutschland 1056–1273, München 1984.
Heal, Bridget: The cult of the Virgin Mary in early Modern Germany: Protestant and Catholic piety, 1500–1648, Cambridge 2007.
Dies.: A Magnificent Faith: Art and Identity in Lutheran Germany, Oxford 2017.
Hirschi, Caspar: The Origins of Nationalism: An Alternative History from Ancient Rome to Early Modern Germany, Cambridge 2012.
Hughes, Michael: Law and Politics in Eighteenth-Century Germany: The Imperial Aulic Council in the Reign of Charles VI., Woodbridge 1988.
Jaspert, Nikolas: Die Kreuzzüge, Darmstadt 2013.
Körntgen, Ludger: Ottonen und Salier, Darmstadt 2013.
Kunisch, Johannes: Friedrich der Große. Der König und seine Zeit, München 2005.
Leppin, Volker: Martin Luther, Darmstadt 2017.
Ders.: Die Reformation, Darmstadt 2017.
Leyser, Karl: Medieval Germany and its neighbours, 900–1250, London 1982.
McKitterick, Rosamond: Karl der Große (Gestalten des Mittelalters und der Renaissance), Darmstadt 2008.
The New Cambridge Medieval History, 7 Bde. (Cambridge, 1995–2005).
Nicholas, David: The Northern Lands: Germanic Europe, c. 1270–c. 1500, Oxford 2009.
Pusell, Brennan C.: The Winter King: Frederick V. of the Palatinate and the Coming of the Thirty Years War, Aldershot 2003.
Reuter, Timothy: Germany in the Early Middle Ages, c. 800–1056, London 1991.
Rublack, Ulinka: Die Reformation in Europa, Frankfurt am Main 2003.
Scales, Len: Late Medieval Germany: An Under-Stated Nation?, in: Len Scales, Oliver Zimmer (Hgg.): Power and the Nation in European history, Cambridge 2005, S.166–191.
Ders.: The Shaping of German Identity: Authority and Crisis, 1245–1414, Cambridge 2012.
Scott, Tom: Society and Economy in Germany, 1300–1600, Houndmills 2002.
Stollberg-Rilinger, Barbara: Des Kaisers alte Kleider. Verfassungsgeschichte und Symbolsprache des Alten Reichs, München 2013.
Todd, Malcolm: Die Germanen, Stuttgart 2000.

Weinfurter, Stefan: Das Jahrhundert der Salier 1024–1125: Kaiser oder Papst?, Ostfildern 2008.
Wilson, Peter H.: From Reich to Revolution: German history 1558–1806, Basingstoke 2004.
Ders.: Still a monstrosity? Some Reflections on Early modern German Statehood, in: The Historical Journal (2006), S. 565–76.
Ders.: Prussia's relations with the Holy Roman Empire, 1740–1786, in: The Historical Journal LI (2008), S. 337–71.
Ders.: The Holy Roman Empire: A Thousand Years of Europe's History, London 2016.
Ders.: Der Dreißigjährige Krieg. Eine europäische Tragödie, Darmstadt 2017.
Whaley, Joachim: Thinking about Germany 1750–1815: The Birth of a Nation?, in: Publications of the English Goethe Society NS LXVI (1996), S. 53–72.
Ders.: Reich, Nation, Volk: Early Modern Perspectives, in: Modern Language Review (2006), S. 442–55.
Ders.: The Old Reich in Modern Memory: Recent Controversies Concerning the ‚Relevance' of Early Modern German History, in: David Midgley, Christian Emden (Hgg.): German History, Literature and the Nation (Selected Papers from the Conference The Fragile Tradition, Cambridge 2002, Bd. 2), Oxford 2004, S. 25–49.
Ders.: The Transformation of the Aufklärung: From the Idea of Power to the Power of Ideas, in: H.M. Scott, B. Simms (Hgg.): Cultures of Power, Cambridge 2007, S. 158–79.
Ders.: A German Nation? National and confessional identities before the Thirty Years War, in: R.J.W. Evans, Michael Schaich, Peter H. Wilson (Hgg.): The Holy Roman Empire 1495–1806, Oxford 2011, S. 303–321.
Ders.: Das Heilige Römische Reich deutscher Nation und seine Territorien, 1493–1806, 2. Bd., Darmstadt 2014.
Ders.: Hier existiert noch das alte heilige deutsche Reich: The Legacy of the Holy Roman Empire and the Unity of Germany, in: Publications of the English Goethe Society LXXXIII (2014), S. 1–21.
Ders.: Wahre Aufklärung kann erreicht und segensreich werden: The German Enlightenment and its Interpretation, in: Oxford German Studies XLIV (2015), S. 428–448.
Wolfram, Herwig: Konrad II. 990–1039. Kaiser dreier Reiche, München 2000.

Das Reich im Hochmittelalter
Königreich Sizilien
Grenze des Byzantinischen Reiches 1204
KGR. SCHWEDEN
Schwertbrüder-orden 1202
Deutscher Orden 1237
Riga
KGR. DÄNEMARK
Ostsee
Kopenhagen
Nordsee
Fstm. Litauen
Deutscher Orden 1226/30
Hzm. Pommern
Lübeck
Elbe
Kulmer-land
Hzm. Masowien
Gnesen
Braunschweig
Magdeburg
Hzm. Sachsen
Rhein
KGR. POLEN
HEILIGES RÖMISCHES REICH
Liegnitz
1241
Aachen
Köln
Frankfurt
Mainz
Trier
Eger
Prag
Krakau
KGR. BÖHMEN
Mähren
Trifels
Nürnberg
Regensburg
Hagenau
Straßburg
Augsburg
Wien
Hzm. Schwaben
Basel
Konstanz
Steiermark
Ofen
Pest
Kärnten
KGR. UNGARN
BURGUND
Trient
Cortenuova
1237
Lyon
Drau
Mailand
1248
Venedig
Turin
Po
Parma
Genua
Bologna
Belgrad
Arles
Rimini
Pisa
Florenz
Ancona
Marseille
Jesi
KGR. SERBIEN
Spoleto
Adria
Korsika [genuesisch]
1241
Monte-cristo
Tagliacozzo
Rom
Ceprano
Aquino
Lucera
Capua
Benevent
Neapel
Castel del Monte
Salerno
Melfi
Brindisi
Lecce
Otranto
Sardinien
Korfu
Despotat Epirus
KGR. SIZILIEN
Mittelmeer
Palermo
Messina
Monreale
Cefalú
Fstm. Achaia
Sizilien
Syrakus
REICH DER ALMOHADEN
Tunis

Joachim Whaley / Johann Chapoutot

Unsere Geschichte
800 bis heute

Univ.-Prof. Dr. Johann Chapoutot, geb. 1978, studierte Geschichte, Germanistik und Jura in Paris und Berlin und promovierte an der Université Paris I Panthéon Sorbonne und der TU Berlin. Er ist seit 2016 Professor an der Universität Paris-Sorbonne. Chapoutot ist Zeithistoriker und forscht multidisziplinär auf dem Gebiet der politischen und kulturellen Geschichte, mit Schwerpunkt Deutschland und europäischer Moderne. 2015 erhielt er für sein Buch ›Das gesetz des Blutes‹ den ›Yad Vashem Book Prize for Holocaust Studies‹.

Johann Chapoutot

Unsere Geschichte

1806 bis heute

Aus dem Französischen
von
Walther Fekl

THEISS

Abbildungsnachweis:
Alle Abbildungen: akg-images. Karten: Peter Palm, Berlin

Die französische Originalausgabe dieses Teils
erschien unter dem Titel *Histoire de l'Allemagne.*
1806 à nos jours bei puf, 2014

Die Deutsche Nationalbibliothek verzeichnet diese Publikation
in der Deutschen Nationalbibliografie; detaillierte bibliografische Daten
sind im Internet über http://dnb.d-nb.de abrufbar.

Der Theiss Verlag ist ein Imprint der WBG
(Wissenschaftliche Buchgesellschaft), Darmstadt

Umschlaggestaltung: Harald Braun, Berlin
Redaktion: Kristine Althöhn, Mainz
Satz: Vollnhals Fotosatz, Neustadt a. d. Donau
Die Herausgabe des Werkes wurde durch die Vereinsmitglieder
der WBG ermöglicht.
Gedruckt auf säurefreiem und alterungsbeständigem Papier
Printed in Germany

Besuchen Sie uns im Internet: www.wbg-wissenverbindet.de

ISBN 978-3-8062-3709-2

Elektronisch sind folgende Ausgaben erhältlich:
eBook (PDF): 978-3-8062-3710-8
eBook (epub): 978-3-8062-3711-5

Inhalt

Einleitung

Die Franzosen wundern sich seit jeher über die Deutschen. Voltaire machte sich über die deutschen Staaten lustig, „die man in einer halben Stunde zu Fuß umrunden kann". Jeder von ihnen sei Eigentum eines souveränen Fürstleins, das in seinem Herzogtum, seiner Grafschaft, seiner Land- oder Markgrafschaft mit seinem kleinen Versailles, seinem Theater und seiner Universität den König mit Allongeperücke spiele.

Als Gast Friedrichs des Großen in einem Potsdam, das er als „Mischung von Sparta und Athen" beschreibt, in dem man „alle Tage Soldaten und Verse schmiedet", entdeckt dieser Bewohner eines seit dem 12. Jahrhundert vereinten großen Königreichs ein vielgestaltiges, zerstückeltes, sich auseinanderentwickelndes Deutschland. Es ist das Land des Westfälischen Friedens, dieses Schlussstrichs unter einen dreißigjährigen Religionskrieg (1618–1648), aber *de facto* auch unter die siebenhundertjährige Geschichte des Heiligen Römischen Reiches Deutscher Nation. Zwar existiert dieses *de jure* fort, aber lediglich als „irregulärer und einem Monstrum ähnlicher Körper", wie der Jurist Samuel Pufendorf 1667 resigniert feststellt. Die einzelnen Friedensschlüsse von Münster und Osnabrück haben das auf der Souveränität der Staaten beruhende westfälische System geschaffen, mit dem wir es heute noch zu tun haben: Das Heilige Römische Reich besteht weiter, aber die nunmehr 350 Einheiten, die es bilden, können Kriege führen und Friedensschlüsse aushandeln, Bündnisse schließen und aufkündigen – und das alles ohne Zustimmung des Kaisers, ja sogar gegen ihn ... Vorbei der Ehrgeiz Karls des Großen (800) oder Ottos I. (962), die wie auch ihre Nachfolger, die Hohenstaufen, von der Wiedererrichtung des Rö-

mischen Reiches träumten. Auf die *renovatio imperii* zielt der Titel ab, den die Kaiser trugen: Man bezeichnete sie als „römischer Kaiser“ bzw. *imperator romanus.*

Die Auflösung des Reichs hat einen langen Vorlauf hinter sich: Angefangen bei den Auseinandersetzungen über die Erbfolge-Streitigkeiten war es harten Belastungsproben ausgesetzt, bis hin zur letzten, der religiösen Teilung. Im Jahr 1517 veröffentlicht ein von den Sünden der Kirche angewiderter katholischer Priester und Mönch 95 Thesen, um diese auf den Weg der Besserung zu bringen. Er wird vom Papst exkommuniziert und 1521 von Karl V. für vogelfrei erklärt. Seit den 1520er-Jahren wird die Kirche von Religionskriegen zerrissen. Mit dem Religionsfrieden von Augsburg (1555) wird aus der religiösen auch eine territoriale Spaltung: Das später auf die Formel *Cuius regio, eius religio* gebrachte Prinzip (die Religion des Fürsten soll auch die seiner Untertanen sein) bestätigt, dass es zwei durchaus legitime Religionen gibt. In den Augen der katholischen Kaiser ist das ein frevelhaftes Prinzip und sie werden im Dreißigjährigen Krieg versuchen, den wahren Glauben und die Einheit von Reich und katholischer Kirche wiederherzustellen. Das Ergebnis ist bekannt: die 1648 erfolgte Pulverisierung des Reichs und der dauerhafte Gegensatz zwischen einem katholischen Deutschland im Süden und Westen und einem protestantischen Deutschland im Osten und im Norden.

Dieser kulturelle Gegensatz wird zu einem politischen. Das katholische Deutschland orientiert sich an Bayern und vor allem an Österreich mit seiner Hauptstadt Wien, in der der Habsburger Kaiser residiert. Das protestantische Deutschland blickt mehr auf einen aufstrebenden jungen Staat, ein ehrgeiziges Kurfürstentum, aus dem 1701 ein Königreich geworden ist: Preußen. Schon im 18. Jahrhundert tritt die österreichisch-preußische Rivalität offen zutage. Diese wird nicht zuletzt verursacht durch einen jungen, philosophisch orientierten König, einen aufgeklärten absolutistischen Herrscher, der Amateurmusiker und hervor-

ragender Stratege zugleich ist: Friedrich II., der schon kurz nach seiner Thronbesteigung 1740 das österreichische Schlesien angreift. Dies ist der Anfang von 23 Jahre andauernden Auseinandersetzungen, die im Siebenjährigen Krieg (1756–1763) gipfeln. Dieser bringt Preußen an den Rand des Ruins, endet aber mit dem Triumph Friedrichs. Seine 46-jährige Regentschaft prägt seine Zeitgenossen, die den Philosophen bewundern und den General fürchten, die der Machtmensch aber in Angst und Schrecken versetzt. Friedrich spricht ausschließlich Französisch, denn Deutsch ist für ihn „ein barbarischer Jargon, gerade noch geeignet, um mit seinen Pferden zu sprechen". Mitunter bedient er sich aber sehr wohl der Landessprache: „Hunde, wollt Ihr ewig leben?", soll er beispielsweise seinen Männern 1757 bei Kolin zugerufen haben. Für dieses schöne Zitat gibt es zwar keine Bestätigung, doch sagt es einiges über das Bild aus, das sich ein stoischer und menschenfeindlicher König Preußens von seinem Land des Pflichtbewusstseins machte. Über Generationen vererbt und überhöht, sollte aus diesem Bild ein Ethos werden.

Neben der Kleinstaaterei gilt der Militarismus als Charakteristikum „Deutschlands": „Das ist kein Staat, der über eine Armee verfügt, sondern eine Armee, die über einen Staat verfügt", schreibt Mirabeau 1786, im Todesjahr des „Alten Fritz", über Preußen: ein Klischee, neben vielen anderen, die alle ihr Quantum Wahrheit enthalten, diese aber karikatural überzeichnen. Ein freundlicherer Topos preist das „Land der Dichter und Denker". Germaine de Staël ist die große Bewunderin dieses Deutschlands, freilich mit sanft ironischem Unterton, wenn sie beispielsweise über die Deutschen schreibt: „J.P. Richter, einer ihrer herausragenden Schriftsteller, hat festgestellt, das Meer sei das Reich der Engländer, die Erde das der Franzosen, das der Deutschen seien die Lüfte." Deutschland, das Land einer mitunter nebulösen Metaphysik, sei zwangsläufig „von Natur aus literarisch und philosophisch", andernfalls würde man sich unter den schweren Wolken

des Nordens zu Tode langweilen. Wie der Regen, so tröpfle auch die Zeit vor sich hin, „kein Laut unterbricht das einsame Nachdenken". Man lese gerne in Deutschland, mehr übrigens als in Österreich, was offenkundig kulturell und religiös begründet sei: *sola scriptura*, allein (durch) die Schrift, war die Botschaft eines Martin Luther, der die Bibel in eine für alle verständliche Sprache übersetzt hatte, auf dass jeder sein eigener Priester werde und keines Vermittlers zwischen dem „Christenmenschen" und dem Himmel bedürfe. Die Fähigkeit zu lesen macht spektakuläre Fortschritte im Lauf der Zeit, und darauf kann sich dann die Aufklärung stützen, die der höchst preußische Immanuel Kant 1784 in einer berühmt gewordenen Formel definiert: „*Sapere aude*. Habe Mut, dich deines eigenen Verstandes zu bedienen! ist also der Wahlspruch der Aufklärung."

Kant knüpft damit an einen anderen Topos an, den der „deutschen Freiheit", die nicht nur die Deutschen selbst preisen, sondern auch ausländische politische Theoretiker, unter ihnen die Franzosen Boulainvilliers und Montesquieu. „Es ist so bequem, unmündig zu sein", klagt Kant ebenso wie Goethe, wenn er gegenüber Eckermann von den Kindern spricht, die vor seinem Fenster „rumlaufen", und mahnt, man solle sie spielen lassen, „die Johannesfeuer nicht verbieten und den lieben Kindern die Freude daran nicht verderben". Die Jugend werde gemaßregelt, um „Philister" heranzuziehen. Goethe, der die Französische Revolution bewundert, ist tief besorgt über Restauration und bürgerliches Philistertum. Es herrschen Konformismus, autoritäre Verhaltensweisen und Konservatismus. Damit ist für einige der deutsche „Sonderweg" durch dieses 19. Jahrhundert, in dem die 1848er-Revolution scheitert, bereits vorgezeichnet und auch alles Weitere ist in dieser teleologischen Betrachtungsweise bereits klar: die Krise der Weimarer Republik und Hitler. Darüber wird etwas vorschnell vergessen, dass es auch eine deutsche Geschichte nach 1945 gibt, die einer freiheitlichen Demokratie im besten politi-

schen Wortsinn, um die Frankreich die Deutschen nur beneiden kann. Man darf nicht verkennen, dass auch diese Geschichte wohl etwas früher als 1945 beginnt. Da ist vor allem die universalistische Traditionslinie, denn Aufklärung und deutscher Humanismus heben nicht ab auf „Weltpolitik" und erst recht nicht auf „Weltherrschaft", sondern auf den Kant'schen „Weltbürger" und auf die „Weltliteratur", an der Goethe so viel lag, diese allen gemeinsame Sprache, verständlich für jeden, für „schlechthin jedes Individuum, bloß als solches, und dadurch, dass es menschliches Angesicht trägt" (Fichte).

Es ist auch eine Freiheitsgeschichte: Das lehrt uns die Aufklärung, aber auch Luther, der uns auffordert, selbst zu lesen, bevor uns dann Kant dazu anhält, selbst zu denken. Die Häufigkeit, mit der die „deutsche Freiheit" – Freiheit für den Einzelnen wie für die Nation – immer wieder thematisiert wird, macht deutlich, dass sie einen Schlüssel für die historische Interpretation, einen Leitfaden durch die deutsche Geschichte liefert. „Einigkeit und Recht und Freiheit" sind die drei ersten Begriffe eines Textes, der 1949 zur Hymne der Bundesrepublik wurde – und 1990 zur Nationalhymne –, der aber bereits 1840 entstand. Er ersetzt nun glücklicherweise dieses „Deutschland über alles", das allerdings ursprünglich auch keinen Herrschaftsanspruch geltend machen wollte, sondern den Willen nach Einheit ausdrückte, das Verlangen nach einer auf Recht und Freiheit gegründeten Nation: ein altes Ziel, das 1813 formuliert, 1817 und 1848 bekräftigt und 1990 eingelöst wurde.

Der „Krieg der Völker"

Geburt einer Nation? (1806–1815)

„Von hier und heute geht eine neue Epoche der Weltgeschichte aus." Diesen prophetischen Satz will ein faszinierter Goethe am Abend der Kanonade von Valmy gesagt haben. So steht es jedenfalls in seiner „Kampagne in Frankreich". Er begleitet 1792 Herzog Karl-August von Sachsen-Weimar in den Krieg gegen Frankreich und wird so Zeuge der Niederlage der preußischen Armee und der deutschen Koalitionstruppen im Krieg gegen die Arme-Leute-Armee der Französischen Revolution. Die einen kämpfen für ihre Fürsten, die anderen mit dem Schrei „Es lebe die Nation!" auf den Lippen. Doch was ist das: die Nation?

Seit 1789 verfolgen die deutschen Intellektuellen mit großer Leidenschaft die Ereignisse in Frankreich. Kant veranlassen diese gar dazu, seinen täglichen Spaziergang zu modifizieren, der junge Hegel begeistert sich ebenso wie Schiller für die neue Art, über Politik nachzudenken und Politik zu machen: Der Mensch ist nicht länger Untertan, sondern Bürger. Ein Volk ist nicht das Erbteil eines Erbfürsten, sondern eine souveräne Nation, eine Gesellschaft, die auf einem Gesellschaftsvertrag, wie Rousseau ihn befürwortete, gründet. Der Republik hängt man aus freien Stücken an, man bildet eine Gesellschaft auf vertraglicher Grundlage und Deutsche werden zu Franzosen, wie Johann Baptiste de Cloots, ein ehemaliger preußischer Kadett, aus dem der französische Citoyen und ein Mitglied der *Convention* Anarchis Cloots wird. Das geschieht ausgerechnet zu dem Zeitpunkt, an dem im August 1792 der Herzog von Braunschweig im Namen der deutschen Fürsten dem Volk von Paris dessen Vernichtung ankündigt.

Nachdem Valmy die Überlegenheit der Idee der Nation über die alten Monarchien bewiesen hat, schließt Preußen 1795 Frieden mit Frankreich und Kant formuliert die Bedingungen eines ewigen Friedens. In seinem philosophischen Entwurf *Zum ewigen Frieden* überträgt er die republikanischen Prinzipien auf einen zu errichtenden „Völkerbund" oder „Völkerstaat". 1801 unterzeichnet Österreich mit dem Ersten Konsul den Frieden von Lunéville. Die Fürstenkoalitionen können nichts dagegen ausrichten, dass Frankreich überall militärisch siegt, abgesehen von Trafalgar. Gleichwohl bricht 1805 erneut der Krieg aus, weil sich eine dritte Koalition gegen den französischen Störenfried bildet. Österreich greift erneut zu den Waffen, gefolgt von Preußen. Die Österreicher werden bei Ulm geschlagen und die Russen bei Austerlitz. Der Sieger, Napoleon, macht sich daran, den europäischen Raum nach seinen Vorstellungen umzugestalten: 16 west- und süddeutsche Staaten erklären am 1. August 1806 ihren Austritt aus dem Heiligen Römischen Reich Deutscher Nation und bilden den mit Frankreich verbündeten Rheinbund. Franz II. legt am 6. August 1806 die kaiserlichen Insignien ab und vollzieht damit das Ende des Heiligen Römischen Reichs. Gleichzeitig ruft er sich zum österreichischen Erbkaiser aus. Der Kleine Triumphbogen in Paris (du Carrousel) trägt seit 1808 die Inschrift: „Als der Sieger von Austerlitz seine Stimme erhebt, geht das Deutsche Reich unter."

Daraufhin kündigt der preußische König Friedrich-Wilhelm III. den Frieden auf und tritt der Bedrohung durch Frankreich entgegen. Doch am 14. Oktober schlägt die französische Armee die Preußen vernichtend bei Jena und Auerstedt in Thüringen. Bereits am 27. Oktober zieht Napoleon in Berlin ein.

Der Krieg gegen Russland wird seinerseits noch bis Juni 1807 dauern. Nachdem sie bei Eylau in Schach gehalten werden, schlagen die Franzosen die Russen bei Friedland, also in eben jenem Ostpreußen, in das sich König Friedrich-Wilhelm zurückgezogen hat. Dieser spielt lediglich eine Statistenrolle bei den Friedensver-

... am Anfang war Napoleon: „Entrée de Napoléon à Berlin, 27 octobre 1806", nach der siegreichen Schlacht bei Jena und Auerstedt. Gemälde von Charles Meynier.

handlungen. Napoleon und der Zar führen ihre Verhandlungen in der Nähe von Tilsit, auf einem Schiff auf dem Njemen, der seinerseits die Grenze zwischen Preußen und Russland bildet. Am 9. Juli wird der Frieden von Tilsit geschlossen, der das Ende der vierten Koalition gegen Frankreich besiegelt, aber auch das Ende Preußens als Großmacht. Das Erbe Friedrichs II. ist damit verspielt. Das Königreich schrumpft von 330 000 auf 160 000 qkm, auch seine Bevölkerung wird mehr als halbiert (von 10 auf 4,5 Millionen). Preußen muss Kriegskontributionen in Höhe von 120 000 Francs bezahlen (was in etwa 50 Mrd. Euro entspricht) und zudem seine Armee von 190 000 auf 42 000 Mann verkleinern. Französische Truppen werden Preußen bis Dezember 1808 besetzt halten, einige kasernierte Garnisonen werden aber darüber hinaus in Küstrin, Stettin und Glogau stationiert bleiben. Das nunmehr mit Frank-

reich verbündete Preußen wird seinen guten Willen unter Beweis stellen müssen: zum einen, indem es der Großen Armee Leute zuführt, und zum anderen durch konsequente Durchführung der Kontinentalsperre, die Napoleon am 21. November 1806 von Berlin aus per Dekret über England verhängt und unter der die deutschen Hansestädte schwer zu leiden haben.

Die Preußen sind völlig entgeistert angesichts des Debakels, zugleich fasziniert vom Sieger und entsetzt über den Zustand völliger Auflösung ihrer Armee, den die Niederlage enthüllt. So schreibt der junge Dramatiker Heinrich von Kleist kurz nach der Schlacht von Jena und Auerstedt an seine Schwester: „Ich leide an Verstopfungen, Beängstigungen, schwitze und phantasiere [...]. Wir sind die unterjochten Völker der Römer."

Johann Gottlieb Fichte, zunächst Professor in Jena und Erlangen, entfaltet ab 1808, nunmehr in Berlin, ähnliche Anschauungen in seinen bestens besuchten Vorlesungen *Reden an die deutsche Nation*, die auch rasch veröffentlicht werden. Der Kant-Schüler zählt zwar zu den Verehrern der Französischen Revolution, hat aber nichts übrig für die „bewaffneten Missionare", die auch Robespierre schon kritisierte. Tief erschüttert von der Niederlage und Demütigung Preußens unternimmt er es, den Begriff Nation nunmehr gegen Frankreich zu wenden. Für ihn bilden die Deutschen noch viel mehr als die Franzosen eine Nation, und zwar im ganz ursprünglichen Wortsinn, denn nur sie sind ihrer Herkunft und ihrem Wesen treu geblieben. Nur sie bilden ein authentisches Volk, das sich nicht vermischt und verunreinigt hat, im Unterschied zu den Franzosen, dieser Mischung aus Franken, Galliern und Römern. Die Franzosen sind lediglich die letzte Erscheinungsform des alten römischen Imperialismus, dessen ausführende Organe einst die Legionäre des Augustus waren, dann die Priester der katholischen Kirche und die Armeen Ludwigs XIV. Deutschland bedeutet dagegen Ursprung und Freiheit. Fichte wiederholt damit lediglich die Ausführungen von Tacitus in seiner *Germania* (*De*

origine et situ Germanorum) aus dem ersten nachchristlichen Jahrhundert, die in der Renaissance wiederentdeckt wurde. Mit diesem Werk prägte Tacitus die Stereotype, derer sich die Schöpfer des deutschen Nationalgefühls im 19. Jahrhundert bedienen werden: Die stolzen und freien Germanen sind ein ursprüngliches Volk, das auf seiner angestammten Erde siedelt, viel Bier trinkt und tüchtige Krieger hervorbringt. So wie Arminius im Jahr 9 unserer Zeitrechnung die Legionen des Varus geschlagen hat, so wird ein neuer Hermann Napoleon besiegen. Eine Nation gründen und sie in die Zukunft projizieren bedeutet auch, ihre Vergangenheit zu erforschen und ihre Persönlichkeit und ihr geistiges Wesen gewissermaßen von ihren Lippen abzulesen, sie aus ihrer mündlichen Überlieferung entstehen zu lassen. So veröffentlichen die Schriftsteller Achim von Arnim und Clemens Brentano im Jahr 1806 *Des Knaben Wunderhorn*, eine Sammlung von Erzählungen und Volksliedern, während ihre Mitarbeiter, die Philologen Jacob und Wilhelm Grimm, ihrerseits ab 1812 ihre Sammlung von *Kinder- und Hausmärchen* herausgeben. Es folgen bis zu ihrem Tod Anfang der 1860er-Jahre weitere Werke wie eine *Deutsche Mythologie*, das *Deutsche Wörterbuch* (abgeschlossen 1961) und die *Deutsche Grammatik*. Die Philologie und eine auf das eigene Volk bezogene Ethnologie verschaffen Zugang zur Volksseele und begründen eine neue Wissenschaft, die „Volkskunde".

„Am Anfang war Napoleon." Mit diesen Worten ließ Thomas Nipperdey 1983 mit einigem Fug und Recht seine monumentale *Deutsche Geschichte 1800–1866* beginnen. Die Franzosen würde man nur mit ihren eigenen Mitteln schlagen können. Der in Jena unterrichtende Hegel verfolgt die Begegnung Napoleons mit Goethe. Im Kaiser sieht der von der Französischen Revolution faszinierte Hegel gar den „Weltgeist zu Pferde", denjenigen, der die Geschichte macht. Ein preußischer General, nämlich Carl von Clausewitz, sucht Strategie und Taktik des Korsen zu ergründen. Hohe Beamte denken intensiv darüber nach, welche Refor-

men nötig sind, um Preußen zu einem ebenbürtigen Zeitgenossen Frankreichs zu machen. In einer geheimen Denkschrift für den König *Über die Reorganisation des Preußischen Staats*, die er in seinem Exil in Riga verfasst, schreibt der ehemalige preußische Außenminister Karl August von Hardenberg:

> Die Französische Revolution, wovon die gegenwärtigen Kriege die Fortsetzung sind, gab den Franzosen unter Blutvergießen und Stürmen einen ganz neuen Schwung. [...] Der Wahn, dass man der Revolution am sichersten durch Festhalten am Alten und durch strenge Verfolgung der durch solche geltend gemachten Grundsätze entgegenstreben könne, hat besonders dazu beigetragen, die Revolution zu befördern und derselben eine stets wachsende Ausdehnung zu geben. [...] Also eine Revolution im guten Sinn, [...] das ist unser Ziel, unser leitendes Prinzip. Demokratische Grundsätze in einer monarchischen Regierung: Dieses scheint mir die angemessene Form für den gegenwärtigen Zeitgeist.

Nach seiner Ernennung zum Staatskanzler Preußens wird Hardenberg zu einem der Reformer, die eine Revolution von oben anstreben, mit dem Ziel, Preußen wieder seinen Rang als bedeutende europäische Macht zu verleihen. Er schart ein paar Dutzend hohe Militärs, Spitzenbeamte und Politiker um sich und seinen Mitstreiter und Amtsvorgänger von 1807–1808, den Freiherrn Karl vom und zum Stein. Zu diesen zählen insbesondere die Generäle Scharnhorst und Gneisenau, der Diplomat und Gelehrte Wilhelm von Humboldt, der hohe Beamte Theodor von Schön. Sie beziehen ihre Anregungen aus Frankreich, aber auch aus England und Schottland, wo einige Denker wie Adam Smith den Wohlstand in Freiheit verheißen. Der Ostpreuße von Schön hat England auf einer Studienreise kennengelernt und tritt für die Aufhebung der Leibeigenschaft ein, die er als „Barbarei" betrachtet. Am 9. Oktober 1807 erklärt ein Edikt des Königs von Preußen („Oktoberedikt"), dass es ab dem Martinstag 1810 „in unseren sämtlichen Staaten [...] nur freie Leute" gibt (§ 12).

Paragraf 2 bestimmt: „Jeder Edelmann ist [...] befugt, bürgerliche Gewerbe zu treiben; und jeder Bürger oder Bauer ist berechtigt, aus dem Bauer- in den Bürger- und aus dem Bürger- in den Bauerstand zu treten." Damit ändert eine ganze Gesellschaft ihre Grundlage, was einen Junker, den Baron von der Recke, zu dem Ausbruch veranlasst, drei weitere Auerstedt seien ihm lieber als dieses Oktoberedikt. Die hartnäckige Lobby-Arbeit der Junker erwirkt beim König den Erlass des „Regulierungsedikts" vom 14. September 1811. Dadurch erhalten sie als Ersatz für ihren Verlust (die bisher unentgeltliche Arbeit der Leibeigenen) eine Entschädigung zwischen der Hälfte und dem Drittel des Werts der befreiten Gebiete. Die Bauern bezahlen mit Land oder in Geld. Viele werden dadurch zahlungsunfähig und treten ihr Land ab, ziehen in die Stadt und verstärken so den Zustrom an Arbeitern für eine entstehende Industrie. Die Junker streichen ihrerseits umgerechnet etwa 300 Millionen Euro ein sowie 5 Mio. ha Land. Bevor er auf Verlangen Napoleons entlassen wird, gelingt es vom Stein noch, am 19. November 1808 die Unterschrift unter das Edikt zu bekommen, mit dem die Gemeinde-Autonomie eingeführt wird: Städte, die noch nicht frei sind, werden es nun und entscheiden über ihre Gemeindesteuern, wählen ihren Gemeinderat und übernehmen die Verantwortung für die „Policey", sprich den Unterhalt der Schulen und Hospize sowie der Armen.

Hardenberg treibt die Liberalisierung der Gesellschaft noch weiter voran: Er schafft im Oktober 1811 die Zünfte ab und verleiht den Juden 1812 die vollen Bürgerrechte, freilich mit der Einschränkung, dass sie sich taufen lassen müssen, wenn sie Soldat oder Beamter werden wollen. Dies tun Tausende von ihnen, und beim Generationenwechsel wählen sie oft deutsche Vornamen: Bei den Mendelssohns etwa erhalten die Namen Paul, Arnold, Alexander, dann auch Carl, Ernst und Franz den Vorzug gegenüber den bisherigen wie Moses, Abraham, Joseph und Nathan.

Diese freiheitlichere Gesellschaft muss auch entsprechend erzogen und gebildet werden. Stein ernennt den Humanisten und Diplomaten Wilhelm von Humboldt, den Bruder des Forschers Alexander von Humboldt, zum Leiter der „Sektion des Kultus und des öffentlichen Unterrichts" im Innenministerium. Seine Idealvorstellungen sind auch die Kants: „das Lernen zu lernen" und die lebenslange Bildung. Er schafft das Humanistische Gymnasium, in dem vor allem Latein und Griechisch unterrichtet werden, daneben auch Mathematik, Deutsch und Geschichte. Lehr- und Stundenpläne werden vereinheitlicht und für die Einstellung von Lehrern und sonstigen Beamten wird ein „Staatsexamen" ins Leben gerufen. Pädagogische Hochschulen werden geschaffen, an denen sich oft ehemalige Unteroffiziere einschreiben. An die Spitze dieser Hierarchie des Wissens stellt Humboldt die neu geschaffene Berliner Friedrich-Wilhelms-Universität mit ihrem Rektor Fichte, an der sich am 6. Oktober 1810 die ersten Studenten einschreiben. Hier wird das Humboldt'sche Bildungsideal in Unterrichtspraxis umgesetzt in Gestalt des gemeinsamen Forschens von Professoren und Studenten und mit dem Wechsel von „Vorlesungen" und „Seminaren": „Darum ist auch der Universitätslehrer nicht mehr Lehrer, der Studierende nicht mehr Lernender, sondern dieser forscht selbst, und der Professor leitet seine Forschungen und unterstützt ihn darin." Das Binom Forschung und Lehre konkretisiert das Humboldt'sche Modell, das von nun an von Berlin aus in die ganze Welt ausstrahlt.

Auch die Armee unterliegt beträchtlichen Veränderungen. Der König entlässt alle Offiziere, die geflüchtet sind oder sich Napoleon zu schnell ergeben haben. Das alte preußische Modell hat sich als offenkundig mangelhaft erwiesen, und so wird die Armee nach französischem Vorbild „nationalisiert". Gerhard von Scharnhorst, ein General von bescheidener Herkunft, der erst 1804, im Alter von fast 50 Jahren, in den Adelsstand erhoben wurde, ist ein Militär mit viel Sinn für die französischen Neuerungen. Nach

seiner Ernennung zum Leiter der „Militärreorganisationskommission" und Kriegsminister versammelt er die Generäle von Gneisenau, von Clausewitz und von Boyen um sich, mit dem Ziel, Ideen für eine Militärreform zu entwickeln. Das neue Regelwerk vom 6. August 1808 öffnet die bislang dem Adel vorbehaltene Offizierslaufbahn für alle. Beförderungen erfolgen nicht mehr nach Dienstalter, sondern nach Verdiensten. Dazu gehört die Teilnahme an Fortbildungsmaßnahmen und das Ablegen von Prüfungen an den „Kriegsschulen" in Berlin, Königsberg und Breslau, die 1816 zur „Preußischen Kriegsakademie" zusammengefasst werden. Was Disziplinarmaßnahmen angeht, ist insbesondere die Abschaffung der körperlichen Züchtigung, die „Freiheit der Rücken", zu erwähnen, ein deutliches Zeichen für die Anlehnung an das französische Modell einer Bürgerarmee. Diese Entwicklung unterstreicht auch die Schaffung des Eisernen Kreuzes am 10. März 1813, einer militärischen Auszeichnung, die jedem verliehen werden kann. Einziges Kriterium ist der Mut, der bewiesen wurde. Eisen ist ein bescheidenes, unedles Material, und doch wird dieser Orden von allen stolz getragen werden, von den einfachen Soldaten ebenso wie von den Offizieren des neu beginnenden Kriegs gegen Napoleon. Der erst spät in den Adelsstand erhobene Scharnhorst weiß, was er an Leuten hat, die nicht dem Adel entstammen. Im Jahr 1786 gehörten 90 % der preußischen Offiziere dem Adel an. Die Niederlage von 1806 führte dazu, dass die Herkunft nunmehr gering geschätzt wird und der Kompetenz der Vorzug eingeräumt wird. Ein Jahrhundert später, im Jahr 1913, gehört nur noch ein Drittel der deutschen Offiziere dem Adel an.

Angesichts des Debakels, in dem Napoleons Russland-Feldzug endete, kündigte der König von Preußen seine Zwangsallianz mit Napoleon auf. Er folgte damit dem Beispiel zahlreicher Beamter und Militärs, die ihrem König nicht gehorchten, sondern sich auf die Seite des Zaren schlugen wie etwa General Yorck von Wartenberg, der im Dezember 1812 die preußischen Einheiten der

Grande Armée sich gegen Frankreich wenden hieß. Gneisenau bringt den König dazu, nach dem Vorbild des Frankreichs von 1792 das Volk von Preußen zu den Waffen zu rufen und so mit einer preußischen Tradition zu brechen, der zufolge nur Soldaten des Königs Krieg führten. Der Appell „An mein Volk" vom 17. März 1813 macht den „Befreiungskrieg" zum „Volkskrieg". Dessen Rückgrat ist die Landwehr, eine Volksarmee, deren Mitglieder entweder Freiwillige sind oder vom Los bestimmt werden. Die enge Verbindung von Armee und Volk wurde von Scharnhorst bestens vorbereitet. Dieser ließ sich zwecks Umgehung der Begrenzung auf 42 000 Aktive das „Krümpersystem" einfallen: Die Soldaten wurden nach kurzer Zeit entlassen, was zu rascher Rotation und dementsprechend einer großen Zahl ausgebildeter Soldaten führte. So entstand eine zahlenmäßig starke Reservearmee, die regelmäßig im öffentlichen Raum exerziert.

Das Verlangen nach Freiheit und die wachsenden Hoffnungen auf nationale Einheit beflügeln die deutschen Tyrtaios-Nachfolger, die eifrig ihre literarischen Trommeln schlagen. Ernst Moritz Arndt, der wegen seiner wenig zart besaiteten patriotischen Verse den Beinahmen „Franzosenfresser" trägt, verfasst 1813 ein Gedicht, das Berühmtheit erlangen wird:

Was ist des Deutschen Vaterland?
So nenne mir das große Land!
So weit die deutsche Zunge klingt
Und Gott im Himmel Lieder singt,
Das soll es sein!
Das, wackrer Deutscher, nenne dein!

Eine Antwort auf derartige Appelle ist die Bildung von Freikorps, die aus ehemaligen Soldaten und Offizieren sowie jungen Studenten bestehen. Sie wollen sich für Nation und Freiheitsrechte schlagen. Die Angehörigen des Lützow'schen Freikorps tragen eine schwarze Uniform – die Farbe war ebenso praktisch wie billig – mit goldenen Knöpfen und roten Kragen und Aufschlägen.

Die Völkerschlacht bei Leipzig vom 16. bis 19. Oktober 1813. Gemälde von Peter von Hess.

Schwarz, rot und gold werden in der Folge, nach 1815, auch von zahlreichen Studentenverbindungen als Farben der Einheit aller Deutschen betrachtet und getragen.

Große Generäle wie Blücher – der den Beinamen „General Vorwärts" trägt, denn er greift gerne mit dem Ruf „Vorwärts, Kinder!" an –, führen einen erfolgreichen Krieg. In der mehrtägigen Schlacht bei Leipzig (vom 16. bis zum 19. Oktober 1813) werden die Franzosen geschlagen und in Entsprechung zur „Dreikaiserschlacht" von Austerlitz spricht man nun von der „Völkerschlacht".

Es ist ein vollständiger Sieg, woran auch die Hundert Tage mit der kurzen Rückkehr Napoleons 1815 nichts mehr ändern können. Die Preußen sind nun, zusammen mit den Engländern, Österreichern und Russen, in Paris. Die 1806 von Napoleon beschlagnahmte Quadriga kehrt an ihren alten Standort auf dem Brandenburger Tor zurück, hält nun aber ein Eisernes Kreuz hoch, und den überschäumenden Blücher muss man daran hindern, die Jena-Brücke, den *pont d'Iéna* über die Seine, in die Luft zu jagen …

Deutsche Restauration

Wiener Kongress und Vormärz (1815–1848)

Gesiegt haben gegen Napoleon weniger die Völker als die Fürsten. Zwar schien sich eine Synthese aus Monarchie und Revolution abzuzeichnen, insbesondere in Preußen, doch wird diese Perspektive vom Wiener Kongress und seinen Folgeerscheinungen zunichtegemacht. Nach dem Fall des „korsischen Ungeheuers" beeilt man sich, die alte gottgewollte Ordnung wiederherzustellen und der Revolution entgegenzusetzen. Diese Wiederherstellung trägt den Namen „Restauration", was in Frankreich die Wiedereinsetzung der legitimen Monarchen, also der Bourbonen, auf den Thron des Heiligen Ludwig meint und sich rasch auch im deutschen Sprachgebrauch einbürgert.

Die Wiederherstellung der alten Ordnung ist zuvörderst geopolitischer Natur: Der zweite Pariser Vertrag, der nach der erneuten Niederlage Napoleons am 20. November 1815 unterzeichnet wurde, verkündet „die glücklich wiederhergestellte Ordnung der Dinge in Frankreich" nach den „Zerrüttungen [...] durch das frevelhafte Unternehmen Napoleon Bonapartes". Frankreich wird wieder auf die Grenzen von 1790 zurückgestutzt.

Gott meldet sich zurück: Die Heilige Allianz zwischen dem König von Preußen, dem österreichischen Kaiser und dem russischen Zaren bedeutet die Aussöhnung zwischen den christlichen Kirchen, dem Protestantismus, dem Katholizismus und der orthodoxen Kirche. Damit soll die überkommene Ordnung ein für alle Mal garantiert und festgeschrieben werden. Der Vertrag, der am 25. März 1815 die Heilige Allianz besiegelt, betont die

Notwendigkeit, die „gegenseitigen Beziehungen auf die ewigen Wahrheiten zu gründen, welche uns die Religion des göttlichen Heilands lehrt". Zu diesen Wahrheiten zählen die Auffassungen, dass die Menschen Untertanen und nicht etwa Bürger sind und dass das Prinzip der Nation, wie es seit 1792 von Frankreich vertreten wird, zu verabscheuen sei. Die politische Ordnung beruht nicht auf der Freiheit und dem Willen der Individuen, sondern auf deren Zugehörigkeit zu einer von Gott bestimmten Gruppe und ihrer Unterordnung unter die Herrschaft eines von ihm eingesetzten Fürsten. Die Monarchie von Gottes Gnaden ist wieder in all ihre Rechte eingesetzt, wenn auch mit Zugeständnissen an den Zeitgeist, wie etwa in Frankreich, wo Ludwig XVIII. sehr wohl verstanden hat, dass er nicht einfach so tun kann, als wäre nichts geschehen im vergangenen Vierteljahrhundert, und der daher im Jahr 1814 eine Charta oktroyiert.

Zur Gewährleistung der europäischen Ordnung schaffen die deutschen Fürsten am 8. Juni 1815 auf dem Wiener Kongress als Ersatz für das Heilige Römische Reich eine neue politische Einheit, den „Deutschen Bund". Ihm gehören die 39 „souveränen Fürsten und freien Städte Deutschlands" an, die überzeugt sind „von den Vorteilen [...], welche aus ihrer festen und dauerhaften Verbindung für die Sicherheit und Unabhängigkeit Deutschlands und die Ruhe und das Gleichgewicht Europas hervorgehen würden". Es handelt sich dabei um keinerlei nationalstaatliches Gebilde, sondern um eine Fürstenallianz, gegründet auf dem Prinzip der Erbsouveränität. So gehören ihr etwa der König von England (in seiner Eigenschaft als König von Hannover), der König der Niederlande (als Großherzog von Luxemburg) sowie der König von Dänemark (als Graf von Holstein) an. Sie alle sind verbunden durch die Unterzeichnung der „Deutschen Bundes-Akte", die Teil der Schlussakte des Wiener Kongresses ist.

Jeder Mitgliedstaat entsendet permanente Vertreter in den Bundestag (auch „Bundesversammlung" genannt), der in Frank-

furt tagt, in alter kaiserlicher Tradition, denn dort, im Palast derer von Thurn und Taxis, wurde häufig der Kaiser gewählt. Diese Vertreter sind Diplomaten im Auftrag ihrer Fürsten und nicht etwa abgeordnete Mitglieder eines demokratischen Repräsentativvorgangs. Zu den Berühmtheiten unter ihnen zählt insbesondere der preußische Gesandte von 1851 bis 1859: der ultrakonservative Otto von Bismarck. Einmal pro Woche tritt diese permanente Versammlung zusammen, um gemeinsame Belange zu erörtern. Das sind insbesondere Fragen der äußeren und inneren Sicherheit, für die ein Bundesheer zu sorgen hat, das gegebenenfalls – etwa im Falle revolutionärer Unruhen wie 1833 in Frankfurt oder 1850 in Kurhessen – in „Bundesexekution", d. h. im Auftrag des Bundes, einschreitet.

Der Deutsche Bund, dieses wohlgemerkt nicht national geprägte politische Gebilde, ist Metternichs Werkzeug. Es dient ihm dazu, in den deutschen Landen die Restauration durchzuführen. Zwar bestimmt die Bundesakte in Art. XIII: „In allen Bundesstaaten wird eine landständische Verfassung stattfinden", doch wird diese Bestimmung weder von Preußen noch von Österreich eingehalten. Lediglich das Fürstentum Schaumburg-Lippe und das Großherzogtum Sachsen-Weimar geben sich bereits 1816 eine Verfassung und finden 1818 Nachahmer im Großherzogtum Baden und im Königreich Bayern; dann erst folgen die anderen deutschen Staaten außer Oldenburg und Hessen-Homburg. Berlin und Wien tun diesen Schritt erst in Zusammenhang mit der Revolution vom März 1848, nach geschlagenen 33 Jahren hartnäckigen Widerstands. In der Tat bedeutet eine Verfassung ja schon durch ihr bloßes Vorhandensein eine Einschränkung der Macht des Fürsten.

Die Nationalliberalen, die den Freiheitsideen anhingen und sich in den Jahren 1813 bis 1815 gegen Napoleon erhoben, haben somit letzten Endes umsonst bzw. gar für den König von Preußen und den Kaiser von Österreich gekämpft, denn die Restauration

Die ‚Heilige Allianz' zwischen Zar Alexander I., Kaiser Franz I. und dem Preußischen König Friedrich Wilhelm III., dargestellt als Ritter. Gouache von Heinrich Olivier.

lehnt das Nationalprinzip ab und gewährt keinerlei bürgerliche und politische Freiheiten. Als sich 1821 die Griechen gegen die Türken und 1830 die Polen gegen die Russen erheben, halten die deutschen Staaten still. Die religiöse Solidarität, die eigentlich erwarten ließe, dass sich die Heilige Allianz gegen die türkischen Muslime wendet, zählt herzlich wenig gegenüber der dynastischen Solidarität mit dem Osmanischen Reich. Es sind lediglich einzelne Deutsche und Europäer, die auf griechischer Seite in den Krieg ziehen und die 1830 die von Metternichs Polizei streng überwachten „Polenvereine" gründen.

Auch die freiheitlichen Erwartungen werden enttäuscht. Die nationalliberalen Freiwilligen der Befreiungskriege begreifen sehr wohl, dass 1815 den Sieg der Fürsten besiegelt. 500 von ihnen, vor allem aus Jena, versammeln sich daher am 18. Oktober 1817 auf der Wartburg über Eisenach, wo Luther die Bibel übersetzt und damit die deutsche Schriftsprache geprägt hatte, um auf ihre Forderungen aufmerksam zu machen. Das „Wartburgfest" feiert mit Appellen an die nationale Einheit und scharfer Kritik an der Reaktion zum einen das 300. Jubiläum der Reformation, zum anderen den vierten Jahrestag der Völkerschlacht bei Leipzig.

Im März 1819 ermordet Karl Ludwig Sand den reaktionären Schriftsteller August von Kotzebue. Daraufhin ruft Metternich im August 1819 die Minister zu Beratungen in Karlsbad zusammen. Bei dieser Begegnung werden die „Karlsbader Beschlüsse" formuliert, die am 20. September vom Frankfurter Bundestag verabschiedet werden. Sie ermächtigen den Deutschen Bund zur sogenannten „Demagogenverfolgung". Das bedeutet, dass überzeugte Nationalliberale (Journalisten, Studenten, politische Redner usw.) mit Zensur und juristischer Verfolgung überzogen werden können. Das betrifft insbesondere Hochschullehrer, die „durch Missbrauch ihres rechtmäßigen Einflusses auf die Gemüter der Jugend, durch Verbreitung verderblicher, der öffentlichen Ordnung und Ruhe feindseliger oder die Grundlagen der beste-

henden Staatseinrichtung untergrabender Lehren ihre Unfähigkeit zur Verwaltung des ihnen anvertrauten wichtigen Amtes unverkennbar an den Tag gelegt haben".

Bedeutende Kämpfer der Freiheitskriege verlieren ihre Professuren und Dozenturen, so der Dichter Ernst Moritz Arndt, der Schriftsteller Görres und der „Turnvater" Friedrich Ludwig Jahn. Im November 1837 werden die „Göttinger Sieben" entlassen, weil sie unter Berufung auf ihren Eid auf die Hannover'sche Verfassung gegen die Aufhebung ebendieser Verfassung durch den König zu protestieren wagten. Unter ihnen sind auch die Brüder Jacob und Wilhelm Grimm. Um der Propaganda für Nation und Freiheit wirksam entgegenzutreten, wird in Mainz eine „Zentralkommission zur Untersuchung hochverräterischer Umtriebe" eingerichtet. Mithilfe des Austauschs von Personal und Informationen koordiniert diese Stelle die einschlägigen Polizeimaßnahmen der verschiedenen Staaten. Nur wenige Monate nach den Karlsbader Beschlüssen verabschiedet der Bundestag auch die „Wiener Schlussakte", die in 65 Artikeln die Bundesakte von 1815 in streng konservativem, ja reaktionärem Sinn präzisiert. So wird der Artikel XIII von 1815 in erheblichem Ausmaß begrenzt von Art. LVII der Schlussakte von 1820, in dem es heißt: „Da der deutsche Bund [...] aus souveränen Fürsten besteht, so muss, dem hierdurch gegebenen Grundbegriffe zufolge, die gesamte Staatsgewalt in dem Oberhaupte des Staats vereinigt bleiben, und der Souverän kann durch eine landständische Verfassung nur in der Ausübung bestimmter Rechte an die Mitwirkung der Stände gebunden werden."

Eine bleierne Last liegt nunmehr auf Deutschland und seinen freiheitlich gesinnten Intellektuellen. Zensur und Unterdrückung werden nach der Pariser Juli-Revolution erneut verschärft. Die Auswirkungen dieses „Donnerschlags" auf Deutschland schätzt ein begeisterter Heine so ein, dass „die trübseligste Entmutigung und Niedergeschlagenheit sofort in das enthusiastischste Vertrauen

auf die Zukunft überging. Alle Bäume der Hoffnung begannen wieder zu grünen [...]. Seit Luther auf dem Reichstage zu Worms seine Thesen vor dem versammelten Reiche verteidigte, hat keine Begebenheit mein deutsches Vaterland so tief aufgeregt wie die Juliusrevolution" (*Briefe aus Helgoland*, erst 1840 veröffentlicht). Es kommt zu Aufständen im Großherzogtum Braunschweig, wo Karl II. abgesetzt wird, während in Kurhessen Fürst Wilhelm abdankt zugunsten seines Sohns, der eine parlamentarische Verfassung akzeptiert. In Sachsen erheben sich die Städte Dresden, Leipzig und Chemnitz und 1831 wird eine „Constitution, wie sie das sächsische Volk wünscht", verkündet.

Die nationalliberale Bewegung lebt praktisch nur noch in den „Polenvereinen" fort. Sie ist besonders aktiv in der Pfalz, wo sie einen „Deutschen Press- und Vaterlandsverein" gründet, der am 27. und 28. Mai 1832 auf Schloss Hambach eine beeindruckende Demonstration seiner Stärke liefert. An die 30 000 Teilnehmer finden sich zum Hambacher Fest ein, auf dem die Nation, die Freiheitsrechte und die schwarz-rot-goldene Trikolore von 1813 beschworen werden. Es kommt allerdings zu Meinungsverschiedenheiten unter den Festrednern: Die Liberalen, die „Halben", richten ihren Blick ganz auf die Juli-Revolution und das Zensuswahlrecht als Ausfluss einer Theorie, der zufolge nur der Bourgeois kraft seines Vermögens und seiner Muße voll über die Fähigkeiten zur Ausübung des Wahlrechts verfügt. Die Republikaner, die „Ganzen", orientieren sich mehr am Frankreich des Jahres 1792. Sie fordern die Republik, eine demokratische Gesellschaft, die freilich die Besitzenden in Angst und Schrecken versetzt. Für die Liberalen bedeutet „Republik" Guillotine und Umverteilung, Herrschaft der Habenichtse. Am 3. April 1833 organisieren die radikalsten Gruppen der Republikaner, v. a. Studenten aus Würzburg und Heidelberg, in Frankfurt einen Staatsstreich. Sie erstürmen die Polizeireviere der Stadt und nehmen anschließend die Vertreter der Bundesversammlung fest in der

Absicht, damit eine Revolution in ganz Deutschland auszulösen. Der „Frankfurter Wachensturm" scheitert allerdings.

Die Schriften der aufrührerischen Schriftsteller des „Jungen Deutschland" werden ab 1835 verboten. All diese Autoren, Liberale wie Demokraten, betrachten sich als Erwecker des politischen Bewusstseins. Georg Büchner, ein leidenschaftlicher Anhänger der Französischen Revolution, verkündet „Friede den Hütten, Krieg den Palästen". Er lässt sich 1834 in Straßburg nieder, im Gefolge Heines, der 1831 nach Paris geflüchtet ist. Sie sind Linkshegelianer, im Unterschied zu einer Vielzahl von Epigonen, die den alten Professor aus Berlin in einen Propagandisten des Status quo umgedeutet haben. Bei diesen wird die Hegel'sche Staats- und Geschichtsphilosophie zugunsten des politischen Konservatismus instrumentalisiert, während die Linkshegelianer, wie etwa der junge Doktor der Philosophie Karl Marx, den dynamischen Aspekt der Hegel'schen Interpretation des Wirklichen betonen. Marx lernt Friedrich Engels übrigens 1844 im Pariser Exil kennen. Eine solche Begegnung ist, rein statistisch betrachtet, auch gar nicht so unwahrscheinlich. Immerhin halten sich am Ende der Restaurationszeit 80 000 Deutsche dauerhaft in Paris auf, um freier leben zu können.

Während die einen wüten und kämpfen oder emigrieren, widmen sich andere der Lektüre und der Kammermusik. Die Epoche des Vormärz ist bei den Bürgern zugleich die Hoch-Zeit des Biedermeier, das nicht nur eine Kunstrichtung, sondern auch eine Lebenshaltung ist. Da dem von den Kriegen der Vergangenheit verunsicherten Bürger der öffentliche Raum aufgrund von Denk- und Redeverboten verschlossen bleibt, tritt er den Rückzug in die Innerlichkeit an: in sein beschaulich-gemütliches Heim und die Intimität des Familienlebens. In Frankreich ist dies die Zeit des Louis-Philippe-Stils. Das Wort, Biedermeier, eigentlich ein fiktiver Familienname, taucht erstmals 1847 auf. Der Biedermeier ist der Klein-, Mittel- oder Großbürger, der

seine Wohnung gemütlich gestaltet, brav seine Bibel liest, pünktlich ins Amt oder Büro geht, sich um seine Finanzen kümmert, die Gesetze beachtet – und Adalbert Stifter liest. Stifter ist das Gegenmodell zu den Dichtern und Malern der heftigen Affekte und der „feuerspeienden Berge", er singt lieber das Lob der *mediocritas aurea*, des goldenen Mittelwegs. In seinem Vorwort zu *Bunte Steine* formuliert Stifter gewissermaßen das Manifest dieser Lebensart. Es beginnt so: „Es ist einmal gegen mich bemerkt worden, dass ich nur das Kleine bilde, und dass meine Menschen stets gewöhnliche Menschen seien." Er bekennt sich durchaus dazu und betont: „Ein ganzes Leben voll Gerechtigkeit, Einfachheit, Bezwingung seiner selbst, Verstandesmäßigkeit [...], verbunden mit einem heiteren gelassenen Sterben, halte ich für groß." Die Rolle des Schriftstellers erschöpft sich darin, seinen Lesern „eine vergnügte Stunde zu machen" und ihnen „das Gesetz der Sitte" vorzustellen, „das will, dass jeder geachtet, geehrt, ungefährdet neben dem anderen bestehe".

Zurückgeworfen auf seine Innerlichkeit und im Stand politischer Unmündigkeit gehalten, kümmert sich Herr Biedermeier nachhaltig um seine Geschäfte. Seit den Reformen von 1810 wird intensiv mit landwirtschaftlichen Nutzflächen spekuliert und gleichzeitig entfaltet sich die Industrie. Deutschland und v. a. Preußen treten allmählich in die Phase der industriellen Revolution ein. Im Osten (Sachsen, Schlesien) und im Westen (Ruhrgebiet) bringen Kohle und Stahl *den* großen Industriezweig der kommenden Jahre voran: die Eisenbahn. 1835, und damit zehn Jahre nach dem Bau der ersten Strecke in England, verkehrt die erste deutsche Eisenbahn zwischen den Nachbarstädten Nürnberg und Fürth. 1838 fährt zwischen Berlin und Potsdam der erste Zug in Preußen. 1840 verfügt Deutschland über Strecken von 550 km Länge, zehn Jahre später werden es schon elfmal so viel sein und 20-mal mehr im Jahr 1870. Aushängeschild der Eisenbahnindustrie ist der 1804 geborene August Borsig, ein gelern-

Eine typische Biedermeier-Familienidylle: Die Familie des Berliner Schlossermeisters C. F. A. Hauschild. Gemälde von Eduard Gaertner.

ter Zimmermann, der 1836 in der Chausseestraße in Berlin seine erste Fabrik für den Bau von Dampfmaschinen eröffnet. Im Jahr 1858 feiern die inzwischen zum größten Eisenbahnhersteller Europas aufgestiegenen Borsig-Werke die eintausendste in ihren Berliner und schlesischen Werken hergestellte Lokomotive. Die Eisenbahn sorgt für die Vereinheitlichung des deutschen Raums, in dem die Waren auch dank des 1833 gegründeten „Zollvereins" flüssiger zirkulieren können. Freihandel und Eisenbahn, das sind die beiden Motoren des wirtschaftlichen Fortschritts, der in Friedrich List seinen Theoretiker findet. Dieser lebt im US-amerikanischen Exil, um der Gefängnisstrafe zu entgehen, die ihm

seine Kritik an der Restauration eingetragen hat. Bei seiner Rückkehr ist er weiterhin stark beeindruckt von der Energie, mit der die Amerikaner die Durchdringung der Weiten ihres Landes betrieben. Mit seinen Schriften wie *Das natürliche System der politischen Ökonomie*, *Das nationale System der politischen Ökonomie* und *Über Eisenbahnen und das deutsche Eisenbahnsystem* prägt er das Denken seiner Zeitgenossen.

Auch die zweite Großindustrie dieser Zeit beruht auf dem Dampf: die Textilkonfektion, die ihre mechanischen Webstühle aus England bezieht. Einer der deutschen Pioniere dieser Industrie ist Friedrich Engels sen., der nach einem England-Aufenthalt im westfälischen Engelskirchen eine Fabrik gründet. Als strenger Pietist, durchdrungen vom Vorrang der Werte Arbeit und Wohltätigkeit, zwingt er seinen ältesten Sohn, der auch seinen Vornamen trägt, dazu, sein Studium aufzugeben und in der elterlichen Firma zu arbeiten. Unter Pseudonym veröffentlicht der junge Engels 1839, mit 19 Jahren, seine *Briefe aus Wuppertal*. Darin geißelt er die kapitalistische Ausbeutung und die christliche Heuchelei, die sich bestens arrangiert mit den Krankheiten der Arbeiter wie Tuberkulose, Syphilis und Alkoholismus sowie mit der Kinderarbeit. Bei einem Praktikum in England schockieren ihn die Verhältnisse in Manchester und vertiefen seine Analyse, die er 1845 unter dem Titel *Die Lage der arbeitenden Klasse in England* vorlegt.

In Deutschland ruiniert die Maschinenkonkurrenz die Handweber. 1844 kommt es in Schlesien zum Aufstand. Die *Schlesischen Weber*, denen Heine ein berühmtes Gedicht voller Rachegefühle widmet, sind die Opfer einer doppelten Krise: Da ist zum einen die neuzeitliche Überproduktionskrise, bedingt durch die Einführung von Maschinen und den internationalen Austausch (die Importe aus England), und zum anderen eine Krise nach Art des *Ancien Régime*, die einer Reihe von schlechten Ernten geschuldet ist, die in ganz Europa (Frankreich, Irland usw.) zu einer

mörderischen Hungersnot führen. Der schlesische Aufstand wird zu einem Gründungsdatum der deutschen Arbeiterbewegung:

> Ein Fluch dem Gotte, zu dem wir gebeten [...]
> Ein Fluch dem König, dem König der Reichen [...]
> Ein Fluch dem falschen Vaterlande [...]
>
> Das Schiffchen fliegt, der Webstuhl kracht,
> Wir weben emsig Tag und Nacht –
> Altdeutschland, wir weben Dein Leichentuch –
> Wir weben hinein den dreifachen Fluch –
> Wir weben, wir weben!

Nur wenige Jahre nach dem schlesischen Aufstand, im Februar 1848, veröffentlichen Karl Marx und Friedrich Engels ihr *Manifest der Kommunistischen Partei*, in dem sie vorhersagen, dass die Widersprüche und Krisen des Kapitalismus letztendlich zu dessen Untergang führen werden. Zugleich betonen sie die Legitimität des Aufstands gegen die Ungerechtigkeit und Unmenschlichkeit dieser organisierten Entfremdung.

Marx und Engels geißeln auch den Nationalismus und die Kriege unter den Staaten. Diese lenkten vom eigentlichen Krieg ab, nämlich dem Klassenkampf, sie bezweckten und bewirkten lediglich die Täuschung der Arbeiter. In der Tat ist im Deutschland von 1840 ein großes Säbelrasseln zu vernehmen: Adolphe Thiers erhebt in diesem Jahr die Forderung nach der Rheingrenze. Diese Provokation führt in der deutschen wie in der französischen Presse zu einem regelrechten Feuerwerk an Beschimpfungen, Gedichten und Liedern. Dieser „Rheinkrise" verdanken wir eine Reihe von weithin vergessenen Versen von Musset, Lamartine und Hugo, aber auch vaterländische deutsche Gesänge wie *Die Wacht am Rhein* von Max Schneckenburger und den *Gesang der Deutschen* (*Deutschlandlied*) von August Hoffmann von Fallersleben, das 1919 zur Nationalhymne erhoben wird.

Diese außenpolitische Krise kommt wie gerufen, um von einer weitaus tiefer gehenden innenpolitischen Krise abzulenken. 1815 sind das Rheinland und Westphalen durch die Wiener Kongressakte an Preußen gefallen. Zwischen diesen katholisch geprägten westlichen Gebieten und dem fernen protestantischen Preußen kommt es immer häufiger zu Zwischenfällen, v. a. in der Frage konfessioneller „Mischehen“: Katholische Frauen aus dem Rheinland, die preußische Offiziere und Beamte heiraten, können ihre Kinder nicht katholisch taufen lassen und erziehen, weil das preußische Gesetz der Religion des Vaters den Vorrang einräumt. Die katholische Kirche protestiert dagegen so heftig, dass am Ende Clemens-August Droste zu Vischering, der Erzbischof von Köln, jahrelang inhaftiert wird, was den Höhepunkt der „Kölner Wirren“ darstellt. Dem neuen König Friedrich Wilhelm IV. liegt viel an nationaler Befriedung und konfessioneller Aussöhnung. Er veranlasst daher 1840 die Freilassung des Erzbischofs und erlaubt auch die Wiederaufnahme der Arbeiten am Kölner Dom, der nun endlich ein komplettes Kirchenschiff und seine beiden Türme erhalten soll.

Jahrzehntelang wird dieses weithin berühmte, im Jahr 1248 begonnene mittelalterliche Bauwerk als Metapher für die Schicksalsgemeinschaft der Deutschen fungieren.

1848, Frühling eines Volkes

„Wenn Paris hustet, erkältet sich Europa", sagte 1830 ein resignierter Klemens Fürst von Metternich. Seine Diagnose findet im Jahr 1848 ihre Bestätigung. In Windeseile, genauer gesagt mit der Geschwindigkeit von Eisenbahnen und Telegrafen, treffen die Nachrichten aus Paris in Wien, Berlin, Budapest, Prag und Mailand ein. Der Pariser Februar 1848 liefert die Initialzündung für den Völkerfrühling und veranlasst den alten Kanzler zur Flucht nach England, das seit jeher Fürsten und Minister gastlich aufnimmt, die gewisse Probleme mit ihrer eigenen Nation haben.

Als Ursprungs- und Kernland der europäischen Reaktion wird Österreich zuerst von der Schockwelle der Französischen Revolution vom Februar 1848 erreicht. Die Nationalliberalen der alten Habsburgermonarchie begrüßen begeistert die Aktionen der Franzosen, die einmal mehr ihren König gestürzt haben, und sind davon überzeugt, dass nun auch ihre Stunde gekommen sei. Am 17. und 18. März werden die österreichischen Beamten und Militärs aus Venedig vertrieben, die grün-weiß-rote Flagge wird gehisst und aus den Fenstern gehängt. Am 18. März beginnt die Erhebung in Mailand und die Revolte greift dann auch auf den anderen wunden Punkt des Kaiserreichs über, auf Ungarn, das seine Unabhängigkeit verkündet. Österreich, der Garant der europäischen Ordnung und der Restauration, scheint vor dem Zerfall zu stehen, zumal sich auch die Tschechen erheben und zu einem panslawischen Kongress in Prag aufrufen. Die Entstehung eines slawischen Staates scheint ebenso auf der Tagesordnung zu stehen wie die Einheit Italiens und die Unabhängigkeit Ungarns. *Finis Austriae*: Metternich verlässt das seit dem 13. März aufständische Wien.

Dieses bislang undenkbare Geschehen ermuntert die Berliner, ihrerseits zu demonstrieren: Nach mehrtägigen Versammlungen wird dem König am 18. März 1848 eine Petition überreicht, die die Gewährung der Grundrechte und die Einberufung eines „Landtags", bestehend aus gewählten und nicht aus ernannten Mitgliedern, verlangt („Märzforderungen"). Dieser Tag, der durchaus vielversprechend begann, da Friedrich Wilhelm IV. ein offenes Ohr für die Forderungen zu haben schien, endete katastrophal: Die zur Verteidigung des Berliner Schlosses eingesetzten Truppen schießen auf die Menge, Barrikaden werden errichtet und die Stadt wird zum Schlachtfeld. Am Folgetag werden die 200 Toten des 18. März, die mit dem Ehrentitel „Märzgefallene" bezeichnet werden, vor dem Schloss aufgebahrt. Der König erweist den Toten die letzte Ehre, doch seine Stimme wird übertönt von der Menge, die das berühmte Luther-Lied *Jesus meine Zuversicht* anstimmt. Momente derartiger quasi-sakraler revolutionärer Feierlichkeit sind auch im Frankreich der 1848er-Revolution zu beobachten. Der König entzieht sich geschickt den Maximalforderungen seiner Umgebung, die ihn dazu drängt, Berlin zu verlassen, die Stadt beschießen und militärisch erobern zu lassen. Solche Empfehlungen kommen insbesondere von seinem Bruder Wilhelm, der sich in diesem Zusammenhang den Beinamen „Kartätschenprinz" erwirbt, und aus dem Generalstab. Der König gibt dagegen den Forderungen nach: Er gestattet es, in der Öffentlichkeit zu rauchen, lässt in der ganzen Stadt die schwarz-rot-goldene Flagge aufziehen und am 20. März eine feierliche Erklärung aushängen. So wie es sein Vater 1813 getan hatte, wendet Friedrich-Wilhelm sich „an mein Volk", aber auch an „die deutsche Nation":

> Mit Vertrauen sprach der König vor fünfunddreißig Jahren in den Tagen hoher Gefahr zu seinem Volke, und sein Vertrauen ward nicht zu Schanden; der König mit seinem Volke vereint, rettete Preußen und Deutschland von Schmach und Erniedrigung.

> Mit Vertrauen spreche Ich heute, im Augenblicke, wo das Vaterland in höchster Gefahr schwebt, zu der deutschen Nation [...]. Ich habe heute die alten deutschen Farben angenommen und Mich und Mein Volk unter das ehrwürdige Banner des deutschen Reiches gestellt. Preußen geht fortan in Deutschland auf.

Der letztzitierte Satz wirkt wie eine Sensation: Ein preußischer König akzeptiert es, dass sein Staat sich zugunsten der nationalen Einheit selbst aufgibt. Friedrich-Wilhelm treibt hier freilich ein Doppelspiel: Um die revolutionäre Bewegung zu befrieden, setzt er sich selbst an deren Spitze, zumindest was den nationalen Aspekt betrifft, und er zählt dabei sehr wohl darauf, dass die Führung der „deutschen Nation" dem – nach Österreich – mächtigsten deutschen Staat übertragen werden wird. Zugleich wird eine neue Regierung ernannt, der auch Vorkämpfer der nationalliberalen Sache angehören, und es werden Wahlen zu einem neuen „Landtag" angesetzt, der eine Verfassung für Preußen erarbeiten soll. 1862 wird Bismarck zu Napoleon III. sagen: „In Preußen machen nur die Könige Revolution." Nach der „Revolution von oben" der Jahre 1806–13 liefern auch die Geschehnisse des März 1848 eine Bestätigung dieser Feststellung.

Die revolutionäre Dynamik macht allerdings nicht an den Grenzen Preußens halt. Am 31. März 1848 treten in Frankfurt am Main, dem Sitz des Bundestags, Vertreter des nationalliberalen Lagers zusammen und geben ihrer Versammlung den Namen „Vorparlament". Dieser Begriff ist in mehrfacher Hinsicht interessant: Zum einen weist das „Vor-" auf ein künftiges Parlament hin, zum anderen weist dieser Begriff klar auf Frankreich und Großbritannien, die beiden Vorbilder, die Liberalen und Demokraten vorschweben. Die Vertreter der Fürsten und der deutschen Staaten sind wie gelähmt, haben den Vorschlägen des Vorparlaments nichts entgegenzusetzen und stimmen der Wahl zu einer großen deutschen Versammlung zu. Es gelingt in der erstaunlich kurzen Zeit von einem Monat, in allen Staaten

des Deutschen Bundes Wahlen zu organisieren. Je nach Ort beteiligen sich zwischen 10 und 70 % der Wahlberechtigten (in der Regel Männer ab 25 Jahren, die oft des Lesens unkundig sind) an der Abstimmung und bestimmen die 649 Volksvertreter. Dies geschieht Anfang Mai 1848: ohne Wahlkabine, zumeist in direkter Wahl in zwei Wahlgängen, in einigen Fällen, etwa in Preußen, auch in indirekter Wahl. Die soziologische Zusammensetzung des Parlaments entspricht in keiner Weise derjenigen der Wähler: Die überwältigende Mehrheit der Parlamentarier besteht aus Professoren, Beamten und Juristen, nur vier von ihnen sind Handwerker. Viele zählen zu den angesehensten Vorkämpfern der nationalliberalen Sache, so etwa der alte Friedrich Ludwig Jahn (geb. 1778), der Dichter und Hochschullehrer Arndt, Jacob Grimm, der Dichter Ludwig Uhland (geb. 1787), daneben auch einige Jüngere wie der vierzigjährige Johann Gustav Droysen und der erst dreißigjährige Naturforscher Carl Vogt.

Sobald die Hälfte der Abgeordneten vor Ort eingetroffen ist, tritt die Versammlung am 18. Mai in eben der Stadt zusammen, die in doppelter Hinsicht Symbol der nationalen Einheit ist, zum einen als Sitz von Reichstagen und zum anderen, seit 1815, als Sitz des Bundestags des Deutschen Bundes. Zunächst hat man vor, im Kaisersaal des „Römer“, des historischen Frankfurter Rathauses, zu tagen, also an dem Ort, an dem die Krönungsbanketts nach den Kaiserwahlen stattfanden. Angesichts der beengten Verhältnisse wählt man letztlich einen größeren Raum, die Paulskirche, die unmittelbar am Römerberg liegt und für diesen Zweck „entweiht“ wurde. Der Altar verschwindet unter Tüchern und vor die Orgel wird eine Darstellung der Germania, der deutschen Nationalallegorie, gehängt.

Die Abgeordneten verfügen weder über Büros noch sonstige Mittel, sondern arrangieren sich so gut, wie sie können, treffen sich außerhalb der Sitzungen in den Gaststätten und sonstigen Lokalitäten

Eröffnung der Nationalversammlung in der Frankfurter Paulskirche während der Revolution von 1848/49. Lithografie nach einer Zeichnung von Paul Bürde.

der Stadt: Die „Radikalen" oder „Demokraten" tagen im „Donnersberg" (!), während sich die konservative Monarchisten sinnigerweise das „Steinerne Haus" ausgesucht haben. Die verschiedenen Fraktionen verteilen sich im Halbrund des Parlaments nach französischem Vorbild in drei Gruppen: Rechte, Linke, Mitte. Die Scheidelinie wird von zwei Fragen bestimmt: der föderalen Frage, der Frage nach der Machtverteilung zwischen dem Bund und den einzelnen Staaten (die konservativsten Kräfte treten für ein Minimum an Zentralgewalt und die Beibehaltung der alten Monarchien ein), und der Verfassungsfrage, der Frage nach der Machtverteilung zwischen Herrscher und Parlament.

Die Konservativen (6 %) sind in der Minderheit und sogar schwächer als die von den „Demokraten“ oder „Republikanern“ gebildete extreme Linke (15 %) des Parlaments. Beherrscht wird die Versammlung von den Nationalliberalen der „Casino Fraktion“, die sich in der Frankfurter „Casinogesellschaft“ trifft. Die 34 % der Abgeordneten dieser rechten Mitte wären hochzufrieden mit der Einführung einer konstitutionellen Monarchie, auch ohne Verantwortlichkeit der Regierung gegenüber dem Parlament. Die linke Mitte des „Württemberger Hofs“ (13 %) tritt dagegen für eine nicht nur konstitutionelle, sondern für eine parlamentarische Monarchie ein.

Die „Frankfurter Versammlung“ arbeitet an drei großen Fragen. Die erste ist die nationale Frage. Am 27. Oktober 1848 spricht sich die Versammlung für eine großdeutsche Union aus, die auch die deutschsprachige Bevölkerung Österreichs umfassen soll. Wien lehnt das ab, Kaiser Ferdinand besteht darauf, das Erbkaisertum der Habsburger fortzuführen. Trotz dieses Rückschlags und eines zunehmend schwierigen Umfelds verabschiedet die Versammlung am 20. Dezember, fast sechs Jahrzehnte nach der französischen Menschenrechtserklärung, einen Grundrechtskatalog. Auch diesem verweigert Wien die Anerkennung, in diesem Fall allerdings in Gesellschaft von Preußen, Bayern und Hannover. Dies bedeutet eine weitere Verschlechterung der Lage. Die dritte Frage, mit der sich die Abgeordneten auseinandersetzen müssen, ist die Verfassungsfrage. Am 27. März 1849 wird eine Verfassung angenommen, die aus dem Reich eine parlamentarische Monarchie machen würde, und am 28. März wird die Krone dem König von Preußen angetragen. Eine Abordnung von Parlamentariern reist am 3. April 1849 nach Berlin und bietet sie ihm in aller Ergebenheit an, stößt aber auf unzweideutige Ablehnung. In einem Brief an einen Freund, den Diplomaten Christian Karl Josias von Bunsen, der die Annahme befürwortet, begründet Friedrich-Wilhelm IV. sein Verhalten:

> Ich will weder der Fürsten Zustimmung zu *der* Wahl noch *die* Krone. Verstehen Sie die markierten Worte? Ich will Ihnen das Licht darüber so kurz und hell als möglich schaffen. Die Krone ist erstlich keine Krone. Die Krone, die ein Hohenzoller nehmen dürfte, *wenn* die Umstände es möglich machen *könnten*, ist keine, die eine, wenn auch mit fürstlicher Zustimmung eingesetzte, aber in die revolutionäre Saat geschossene Versammlung macht (dans le genre de la couronne des pavés de Louis-Philippe[1]), sondern eine, die den Stempel Gottes trägt, die den, dem sie aufgesetzt wird nach der heiligen Ölung, „von Gottes Gnaden" macht, weil und wie sie mehr denn vierunddreißig Fürsten zu Königen der Deutschen von Gottes Gnaden gemacht und den letzten immer der alten Reihe gesellt. Die Krone, welche die Ottonen, die Hohenstaufen, die Habsburger getragen, kann natürlich ein Hohenzoller tragen; sie ehrt ihn überschwänglich mit tausendjährigem Glanze. Die aber, die Sie leider meinen, verunehrt überschwänglich mit ihrem Ludergeruch der Revolution von 1848, der albernsten, dümmsten, schlechtesten, wenn auch, gottlob, nicht bösesten dieses Jahrhunderts. Einen solchen imaginären Reif, aus Dreck und Letten gebacken, soll ein legitimer König von Gottes Gnaden und nun gar der König von Preußen sich geben lassen, der den Segen hat, wenn auch nicht die älteste, doch die edelste Krone, die niemand gestohlen worden ist, zu tragen?

Der König lehnt also nicht jede Kaiserkrone aus Prinzip ab, aber sie hat von oben und nicht von unten zu kommen. In der politischen Kultur Friedrich-Wilhelms ist die Macht transzendenter und nicht immanenter Natur, sie ist vertikal und nicht horizontal. Könige und Kaiser werden von Gott gemacht, nicht vom Volke. Er wird nur eine Krone akzeptieren, die ihm von den Fürs-

1 „in der Art der Krone von der Straße Louis-Philippes". Der König bezieht sich hier auf die zweite französische Restauration nach der Juli-Revolution (1830), durch die das Haus Orléans den Thron besteigen konnte. So zog Louis-Philippe auch den Titel „König der Franzosen" dem eines „Königs von Frankreich" vor. Dies bedeutete, dass er sich als „Bürgerkönig" verstand – Bürger im doppelten Sinn von „bourgeois" und „citoyen" – als politisch legitimierter *primus inter pares* und nicht als absoluter Herrscher von Gottes Gnaden wie sein unglücklicher Vorgänger Karl X.

ten angetragen wird, so wie seinerzeit der Kaiser von den Kurfürsten bestimmt wurde.

Binnen eines Jahres hat sich die politische Lage von Grund auf verändert. In Frankreich ist eine konservative Versammlung und obendrein ein Bonaparte zum Staatspräsidenten gewählt worden, während im Juni 1848 die Arbeiter zusammengeschossen wurden. In Österreich wurden die nationalen Erhebungen militärisch niedergeschlagen und Ende August 1848 lässt Johann Strauß zu Ehren des alten Marschalls, der am 25. Juli die Italiener bei Custozza geschlagen hat, seinen Radetzky-Marsch erklingen. Radetzkys Kollege Alfred zu Windisch-Graetz lässt Prag beschießen und wird dann nach Wien geschickt, um dort den Aufstand vom Oktober 1848 niederzuschlagen. Seine Truppen sind es auch, die den Abgeordneten Robert Blum verhaften. Der berühmte Parlamentsredner wird vor ein Militärtribunal gestellt, trotz seiner Immunität zum Tode verurteilt und am 9. November 1848 hingerichtet. Der Protest der Frankfurter Versammlung bleibt folgenlos, was deutlich die Geringschätzung der österreichischen Regierung gegenüber dieser Institution zeigt. Erinnern wir uns an Blums prophetisches Gedicht mit dem Titel *Dem Vaterlande*: „Wie heißt das Land an Tränen reich, / Doch ach! An Freiheit leer, / […] Wo zwar der Geist die Schwingen regt / Und mutig aufwärts strebt, / Doch ach, durch Fesseln, die er trägt, / Gedrückt am Boden klebt?“ Sein Gefährte, der Wiener Journalist Hermann Jellinek, provoziert noch kurz vor seiner Hinrichtung mit dem Satz: „Meine gedruckten Ideen können nicht erschossen werden.“

Der Herbst der Revolution setzt sich auch im Frühjahr und im Sommer 1849 fort. Angesichts der Ablehnung der Krone durch den König von Preußen sowie des Scheiterns der Frankfurter Versammlung, gehen die Abgeordneten auseinander, zumal viele Abgeordnete ja Beamte sind und von ihrer jeweiligen Regierung unter Druck gesetzt werden. Eine Minderheit bildet jedoch in

Stuttgart ein „Rumpfparlament", das ans Volk appelliert. Auf Anforderung durch die Fürsten von Baden und Sachsen greifen die Truppen des Königs von Preußen in diesen Ländern ein. In Dresden kämpft der Komponist Richard Wagner Seite an Seite mit dem russischen Anarchisten Bakunin auf den Barrikaden. In Baden ergeben sich die letzten Aufständischen am 23. Juli 1849 in der Festung Rastatt. Dies ist der Schlusspunkt der Revolution von 1848/49 und der drei badischen Revolutionen: Ausrufung der Republik durch Hecker am 12. April 1848, zweite Proklamation durch Carl Struve am 21. September 1848, und schließlich die Verfassungskampagne (Mai–Juli 1849). Das *Badische Wiegenlied*, die von Ludwig Pfau verfasste Parodie des berühmten Kinderlieds *Schlaf', Kindlein, schlaf'*, reagiert auf die Geschehnisse mit böser Ironie:

> Schlaf', mein Kind, schlaf' leis,
> Da draußen geht der Preuß!
> Deinen Vater hat er umgebracht,
> Deine Mutter hat er arm gemacht.
> Und wer nicht schläft in guter Ruh,
> Dem drückt der Preuß die Augen zu.
> Schlaf', mein Kind, schlaf' leis,
> Da draußen geht der Preuß!

Die Repressionsmaßnahmen führen zur Massenauswanderung von „Achtundvierzigern", die sich unter der Bezeichnung „fortyeighters" in den USA einen Namen verschaffen. Friedrich Hecker, der Deutschland bereits im September 1848 verlassen hat, wird ein entschiedener Anhänger Abraham Lincolns, so wie auch Carl Struve. Carl Schurz, der aus Rastatt fliehen konnte, wird zum General der Armee der Union und dann zum amerikanischen Innenminister aufsteigen. Insgesamt wandern 80 000 Untertanen des Königs von Baden aus, das sind 6 % der Bevölkerung. Den anderen schreibt Heine im Oktober 1849 dies ins Stammbuch:

Gelegt hat sich der starke Wind,
Und wieder stille wird's daheime;
Germania, das große Kind,
Erfreut sich wieder seiner Weihnachtsbäume.
[…]
Nur manchmal knallt's – Ist das ein Schuss? –
Es ist vielleicht ein Freund, den man erschossen.
(*Im Oktober 1849*)

Das Scheitern der Revolution von 1848 wurde von etlichen Historikern als historische Wegscheide betrachtet, die Deutschland einen historischen „Sonderweg" einschlagen ließ, zu dessen Merkmalen wissenschaftliche, technische und wirtschaftliche Spitzenleistungen einerseits und politische Rückständigkeit andererseits zählen sollen. In der Tat beginnt mit dem Jahr 1849 in Preußen wie in Österreich eine weitere Phase der Restauration. Zugleich ist jedoch festzuhalten, dass die Revolution in ganz Europa scheiterte, auch in Frankreich, dass sie jedoch auch in den deutschen Gebieten, wie überall, dauerhafte Folgen zeitigte: So wird etwa das allgemeine Wahlrecht (für Männer) von da an nicht mehr infrage gestellt, auch nicht in Preußen. Wenn eine pessimistische teleologische Geschichtsbetrachtung eine Verbindung zwischen 1849 und 1933 sehen will, so lässt sich dieser eine optimistische Teleologie gegenüberstellen, die eine Linie vom demokratischen Lehrjahr 1848 zur demokratischen Erneuerung der Jahre 1919 und 1949 zieht. Die demokratischen Bestrebungen sind in Deutschland seit 1848 nie mehr erloschen, die Bourgeoisie begnügt sich nicht mehr damit, im Schatten der Pickelhauben der Junker ihren Geschäften nachzugehen, sondern sie sorgt für Verbreitung des politischen Liberalismus in Preußen und im ganzen Reich. Die deutsche Arbeiterbewegung wird ihrerseits rasch zur kraftvollsten in ganz Europa aufsteigen.

Deutsche Einheit und Bismarck-Reich

Die deutschen Fürsten haben mit einer ganzen Konterrevolution auf eine halbe Revolution geantwortet, wird Karl Marx feststellen. Die 1850er-Jahre bedeuten eine weitere reaktionäre Phase, wie zuvor schon die 1820er-Jahre und der Zeitraum von 1830 bis 1848. In Österreich gewinnt mit Franz Joseph, Kaiser von Gottes Gnaden, der Neo-Absolutismus die Oberhand. In Preußen gestattet es die Verfassung von Dezember 1848 mit ihrem ungleichen Zensuswahlrecht der Regierung, in Ruhe regieren zu können. Bei diesem System wählt die Minderheit der Reichsten im Lande ein Drittel der Abgeordneten, die Mittelschicht ein weiteres und die überwältigende Mehrheit der preußischen Untertanen das letzte Drittel.

Friedrich-Wilhelm IV. hätte die Begeisterung für die Nation gerne dazu genutzt, die nationale Einheit herzustellen, allerdings ohne Gewährung der Freiheitsrechte. Die preußischen Soldaten befolgen den Auftrag, die Revolution in Sachsen und Baden zu bekämpfen. Preußen schlägt den Zusammenschluss der deutschen Länder unter seiner Führung vor, was Österreich jedoch in aller Schärfe ablehnt. Die preußischen Bevollmächtigten werden im November 1850 in Olmütz dazu gezwungen, ein für ihr Land höchst ungünstiges Abkommen zu unterzeichnen. Diese „Olmützer Punktuation“, mit der Preußen das Fortbestehen des „Deutschen Bundes“ akzeptiert, wird rasch den Beinamen „Olmützer Erniedrigung“ verpasst bekommen.

Das 1848 entzündete Feuer erlischt aber nicht. In Österreich gehen die nationalen Erhebungen weiter und in Preußen belebt

sich das parlamentarische Leben, es kommt zu heftigen Auseinandersetzungen über die Regierungsvorhaben. Die Zahl der Soldaten (150 000) ist die gleiche wie 1815, obwohl sich die Bevölkerung des Königreichs inzwischen verdoppelt hat. Im Jahr 1860 wollen Wilhelm I. und sein Kriegsminister Roon daher den Militärdienst von zwei auf drei Jahre verlängern, aber die Landwehr auflösen, da diese Nationalgarde allzu sehr an den Volkskrieg von 1813 erinnert und den Bürgern Zugang zu Waffen verschafft. Zunächst verabschiedet die zweite Kammer des Preußischen Landtags ein vorläufiges Budget. Die Wahlen führen aber zu einer neuen, einer liberalen Mehrheit und diese lehnt den Militärhaushalt und die Armeereform ab. Dieser „Preußische Verfassungskonflikt" scheint ausweglos zu sein. Der König denkt an Abdankung, doch Roon rät ihm zu einer Begegnung mit dem ultrakonservativen Bismarck, den er mit den Worten „Periculum in mora" („Gefahr im Verzug" bzw. genauer: „Gefahr bei Verzögerung") zurückbeordert. Bismarck ist bereit, seinem König zu dienen, und dieser beschließt, voll neuer Energie, ihn zum Kanzler zu ernennen. Für die Liberalen ist das eine Provokation, denn sie betrachten ihn als „tollen Junker", als Überbleibsel einer untergegangenen Welt. Am 30. September hält Bismarck in der Kammer eine Rede, mit der er die schlimmsten Befürchtungen bestätigt: „Nicht auf Preußens Liberalismus sieht Deutschland, sondern auf seine Macht […]; Preußens Grenzen nach den Wiener Verträgen sind zu einem gesunden Staatsleben nicht günstig; nicht durch Reden und Majoritätsbeschlüsse werden die großen Fragen der Zeit entschieden – das ist der große Fehler von 1848 und 1849 gewesen –, sondern durch Eisen und Blut." Unter Hinweis auf „den günstigen Augenblick, der schon einige Male verpasst ist", bietet er der liberalen Opposition an, gemeinsam an der nationalen Union zu arbeiten, um aus dem Verfassungsstreit herauszukommen. Für die Abgeordneten ist Bismarck aber nichts als ein ungehobelter und brutaler Junker. Der Historiker und Abgeord-

nete Heinrich von Treitschke hält fest: „Höre ich aber einen so flachen Junker, wie diesen Bismarck, von dem ‚Eisen und Blut' prahlen, womit er Deutschland unterjochen will, so scheint mir die Gemeinheit nur noch durch die Lächerlichkeit überboten."

Dank der Juristen seines Kabinetts findet Bismarck eine Lösung: Wenn der Landtag den Haushalt nicht annimmt, wird sich die Regierung darüber hinwegsetzen. Da ein Widerspruch zwischen Landtag und König von der Verfassung nicht vorgesehen ist, ermächtigt diese Verfassungslücke den Kanzler dazu, ohne Zustimmung der Abgeordneten zu handeln. Dieser gewissermaßen permanente Staatsstreich dauert bis ins Jahr 1866 an.

Unterdessen arbeitet der Kanzler an der nationalen Einheit. Er gehört zwar nicht zu deren bedingungslosen Vorkämpfern, hat aber 1848 die Macht dieser Idee begriffen. Sosehr er ein konservativer, nur seinem König dienender Junker ist, sosehr ist er zugleich darauf aus, alle zur Verfügung stehenden Mittel zugunsten Preußens einzusetzen. Als Diplomat hat er sehr wohl beobachtet, in welchen Schwierigkeiten Österreich steckt, das für den Metternich'schen Status quo eintritt: Am 24. Juni 1859 haben die von Napoleon III. unterstützten Italiener bei Solferino das österreichische Kaiserreich geschlagen, von dem sie sich lossagen, um 1860 die Einheit des Landes herbeizuführen. Ein paar Jahre später akzeptiert Kaiser Franz Joseph den Kompromiss von 1867 und damit die Schaffung der österreichisch-ungarischen Doppelmonarchie, die Budapest eine völlig neue Eigenexistenz und Autonomie verschafft. Angesichts der nationalen Forderungen der Ungarn scheint ihm dies der einzige Weg zu sein, um den Zerfall des Reichs zu verhindern.

1864 kämpfen Preußen und Österreicher Seite an Seite, um den unterdrückten Deutschen in Schleswig und Holstein beizustehen. Diese hatten sich schon 1848 mit preußischer Hilfe gegen ihren Unterdrücker, den König von Dänemark, aufgelehnt. Der Krieg ist rasch entschieden und die beiden Regionen werden

unter preußisch-österreichische Doppelherrschaft gestellt, bis es 1865 zur Aufteilung kommt: Schleswig wird preußisch und Holstein fällt an das ferne Österreich. Doch 1866 fällt Bismarck zur Empörung der Liberalen und der Österreicher in Holstein ein. Das bedeutet Krieg zwischen den beiden Staaten. Bismarck wollte diese Konfrontation, um endlich die seit den 1740er-Jahren, seit der Zeit Friedrichs II. und Maria Theresias, offene Frage nach der Vorherrschaft in Deutschland zu klären. Am 3. Juli findet die Entscheidungsschlacht im österreichischen Böhmen statt, bei Sadowa in der Gegend von Königgrätz. Die preußische Waffentechnik vollbringt wahre Wunder: Der Hinterlader, der im Liegen geladen wird, erweist sich als dem im Stehen zu ladenden Vorderlader deutlich überlegen. Seine Wirkung ist verheerend, wie der junge preußische Leutnant Paul von Hindenburg feststellt: Die Österreicher verlieren 14 000 Mann, sieben Mal mehr als die Preußen. Während Wilhelm I. die Gelegenheit nutzen und auf Wien marschieren möchte, setzt Bismarck auf eine politische Lösung. Das österreichisch-preußische Duell ist entschieden, wozu dann noch Franz Joseph demütigen? Eine Nervenkrise und eine Demissionsdrohung des Kanzlers bringen den König und seine Generäle wieder zur Vernunft: Am 26. Juli wird in Nikolsburg ein Vorfrieden unterzeichnet, mit dem 126 Jahre Rivalität oder auch Krieg ein Ende finden, denn Artikel II hält fest: „Seine Majestät der Kaiser von Österreich erkennt die Auflösung des bisherigen deutschen Bundes an und gibt Seine Zustimmung zu einer neuen Gestaltung Deutschlands ohne Beteiligung des Österreichischen Kaiserstaates." Preußen annektiert Holstein sowie mit Österreich verbündete Staaten wie Hannover, Nassau, Kurhessen und die Freie Stadt Frankfurt. Gestützt auf diesen Machtzuwachs ruft es den „Norddeutschen Bund" ins Leben, zunächst eine Militärallianz mit mehreren norddeutschen Staaten, aus der mit der Verfassung vom 16. April 1867 ein Bundesstaat wird. Preußen bildet also zusammen mit dem Königreich Sachsen, den

Großherzogtümern Oldenburg, Mecklenburg und Weimar sowie den Freien Städten Hamburg, Bremen und Lübeck einen Staat, an dessen Spitze Wilhelm I. steht und dessen Kanzler Otto von Bismarck heißt. Dieser Staat, der mit dem „Reichstag" seine parlamentarische Vertretung hat, ist durch Militärbündnisse mit den Königreichen Bayern und Württemberg sowie mit zwei unabhängig bleibenden süddeutschen Staaten, den Großherzogtümern Hessen und Baden, verbunden. Angesichts der preußischen Übermacht haben generell die preußischen Gesetze Vorrang, insbesondere in Sachen Militärdienst und Zensur. Dies drückt sich in einer scherzhaft-satirisch zugespitzten Definition der neuen Staatsbürgerschaft aus: „Steuern zahlen, Soldat sein, Maul halten" – alles Dinge, zu denen Bayern und Badenser nicht wirklich bereit sind. Im Rahmen der Militärallianz werden Ausbildungsoffiziere sowie Mitglieder des Generalstabs, aber auch Kenntnisse und Rüstungsgüter ausgetauscht, wie etwa die berühmte preußische Pickelhaube, die so wirksam Säbelhiebe abfängt. Dazu kommt 1868 ein neu definierter „Zollverein" – mit einem noch im gleichen Jahr gewählten „Zollparlament" –, der für ökonomische Vereinheitlichung sorgt. Dieses Zollparlament besteht aus gewählten Vertretern der süddeutschen Staaten sowie aus solchen, die im Reichstag von den Staaten des Norddeutschen Bundes gewählt werden; sein symbolträchtiger Sitz ist das Palais Hardenberg in Berlin. Bismarck treibt die nationale Einigung voran und scheint auf autoritärem Weg einen Großteil des Programms von 1848 zu verwirklichen, denn immerhin sind die Reichstagsabgeordneten nach allgemeinem (Männer-)Wahlrecht bestimmte Volksvertreter.

Unter außenpolitischen Gesichtspunkten ist freilich festzuhalten, dass diese Einigungsbestrebungen die europäischen Mächte, insbesondere Frankreich, beunruhigen. Die Unterstützung Napoleons III. für verschiedene Nationalitäten erfolgt in Fortführung der Politik seines Onkels und in der Absicht, dadurch

Österreich zu schwächen. Die Entstehung eines großen Staates unter preußischer Kontrolle verheißt den Franzosen des Jahres 1870 jedoch nichts Gutes, zumal gleichzeitig die spanischen Cortes den Madrider Thron einem Angehörigen des Hauses Hohenzollern anbieten und damit französischen Einkreisungsängsten Nahrung geben. Der von Wilhelm I., seinem Vetter, zur Kandidatur gedrängte Fürst Leopold zieht aufgrund erheblichen französischen Drucks seine Kandidatur zurück. Vincent Benedetti, der französische Botschafter in Berlin, verlangt im Namen seiner Regierung, dass das Haus Hohenzollern sich dazu verpflichtet, künftig jeden derartigen Vorschlag abzulehnen. Dies geschieht in Bad Ems, wo Wilhelm I. sich zu einer Kur aufhält. Benedetti wird kurz abgefertigt, und die Depesche mit dieser Ablehnung wird von dem Diplomaten Abeken Bismarck zugesandt, der sie umformuliert, bevor er sie am 13. Juli an die Presse weitergibt. Diese deutlich verschärfte, schroffe Version wird am 14. Juli in Paris veröffentlicht und ruft dort den erwünschten Effekt vor, den eines roten Tuchs für den gallischen Stier. Am 19. Juli erklärt Frankreich Preußen den Krieg, genauer gesagt, dem Norddeutschen Bund, zu dem aber kraft einer Defensivklausel auch die süddeutschen Staaten hinzukommen, denn dank Bismarcks diplomatischem Meisterstück ist Preußen ja der Angegriffene. Der Feldzug ist von kurzer Dauer und die Krupp'sche Artillerie ist so effektiv, dass sie ins Sprichwort eingeht: „Es kommt runter wie in Gravelotte (*Ça tombe comme à Gravelotte*)", wird es künftig heißen, doch nicht nur dort, sondern auch in Sedan, wo sich Napoleon III. am 2. September 1870 ergibt, gibt es Geschützhagel. Bismarck lässt sich in der Präfektur von Versailles nieder und leitet von dort aus die Militäroperationen gegen Paris, das nicht zur Kapitulation bereit ist. Dort arbeitet er auch an der Zukunft Deutschlands. Nur mit Mühe gelingt es ihm, Wilhelm zur Annahme der Kaiserkrone zu überreden, nachdem die Begeisterung über einen gemeinsam geführten und so glänzend errungenen

Enthüllung des Denkmals Friedrich Wilhelms III. im Berliner Lustgarten beim Siegeseinzug der Truppen im Juni 1871.

Sieg die deutschen Fürsten davon überzeugt hat, dass nun die Stunde der nationalen Einheit geschlagen hat. Ende November 1870 schließen sich die süddeutschen Staaten dem Bund an, der aufgrund des Reichstagsbeschlusses vom 10. Dezember 1870 künftig „Deutsches Reich" heißen wird. Wilhelm I. wird die Kaiserkrone von den deutschen Fürsten angetragen, so wie sein Bruder das 1848/49 verlangt hatte. Am 18. Januar 1871 wird Wilhelm vom Großherzog von Baden im Spiegelsaal des Schlosses von Versailles, von dem aus Ludwig XIV. die Verwüstung der Pfalz angeordnet hatte, zum „Deutschen Kaiser" proklamiert – eine geschickte Formulierung. Wilhelm wollte „Kaiser von Deutschland" sein, also ein Souverän, dem seine Länder und Untertanen gehören, und nicht etwa „Kaiser der Deutschen", wie

man ihm vorschlug. Die Bezeichnung „Deutscher Kaiser“ stellt letzten Endes alle zufrieden, auch wenn Wilhelm sich nach der Zeremonie erst einmal über seinen Kanzler beschwert, der ihn mehr oder weniger hereingelegt habe. Am 16. April 1871 nimmt der Reichstag die Verfassung des Reichs an: Es ist, mit einigen Anpassungen, die des Bundes von 1866.

Als Bundesstaat beruht das Reich auf Teilung der Zuständigkeiten und Subsidiarität. Der Zentralstaat, dessen Regierung die des Kanzlers von Preußen ist, ist zuständig für Zoll, Justiz und Armee. Die Bundesstaaten kümmern sich um das Erziehungs- und Transportwesen sowie die Polizei. Die Einheit wird hergestellt durch die kaiserlichen Institutionen: den nach allgemeinem (Männer-)Wahlrecht gewählten Reichstag und den Bundestag, die Vertretung der Länder sowie durch die Währungseinheit (Schaffung der Mark im Dezember 1871), die Herstellung der Rechtseinheit (gemeinsames Strafgesetzbuch 1872 und Bürgerliches Gesetzbuch 1900), die Harmonisierung der Rechtsprechung (Schaffung des Obersten Reichsgerichts mit Sitz in Leipzig im Jahr 1879) und schließlich die Einführung einer einheitlichen Uhrzeit (die Berliner Zeit wird 1893 die des ganzen Reichs).

In den folgenden 19 Jahren seiner Kanzlerschaft setzt Bismarck alles daran, die nationale Einheit zu vollenden, was für ihn und die ihn unterstützenden Kräfte einen Bruch mit der preußischen Tradition kultureller und religiöser Toleranz bedeutet. Im annektierten Elsass-Lothringen wird die französische Sprache unterdrückt und im Osten wird das Deutsche auf Kosten des Polnischen alleinige Unterrichts- und Verwaltungssprache (1872 bzw. 1876).

Auf die explosionsartige demografische Entwicklung des jungen Reichs antwortet die Regierung ab 1886 mit der Förderung von landwirtschaftlicher Erschließung und Besiedlung des Ostens. Dies findet die Unterstützung nationalistischer Gruppierungen wie etwa des „Deutschen Ostmarkenvereins“. Gegenüber

einem Befürworter von Kolonien in Afrika äußert Bismarck dagegen 1888: „Meine Karte von Afrika liegt hier in Europa." Diese Formulierung bündelt seine Unterstützung der Ostkolonisation einerseits und sein taktisches Desinteresse für sonstige Kolonialpolitik andererseits: Sollen die europäischen Mächte sich doch anderweitig ausbreiten, dann sind sie dort hinreichend beschäftigt!

Die Reichsregierung bekämpft auch zwei politische Kulturen, die sie als internationalistisch, also gegen die nationale Einheit gerichtet betrachtet. Das ist zunächst der Katholizismus, dem die preußischen Protestanten wenig Sympathie entgegenbringen. Seit dem Jahr 1815, seit dem Preußen bis nach Köln reicht, stellt der Katholizismus ein Problem dar. Papst Pius IX. verschärft eher das Problem, zumal die katholische Zentrumspartei sich zum Sprachrohr der unzufriedenen bayrischen, rheinländischen und polnischen Katholiken macht. 1872 wird der Jesuitenorden im ganzen Reich verboten und die Schulaufsicht wird entkonfessionalisiert. 1875 wird die zivile Scheidung eingeführt und 1873 versucht der Staat, die Lehrpläne von Priesterseminaren zu bestimmen. Dies lehnen die Bischöfe ab, woraufhin die Hälfte von ihnen inhaftiert wird. Im Jahr 1878 bietet die Wahl von Leo XIII. zum neuen Papst die Chance, ohne Gesichtsverlust die Krise zu beenden. Der Kulturkampf geht zu Ende und 1880 kann Wilhelm I. den Kölner Dom einweihen, der dank der 1840 getroffenen Entscheidung seines Bruders, Friedrich-Wilhelms IV., endlich fertiggestellt werden konnte.

Die andere von Bismarck bekämpfte Internationale ist die der Sozialisten. Die 1875 in Gotha gegründete SPD (Sozialdemokratische Partei Deutschlands) erzielt Wahlerfolge. Sie wird daher mithilfe des „Sozialistengesetzes" unterdrückt, das Versammlungen und sonstige Meinungsäußerungen von Sozialisten untersagt. Aber auch die Sozialgesetzgebung der Jahre 1883–85 soll der Partei schaden. Insbesondere die Rentengesetzgebung und die Be-

Grundsteinlegung des Reichstagsgebäudes durch Wilhelm I. im Juni 1884. Fotografie von Ottomar Anschütz.

stimmungen zur Krankenversicherung sollen die mit der Massenindustrialisierung verbundenen Risiken abfedern, aber nicht zuletzt auch die sozialistischen Massen dadurch in den Staat integrieren, dass die Aussicht auf eine Rente eine Haltung fördert, die das Bestehende zu bewahren sucht. Auch der Paternalismus, die christliche Idee der Nächstenliebe sowie die sozialen Projekte der so früh erstarkten politischen und gewerkschaftlichen Arbeiterbewegung sind Quellen dieser neuartigen Projekte.

Der ewige Kanzler Bismarck wird im Lauf der Jahre zum lebenden Nationaldenkmal. Er hat die deutsche Einheit herbeigeführt, wenn auch in „kleindeutscher" Version, also ohne Österreich, und im Herzen Europas ein Reich geschaffen, das den europäischen Status quo stabilisieren soll. Der Bismarck in

Kürassier-Uniform hat den Krieg nur geführt, um seine politischen Ziele zu erreichen: Nach der Errichtung des Reichs soll aber Frieden herrschen in Europa und in Deutschland. Bismarck ist es dank der Herstellung der nationalen Einheit gelungen, seine liberalen Gegenspieler für sich zu gewinnen. Der Kanzler hat damit ja einen Teil des Programms von 1848 verwirklicht und das Bürgertum ist hochbefriedigt dank des wirtschaftlichen Aufschwungs. Gleichwohl lässt die autoritäre Haltung des alternden, zur Statue versteinerten Junkers die Liberalen bei den Wahlen 1878 das Bündnis mit ihm aufkündigen. Bismarck stützt sich von nun an auf die Konservativen. Die Historiker bezeichnen diesen Vorgang als „zweite Reichsgründung". Die Liberalen betreiben seitdem eine scharfe Oppositionspolitik und trotz aller Repression erstarkt die deutsche Arbeiterbewegung.

„Mit Volldampf voraus"

Weltmacht Deutschland (1890–1918)

Wie einst Rom, so hat auch Deutschland sein Dreikaiserjahr: 1888 stirbt Wilhelm I. Ihm folgt sein todkranker Sohn Friedrich nach, aber nur für 100 Tage, dann erliegt er seinem langjährigen Rachenkrebs. Friedrich und Victoria, seine englische Gemahlin, waren die Hoffnung der Liberalen, die eine Entwicklung der Kaisermonarchie nach britischem Vorbild herbeisehnten. Für die Liebhaber historischer Spekulation eröffnet sich hier ein weites Feld: Was wäre aus Deutschland geworden, wenn Friedrich länger regiert hätte? Es ist aber sein Sohn, den er wenig schätzt und wegen seines feierlichen und aufbrausenden Charakters verspottet, der am 15. Juni 1888 im Alter von 29 Jahren den Thron besteigt. Er kommt eher nach seinem Großvater Wilhelm I. und seiner Großmutter, der englischen Königin Victoria, verabscheut aber den britischen Liberalismus und steht den Konservativen und Militär-Kreisen nahe. Er hält zunächst den Mann im Amt, von dem sein Großvater einst sagte: „Es ist nicht leicht, unter einem solchen Kanzler Kaiser zu sein." Lange erträgt er die Bevormundung durch Bismarck freilich nicht und entlässt den alten Dickschädel. In einem Brief an Franz Joseph erläutert Wilhelm, der Kanzler habe alles selbst machen und regieren wollen, da habe er eben die Geduld verloren. Der neue Herrscher will seinerseits alles alleine bestimmen. Als Kaiser von Gottes Gnaden kompensiert er seine psychische Labilität und eine Körperbehinderung (ein Arm ist von Geburt an durch Verwendung der Geburtszange gelähmt) durch großsprecherische Reden und groteske Haltungen. In der für ihn typischen prahlerischen Rhetorik

formuliert er fortwährend Aussagen wie etwa diese von 1892: „Zu Großem sind wir noch bestimmt, und herrlichen Tagen führe ich Euch noch entgegen [...] Mein Kurs ist der richtige und er wird weiter gesteuert.“ In Österreich hat man daraus den Witz gemacht, Wilhelm wolle bei jeder Jagd der Hirsch, bei jeder Hochzeit die Braut und bei jedem Begräbnis die Leiche sein. In der Tat fragt man sich in Deutschland wie im Ausland, ob dieser Herrscher, der so laut tönt und der dreimal am Tag die Uniform wechselt, ganz bei Verstand ist.

Wilhelm versteht sich als Vater seiner Untertanen und beendet daher Bismarcks gegen die Sozialisten gerichtete Konfrontationspolitik. So empfängt er im Mai 1889 eine Delegation von streikenden Bergarbeitern aus dem Ruhrgebiet und schafft 1890 das Sozialistengesetz von 1875 ab, obwohl auch für ihn die Sozialdemokraten „Reichsfeinde“ und „vaterlandslose Gesellen“ sind, wie er jungen Rekruten in einer Rede aus dem Jahr 1891 anvertraut:

> Ihr habt jetzt vor dem geweihten Diener Gottes und angesichts dieses Altars Mir Treue geschworen. Ihr seid noch zu jung, um die wahre Bedeutung des eben Gesprochenen zu verstehen, aber befleißigt euch zunächst, dass ihr die gegebenen Vorschriften und Lehren immer befolgt. Ihr habt Mir Treue geschworen, das – Kinder Meiner Garde – heißt, ihr seid jetzt meine Soldaten, ihr habt euch Mir mit Leib und Seele ergeben; es gibt für euch nur einen Feind, und der ist Mein Feind. Bei den jetzigen sozialistischen Umtrieben kann es vorkommen, dass ich euch befehle, eure eignen Verwandten, Brüder, ja Eltern niederzuschießen – was Gott verhüten möge – aber auch dann müsst ihr Meine Befehle ohne Murren befolgen.

Auf dem Gebiet der Außenpolitik zielt der „neue Kurs“ Wilhelms und seiner Kanzler darauf ab, Deutschland seinen „Platz an der Sonne“ (von Bülow) zu verschaffen. Wenn das Reich eine Weltmacht sein will, dann braucht es eine starke Flotte. Diese ist das

spezielle Hobby des Kaisers, der für die Flensburger „Marineakademie" im Jahr 1897 ein imposantes neugotisches Gebäude errichten lässt. Großadmiral von Tirpitz, seit 1897 Marine-Staatssekretär, entwickelt ein ehrgeiziges Rüstungskonzept, das von der deutschen Kohle- und Stahlindustrie mit größtem Wohlwollen aufgenommen wird. 1914 ist die Kaiserliche Marine die zweitstärkste Kriegsmarine der Welt.

Diese Rüstungsanstrengungen machen aus Deutschland ein Weltreich. Bismarck interessierte sich nicht für überseeische Kolonien, doch hatten es mächtige Lobbies verstanden, private Eroberungen wie „Deutsch-Südwestafrika", das heutige Namibia, im August 1884 durch staatliche Schutzversprechen offiziell abzusichern. Ihm folgten noch im September desselben Jahres Togo und im folgenden Jahr „Deutsch-Ostafrika", das die heutigen Staaten Tansania, Ruanda und Burundi umfasst. Wilhelm II. begeistert sich seinerseits für Asien: 1898 wird die deutsche Kolonie Tsing Tao gegründet, von der heute noch eine berühmte Brauerei zeugt, und 1899 wird in Neu-Guinea das „Kaiser-Wilhelm-Land" unter direkte Reichsverwaltung gestellt und ihm zudem das Archipel der „Bismarck-Inseln" angegliedert. Während des Boxer-Aufstands setzt sich Deutschland an die Spitze des europäischen Expeditionskorps. Für Wilhelm II. ist das ein willkommener Anlass, seine Muskeln spielen zu lassen und die Weltöffentlichkeit am 27. Juli 1900 mit seiner Bremerhavener Ansprache an die ausreisenden Truppen vor den Kopf zu stoßen. In der unter diesem Namen berühmt gewordenen „Hunnenrede" fordert er unter anderem: „Pardon wird nicht gegeben! Gefangene werden nicht gemacht! Wer Euch in die Hände fällt, sei Euch verfallen wie vor tausend Jahren die Hunnen unter ihrem König Etzel sich einen Namen gemacht […], so möge der Name Deutscher in China auf 1000 Jahre durch Euch in einer Weise bestätigt werden, dass es niemals wieder ein Chinese wagt, einen Deutschen scheel anzusehen!"

Am heftigsten tobt sich die Gewalt Deutschlands als Kolonialmacht jedoch in Westafrika aus. Als Antwort auf ihre Revolte lässt im Oktober 1904 General von Trotha 60 000 Hereros in der namibischen Wüste, in die er sie getrieben hat, umkommen, was in Berlin einen politischen Skandal auslöst.

Deutschland erscheint als „ruheloses Reich“ (Michael Stürmer). Das Land macht insbesondere eine explosive demografische Entwicklung durch, eher eine Revolution als eine Übergangsphase: Von 1871 bis 1914 wächst die Bevölkerung um 67 %, was einen Zuwachs von 27 Millionen Einwohnern bedeutet. Angesichts dieser Zahlen kann es kaum verwundern, dass Militärs, Wirtschaftskreise und Intellektuelle Gehör für ihr Verlangen nach Erweiterung des Staatsgebiets finden. Das stark biologistisch geprägte Denken der westlichen Eliten der Epoche sieht in Deutschland ein von der Natur begünstigtes, von Lebenskraft überschäumendes Gemeinwesen. Der herrschende Sozialdarwinismus legt es einem Volk in vollem Wachstum nahe, den entsprechenden „Lebensraum“ in Übersee, aber auch in Mittel- und Osteuropa für sich zu beanspruchen. Die 1894 gegründete „Pangermanische Liga“ macht sich den herrschenden Rassismus und Sozialdarwinismus zu eigen und fordert ein „Großdeutschland“. Dessen größter Propagandist gab auch seinem bekanntesten Werk eben diesen Titel. Dort tat Otto Richard Tannenberg das „Völkerrecht“ als eine Konstruktion ab, die mit der Dummheit und Großzügigkeit der Deutschen rechne; an seine Stelle trete das Lebensrecht des Stärkeren.

Vorerst bleibt Deutschland allerdings ein Auswanderungsland. Von 1871 bis 1893 wandern zweieinhalb Millionen Deutsche aus, genauso viele wie in der Zeit seit 1820. Die meisten von ihnen lassen sich jenseits des Atlantik nieder, davon die Hälfte in den USA. So geben noch im Jahr 2000 15 % der Amerikaner bei einer Volkszählung an, dass sie deutsche Vorfahren haben, noch vor Iren (11 %), Afrikanern (9 %), Engländern (8,7 %) und Itali-

enern (5,6 %): Namen wie Eisenhower, Steinbeck, (Herbert) Hoover, (Sandra) Bullock und (Donald) Trump, dessen Vorfahren ebenso wie der Pfälzer Saumagen aus Kallstadt kommen, verweisen auf diese Herkunft. Deutschsprachige Städte wie Blumenau (gegründet 1850) und Pomerode (gegründet 1861) im brasilianischen Bundesstaat Santa Catarina sowie Novo Hamburgo im Bundesstaat Rio Grande del Sul bewahren heute noch dieses Erbe deutscher Einwanderer. Der Architekt Oscar Niemeyer und das Topmodel Gisèle Bündchen sind zwei brasilianische Ikonen deutscher Herkunft. Die Auswanderung lässt allerdings ab 1893 deutlich nach, sie beläuft sich nunmehr auf lediglich 530 000 Ausreisen bis 1914.

Auch die Binnenwanderungen haben beträchtliche Ausmaße. In der zweiten Hälfte des 19. Jahrhunderts wandern fast 5 Millionen Deutsche von Ost nach West, v. a. an die Ruhr und vom Land in die Stadt. Im Jahr 1907 wohnt die Hälfte der Einwohner nicht mehr an ihrem Herkunftsort. Diese außergewöhnliche Mobilität ist nur mit derjenigen der amerikanischen Bevölkerung in der Zeit der Erschließung ihres Landes zu vergleichen. Die Verstädterung schreitet rasch voran. 1871 haben acht Städte mehr als 100 000 Einwohner, 1910 sind es bereits 48. Berlin wächst zwischen 1848 und 1910 von 40 000 auf 2 Millionen Einwohner, von denen 60 % vom Land kommen. Zur Deckung des Wohnraumbedarfs entstehen die für Berlin typischen, rasch hochgezogenen Mietskasernen mit ihren (klein-)bürgerlichen Stuckfassaden zur Straßenseite und ihrer Flucht von schmucklosen Innenhöfen. Auch die Landschaft verändert sich: Der Flächenverbrauch von Berlin ist beträchtlich, in der Stadt wie auch außerhalb, etwa im Fall der riesigen Steinbrüche von Rüdersdorf. Zugleich verwandelt die Industrie das Tal der Ruhr in eine riesige Industriestadt, eine weltweit einzigartige Megastadt.

Die deutsche Wirtschaft steht seit 1871 „unter Volldampf", und „mit Volldampf voraus" ist eine der Lieblingswendungen des

Dampfhammer der Firma Friedrich Krupp in Essen, um 1900.

auf maritime und mechanische Metaphern erpichten Wilhelms II. Dieses Jahr steht am Beginn einer satten Konjunktur, die auch von der ganz Europa betreffenden Eintrübung des Jahres 1873 kaum gebremst wird. Die 1871 beginnende „Gründerzeit" ist nicht nur politischer Natur. Die rechtliche und währungsmäßige Vereinheitlichung, die Zeitangleichung und nicht zuletzt die Frankreich durch den Vertrag von Frankfurt am Main auferlegten Reparationen (5 Milliarden Gold-Franken, was mehr als 20 Milliarden Euro entspricht) lassen ein bereits seit Langem fest geknüpftes Netz an Mittelbetrieben sowie einige seit 1830 in den Sektoren Kohle, Stahl und Elektrizität neu gegründete Großunternehmen (Krupp, Thyssen, Siemens, AEG, Borsig usw.) auf-

blühen. Krupp beschäftigt im Jahr 1878 16 000 Menschen in Essen, 1910 sind es bereits 46 000.

Daimler und Benz entwickeln den neu erfundenen Verbrennungsmotor weiter. 1888 baut das Unternehmen des Ingenieurs Andreas Flocken im fränkischen Coburg sogar das erste Elektroauto. Ein Kleinbetrieb aus dieser Gegend, der bald unter dem Namen Varta bekannt werden soll, liefert die dafür nötigen Batterien und Akkus. Die Fähigkeiten der deutschen Industrie in der Speicherung der Elektrizität erlauben ihr auch die Entwicklung einer hochwirksamen neuen Waffe, des U-Boots. Dank einer hervorragend entwickelten optischen Industrie verfügen die Boote auch über leistungsstarke Periskope. Kleinbetriebe wie die von Ernst Leitz (gegr. 1865) und Carl Zeiss (gegr. 1846) entwickeln sich ab 1871 in Höchstgeschwindigkeit. Leitz feiert 1899 sein 50 000. Mikroskop, baut dann auch seine Foto-Abteilung aus und entwickelt in den 1920er-Jahren die zum Mythos gewordene Kamera Leica. Zeiss konzentriert sich seinerseits insbesondere auf militärische, Flug- und später auch Weltraumoptik. Erfolge sind auch auf dem Gebiet der Chemie zu verzeichnen. Bayer meldet 1899 das Patent für Aspirin an, der Chemiker Oscar Troplovit entwickelt für Beiersdorf die Nivea-Creme und den Labello-Stift, dessen Form die ganze kosmetische Industrie revolutionieren wird. Dieses von dem Chemie-Professor Justus von Liebig gegründete Unternehmen entwickelt auch chemische Dünger und Nahrungsmittelkonzentrate wie „Liebig's Fleischextrakt" und Suppenwürfel, die weltweit Berühmtheit erreichen. Zu den bekannten Produkten dieses Industriezweigs zählen auch die „Leibniz-Kekse" der Hannoveraner Firma Bahlsen. Dieses Backwerk verdankt seinen Namen dem berühmtesten Sohn der Stadt, dem Philosophen und langjährigen Direktor der Hannoveraner Bibliothek Gottfried Wilhelm Leibniz.

Auf deutsche Forscher geht ein regelrechter Regen von Nobelpreisen nieder: für Physik in den Jahren 1901, 1905, 1911 und

1914 (unter anderem für den Entdecker der Röntgenstrahlen, Wilhelm Conrad Röntgen), für Chemie 1902, 1905, 1907, 1909 und 1910, in Medizin 1905 für Robert Koch sowie in den Jahren 1901, 1908, 1910 und 1914. Im Jahr 1911 wird unter dem Namen „Kaiser-Wilhelm-Gesellschaft zur Förderung der Wissenschaften“ ein Netzwerk von Instituten für Grundlagenforschung gegründet, das seit 1945 unter dem Namen von Max Planck firmiert.

Die Industrie braucht Führungskräfte. Zu diesem Zweck werden parallel zu den Universitäten „Technische Hochschulen“ gegründet, die ab 1899 das Promotionsrecht mit Verleihung des Titels eines „Dr. Ing.“ erhalten. In Sekundarschulen führen zwei vom Erziehungsministerium einberufene „Schulkonferenzen“ (Dezember 1890 und Juni 1906) zu einer Veränderung der Stundentafel: Die Zahl der Unterrichtsstunden für Latein und Griechisch wird verringert und dafür naturwissenschaftlicher Unterricht eingeführt, Deutsch und Geschichte werden verstärkt: „Wir sollen nationale junge Deutsche erziehen und nicht junge Griechen und Römer.“ Die Jugend zu Deutschen machen, das ist ein zentrales Anliegen der jungen Nation, und der Ort, an dem dies vornehmlich geschieht, ist hier wie überall die Schule. Auch die Kunst wird dazu herangezogen, insbesondere in Form des bürgerlichen Wagner-Kults. Seit 1876 verfügt der Meister über sein eigenes Opernhaus im fränkischen Bayreuth. Dort werden seine Werke aufgeführt, v. a. *Der Ring des Nibelungen*. Diese Oper beruht auf dem germanischen Mythos vom Rheingold, wie es das *Nibelungenlied* erzählt, dieses im 18. Jahrhundert wiederentdeckte mittelalterliche Epos, von dem Friedrich II. herablassend sagte, dass es keinen Schuss Pulver tauge. Siegfrieds Heldentum und die „Nibelungentreue“ werden als Inbegriff des Germanischen bzw. des Deutschtums gefeiert, ernten aber auch so manche sarkastische Kritik. Nietzsche, der dem *Fall Wagner* ein ganzes Pamphlet widmet, kritisiert auch in anderen Werken die „Ungeis-

tigkeit“, „Schwere“, „Gemeinheit“ der Verehrer deutscher Macht und Herrlichkeit: „Wie viel Bier ist in der deutschen Intelligenz!“ 1913 schrieb Thomas Manns Bruder Heinrich mit dem *Untertan* die Geschichte eines ebenso dummen wie selbstzufriedenen dicken Industriellen, des Doktors der Chemie und Burschenschafters Diederich Heßling, der aus eigener Schwäche und Beflissenheit die Macht verehrt und in allem seinen Herrscher imitiert:

> „Hurra!“, schrie Diederich, denn alle schrien es [...]. Ein Rausch, höher und herrlicher als der, den das Bier vermittelt, hob ihn auf die Fußspitzen, trug ihn durch die Luft. [...] Auf dem Pferd dort, unter dem Tor der siegreichen Einmärsche und mit Zügen steinern und blitzend ritt die Macht! [...] der Kaiser vom Pferd herunter, blitzte ihn an, er durchbohrte ihn. Diederich riss den Hut ab, sein Mund stand weit offen, aber der Schrei kam nicht. Da er zu plötzlich anhielt, glitt er aus und setzte sich mit Wucht in einen Tümpel, die Beine in die Luft, umspritzt von Schmutzwasser. Da lachte der Kaiser. Der Mensch war ein Monarchist, ein treuer Untertan! [...] Diederich aus seinem Tümpel sah ihm nach, den Mund noch offen.

Heßling ist, wie sich das gehört, Reserveoffizier. In einem Land, dessen Einheit in drei Kriegen geschmiedet wurde (1864, 1866 und 1870), genießt die Uniform höchstes Ansehen. Nationalfeiertag ist der 2. September, der Sedantag, an dem die Veteranen aufmarschieren, Militärkapellen aufspielen und endlose Paraden stattfinden. Für eine Karriere in der Verwaltung oder der Privatwirtschaft sind ein paar kleine Buchstaben wichtiger geworden als die Adelspartikel „von“ oder „zu“, nämlich die Abkürzung „Dr.“, aber auch LdR und HdR für Leutnant bzw. Hauptmann der Reserve. Hier drückt sich ganz konkret aus, was man unter dem sprichwörtlichen „preußischen Militarismus“ versteht, eine von militärischen Werten durchdrungene Zivilgesellschaft. Dieser Militarismus ist allerdings auch ein Lieblingsgegenstand des

Spotts der florierenden satirischen Presse, und die Öffentlichkeit lacht herzlich über den gelungenen Streich des „Hauptmanns von Köpenick“: Im Oktober 1906 schneidert sich der vorbestrafte Schuster Wilhelm Vogt die Uniform eines Hauptmanns des Ersten preußischen Garde-Regiments zu Fuß und bringt bei einem Wachwechsel einen Trupp Gardesoldaten dazu, mit ihm auf das Rathaus von Köpenick im Osten Berlins zu marschieren. Die Uniform wirkt magisch auf Soldaten wie Beamte und niemand verlangt es vom vermeintlichen Hauptmann, dass er sich ausweisen soll, sodass dieser mit der Kasse abziehen kann. Er wird kurz darauf verhaftet und verurteilt. Wilhelm II., der über den Vorfall ebenso herzlich lacht wie ganz Deutschland, begnadigt ihn aber. Die „Berliner Volkszeitung“ fasst die einhellige öffentliche Meinung so zusammen: „So unbeschreiblich lächerlich diese Geschichte ist, eine so beschämend ernste Seite hat sie. Das Köpenicker Gaunerstückchen stellt sich dar als der glänzendste Sieg, den jemals der militaristische Gedanke in seiner äußersten Zuspitzung davongetragen hat.“ Bei allem Stolz auf den, laut Bismarck, so einmaligen deutschen Leutnant, „den uns noch keiner nachgemacht hat“, gibt es auch eine Vielzahl von Protesten gegen die anmaßenden Übergriffe der Armee, etwa im Jahr 1904 wegen des Massakers an den Hereros und 1913 anlässlich der Zabern-Affäre, einem Vorfall, bei dem die Truppe Bürger des „Reichslands Elsass-Lothringen“ misshandelte.

Die Kritik an den sozialen und politischen Verhältnissen nimmt in Deutschland die Züge eines neuartigen alternativen Denkens und Verhaltens an. Intellektuelle und Künstler, aber auch Bürger, Lehrer und Arbeiter brechen mit der Vergangenheit und der bestehenden Realität. Die industrielle Revolution mit ihrer Brutalität und ihrer Beschleunigung unterjocht den Menschen mehr, als sie ihn befreit. Die Lebensreform, die sich u. a. auf die Kulturkritik Nietzsches bezieht, geißelt Phänomene wie die Landflucht, die Proletarisierung der Massen, die Umweltver-

schmutzung und alles, was den modernen Menschen belastet. Sie will eine radikale Wende herbeiführen. Das bedeutet eine mehrfache Abwendung: vom Christentum mit seiner Geringschätzung, ja Negation des Körpers und der Gefühle; von der Stadt, die Nervosität, das Grundübel der Zeit, erzeugt; von einer kriegerischen Pädagogik, die die Bedürfnisse der Kinder ignoriert; von den Elendsquartieren, in denen die Arbeiter zusammengedrängt wohnen und dadurch an Blutarmut, Saturnismus und Skrofulose leiden. Die real gelebten Utopien von Siedlungen wie Monte Verità in der Schweiz (gegr. 1873) und Worpswede bei Bremen (gegr. 1889), der Produktionsgenossenschaften von Eden bei Oranienburg sowie der alternativen Erziehungsmethoden stehen neben Freikörper-Kultur, Hygiene-Bewegung und biologischer Landwirtschaft. 1865 gründen Lehrer am Leipziger Schreber-Platz die ersten „Schrebergärten". Begünstigt durch den herrschenden Paternalismus und die Hygiene-Bewegung entstehen in wenigen Jahren Millionen solcher Parzellen und werden unter der Bezeichnung „Gartenkolonien" rasch landesweit zu einem Kultobjekt.

Zu „Deutschland über alles" scheint sich „Deutschland überall" gesellen zu wollen. Im Jahr 1896 warnt der britische Journalist Ernest Williams in einem weit verbreiteten Pamphlet vor dem Prädikat „Made in Germany", das alle Märkte zu erobern droht.

Der Machtzuwachs Deutschlands auf demografischem, industriellem, militärischem und kommerziellem Gebiet beunruhigt die Nachbarn des Reichs. Bismarck war es gelungen, ein Bündnissystem aufzubauen, das Frankreich neutralisierte und die Einkreisung Deutschlands verhinderte. Im Jahr 1887 findet das Bismarck'sche System seine Vollendung in Gestalt eines deutsch-russischen Abkommens und der Mittelmeer-Verträge mit Wien, Rom, Madrid sowie mit London als Bestandteil eines weiteren Bündnissystems, nämlich des Dreibunds Berlin–Wien–Rom.

Wilhelm II. sprengt mit seiner Außenpolitik dieses System und bringt das Kunststück fertig, eine Annäherung Frankreichs an Russland (1892) und an Großbritannien (1904) herbeizuführen. 1898 besucht der Kaiser das Osmanische Reich und beunruhigt die anderen Mächte mit seinen großsprecherischen Reden und mit seiner spektakulären Ankunft in Jerusalem. Ähnlich wirken seine Absichtserklärungen in Richtung Marokko, die in den Jahren 1905 und 1911 zu zwei Krisen mit Frankreich führen. Am 28. Oktober 1908 erscheint im „Daily Telegraph" ein Interview mit Wilhelm II., mit dem er die Briten vor den Kopf stößt und zugleich die Deutschen gegen sich aufbringt, indem er ohne Umschweife erklärt: „Ihr Engländer seid verrückt [...] wie Märzhasen. [...] Ich habe immer wieder gesagt, dass ich Englands Freund bin und Ihre Presse [...] fordert das englische Volk auf, meine ausgestreckte Hand zurückzuweisen." Damit mache man es ihm nicht leicht, denn „die vorherrschende Empfindung in großen Teilen [...] meines eignen Volkes ist England nicht freundlich". Er zeigt sich stolz, das Scheitern der Buren-Delegierten, die während des Burenkriegs in Europa Unterstützung suchten, herbeigeführt zu haben. Im Reichstag sieht er sich daraufhin mit einer Vielzahl äußerst kritischer Reden konfrontiert. Nicht nur die Fürstin Radziwill fragt sich, ob sein Gehirn noch normal funktioniert, er selbst denkt an Abdankung.

Der gleiche Kaiser verspricht Franz Joseph, seinem Lieblingsverbündeten, Nibelungentreue. Dieser Cousin ist für ihn nicht nur ein Bluts-, sondern ein Seelenverwandter, der ebenso antisemitisch und rassistisch ist wie er selbst und der die Franzosen stets als „Gallier" bezeichnet. Nach der Ermordung des Erbprinzen Franz-Ferdinand am 28. Juni 1914 in Sarajewo lassen Wilhelm und sein Kanzler Bethmann-Hollweg Wien freie Hand gegen das slawische Serbien. Trotz der internationalen Krise hält der Kaiser an seiner Kreuzfahrt durch die Fjords fest und kümmert sich erst Ende Juli um das Räderwerk von ineinandergreifenden Allian-

Deutsche Geschützstellung an der Westfront vor Verdun 1916/1917.

zen, das – einmal in Gang gesetzt – in einer Art von Kettenreaktion zum Krieg führt. Entscheidend war dabei zwar der Balkan, die Interaktion von Österreich-Ungarn, Serbien und Russland, doch trug die bedingungslose Unterstützung Österreichs durch Deutschland maßgeblich dazu bei, dass die Dinge eskalierten.

Revolution und Republik

Eine deutsche Demokratie (1918–1933)

Der „Geist von August 1914" war kein Mythos. Die Mobilisierung gegen das, was man als russische, französische und britische Aggression betrachtet, wird mit größter Entschlossenheit durchgeführt. Deutschland, diese belagerte Nation, die sich seit dem Dreißigjährigen Krieg eingekreist fühlt und wegen des allseits drohenden „Sperrfeuers" besorgt ist, zieht bei klarem Bewusstsein und mit großer moralischer Stärke in den Krieg. Der Krieg werde an Weihnachten zu Ende sein, so wie auch die erfolgreichen Feldzüge von 1864, 1866 und 1870 nur von kurzer Dauer waren. Angesichts der Aggression herrscht einhelliger „Burgfrieden", auch die SPD bewilligt die Kriegskredite, was de facto das Ende der Arbeiterinternationale bedeutet, zumal die französischen Sozialisten ja das Gleiche tun. Die Macht geht auf den Generalstab über. Wilhelm II. erfüllt während der ganzen Kriegsjahre die Erwartungen: Er inspiziert die Truppen, verteilt Ehrenzeichen und zeigt sich in feldgrauer Weste. Der Feldzug im Osten verläuft erfolgreich: Der russische Vormarsch wird in Ostpreußen gestoppt. Damit beginnt ein langer Stellungskrieg, in dessen Verlauf 1916 der Stahlhelm endlich die Pickelhaube, die gegen Granatsplitter wenig hilft, ersetzt.

Doch im Westen werden die Deutschen im September 1914 zurückgeschlagen, obwohl sie schon kurz vor Paris stehen und die französische Regierung nach Bordeaux geflohen ist. Der Stellungskrieg führt zur Ausblutung Deutschlands. Viereinviertel Jahre lang sterben täglich 1300 deutsche Soldaten (gegenüber 900 französischen). Zu den 1,8 Millionen an der Front Gefalle-

nen kommen noch 800 000 zivile Tote, die infolge der von den Zentralmächten verhängten Blockade und des Fehlens eines Hinterlands an Hunger sterben.

Erschöpfung, Trauer und Hunger lassen das Verlangen nach einem Ende so anwachsen, dass der Reichstag 1917 einen Friedensschluss ohne Sieger und Verlierer, ohne Annexionen und Reparationen befürwortet, was der Generalstab allerdings ablehnt. Die Russische Revolution wirkt als Vorbild, und so kommt es zu einer Vielzahl von Streiks und Befehlsverweigerungen, die – so wie zu gleicher Zeit und aus ähnlichen Gründen in Frankreich – niedergeschlagen werden. In seiner „Osterbotschaft" von 1917 verspricht der Kaiser, in Anerkennung der vom Volk gebrachten Opfer eine parlamentarische Umgestaltung des politischen Systems. Das alles ist nicht dazu angetan, die Unzufriedenheit einzudämmen, die die SPD-Linke dazu veranlasst, sich als USPD von den Kriegsbereiten abzuspalten, die 1914 die entsprechenden Kredite bewilligt haben.

Dabei verspricht 1918, in militärischer Hinsicht ein erfolgreiches Jahr zu werden: Die bolschewistische Oktoberrevolution ermöglicht einen Friedensschluss an der Ostfront. Der Vertrag von Brest-Litowsk vom 3. März 1918 enthält für Russland drakonische Bedingungen. Das Land muss dem Reich riesige Gebiete abtreten, zu denen u. a. Weißrussland gehört. Die so frei werdenden Kräfte können nunmehr an die Westfront geworfen werden, wo der Generalstab in mehreren Wellen eine große Offensive einleitet. Doch wird diese Anfang August endgültig zurückgeschlagen, und am 8.8. gelingt den Alliierten der Durchbruch. Laut Generalquartiermeister Erich Ludendorff ist dies „der schwarze Tag des Heeres in der Geschichte dieses Krieges". Mit Hindenburg, dem Chef der deutschen Armee, ist er sich darin einig, dass die deutschen Streitkräfte am Ende sind und dass ein großer Durchbruch der Alliierten unabwendbar ist. Am 1. Oktober räumt Ludendorff zum ersten Mal vor seinen Stabsoffizieren offen die Niederlage ein und

zieht daraus die Konsequenz, dass man den demokratischen Forderungen nachgeben müsse. Die Macht soll wieder an zivile Politiker übergehen, die mit Präsident Wilson verhandeln sollen. Das Wichtigste ist, dass das Militär nicht mit der Niederlage in Verbindung gebracht wird. Die Demokraten sollen den Waffenstillstand schließen, sie sollen die Suppe auslöffeln, die sie angeblich eingebrockt haben. Die Generäle zeigen sich hier sehr weitsichtig, denn es gilt, die Ehre der Armee aufrechtzuerhalten. Im folgenden Jahr belügt Hindenburg zudem eine parlamentarische Untersuchungskommission. Auf die Frage nach den Ursachen der Niederlage antwortet er, dass die Armee in der Lage war zu siegen, doch sie „ist von hinten erdolcht worden". Dieses starke Bild ruft den Mythos von Siegfried wach, der in den „Nibelungen" vom Verräter Hagen ermordet wurde. Die Rolle Hagens spielen dabei die Demokraten, genauer gesagt: die Sozialisten und Kommunisten. Der Generalstab hat so nichts mehr mit dem weiteren Geschehen zu tun. Am 3. Oktober wird unter Führung des Fürsten Max von Baden eine neue Regierung gebildet. Am 28. Oktober gibt der von Österreich im Stich gelassene Wilhelm II. in allen Punkten nach: Die Regierungsform wird parlamentarisch-demokratisch und die Regierung vor dem Parlament verantwortlich sein, das preußische Dreiklassenwahlrecht wird abgeschafft. Angesichts der harten Friedensbedingungen der Alliierten wollen Hindenburg und der Generalstab wieder zu den Waffen greifen, sei es auch nur der Ehre wegen. Admiral Scheer, der die Hochseeflotte kommandiert, ordnet das Auslaufen der Schiffe an, doch ab dem 29. Oktober meutern die Kieler Matrosen und in Dutzenden deutscher Städte bilden Soldaten und Arbeiter selbstverwaltete Räte nach sowjetischem Vorbild. Die Revolution ist ausgebrochen. Nicht alle wollen sie. So sagt etwa der Parteifunktionär und Reichstagsabgeordnete Friedrich Ebert, selbst ein ehemaliger Arbeiter, laut Max von Baden: „Ich will sie aber nicht, ja ich hasse sie wie die Pest." Dies beruhigt den Fürsten, sodass er den Sozialdemokraten in verfas-

In Berlin begrüßt Friedrich Ebert heimkehrende Truppen, Dezember 1918.

sungswidriger Weise am 9. November zum Kanzler ernennt und die Abdankung des Kaisers ankündigt, der diese aber weiterhin ablehnt. Ebert setzt sich am 10. selbst an die Spitze eines „Rats der Volksbeauftragten".

Diese revolutionäre Wortwahl soll helfen, den radikalsten Forderungen ihre Spitze zu nehmen. Dem Rat gehören sowohl SPD- als auch USPD-Mitglieder an. Um dem Spartakisten Liebknecht zuvorzukommen, ruft der SPD-Politiker Philipp Scheidemann um 14 Uhr von einem Fenster des Reichstags die Republik aus und verlangt „Ruhe, Ordnung und Sicherheit". Liebknecht proklamiert zwei Stunden später „die freie sozialistische Republik Deutschland" und ruft gegen die „Herrschaft des Kapitalismus, der Europa in ein Leichenfeld verwandelt hat", zur „Vollendung der Weltrevolution" auf. Genau darum geht es: parlamentarische

Demokratie oder Räterepublik? Die „Volksbeauftragten" werden von der Dynamik der radikalen Linken zum Handeln gezwungen. Ebert war gegen die Ausrufung der Republik, jedenfalls solange noch keine Verfassunggebende Versammlung zusammengetreten ist. Die Spartakisten wollen dagegen eine Wiederholung des russischen Szenarios einer doppelten Revolution – im Februar 1917 die sozialistische und im Oktober die bolschewistische –, jedoch im Zeitraffer. Um derartigen revolutionären Umtrieben das Wasser abzugraben, befrieden Ebert und die Volksbeauftragten die sozialen Forderungen durch ihre Unterstützung des Stinnes-Legien-Abkommens. Dieses führt am 15. November den Achtstundentag und die Mitbestimmung ein und verschafft den Gewerkschaften die zu ihrer Tätigkeit nötigen Freiräume. Am 22. und 23. Dezember gehen regierungstreue Militärs – am 10. November hat Generalstabschef Groener der Regierung, wenn diese die Kommunisten bekämpft, die Treue der Reichswehr zugesichert – in Berlin gegen die meuternden Matrosen vom Oktober vor, die für die Revolution eintreten. Inzwischen ist in Berlin ein „Reichskongress der Arbeiter- und Soldatenräte" (auch „Reichsrätekongress") zusammengetreten. Er spricht sich am 16. Dezember für die Einberufung einer demokratisch gewählten Verfassunggebenden Nationalversammlung aus. Am 31. Dezember gründen radikale Gruppen, die das parlamentarische Prozedere und eine Verfassunggebende Versammlung ablehnen, die „Kommunistische Partei Deutschlands" (KPD). Diese probt im Januar 1919 den Aufstand nach dem Vorbild des „roten Oktobers". Vom 6. bis 12. Januar wird Berlin zum Schauplatz der „Blutwoche", in deren Verlauf Armee und illegale Einheiten, die Freikorps, die Erhebung niederschlagen. Diese Freikorps bestehen aus Soldaten, die die Niederlage und die Auflösung ihrer Einheiten nicht akzeptieren. Sie geben ihre Waffen nicht ab, um die Revolution zu bekämpfen. Sie werden insgeheim von der Regierung unterstützt, aber auch von privater Seite, denn sie gelten

als wirksames Mittel zur Bekämpfung des Kommunismus und zur Verteidigung derjenigen Gebiete im Osten, die von Polen und den baltischen Staaten beansprucht werden. Das vergossene Blut trennt nunmehr zwei Komponenten der Linken, die reformistische der SPD und die radikale von Spartakisten und USPD, die sich zur KPD verbunden haben, einer in der Theorie offen marxistisch und in der Praxis leninistischen Partei. Die SPD kennt kein Zögern und kein Zweifeln bei der Repression der deutschen Bolschewisten. Das Ergebnis sind 165 Tote, unter ihnen Rosa Luxemburg und Karl Liebknecht, die von Angehörigen der Freikorps ermordet wurden. Gustav Noske, der Volksbeauftragte für Heer und Marine, verschmäht nicht den Beinamen „Bluthund" („Einer muss den Bluthund machen"). Für die einen ist er das im Dienst der Legalität, für die anderen im Interesse der Klassenkollaboration mit der Bourgeoisie. Von da an und bis ins Jahr 1923 gehen Armee und Freikorps gegen alle kommunistischen Aufstände vor. Das bekannteste Beispiel für diese Repression ist die Beseitigung der monatelang Bayern beherrschenden kommunistischen Räterepublik im April 1919.

In diesem Bürgerkriegsklima finden am 10. Januar 1919 die Wahlen zur Verfassunggebenden Versammlung statt. Erstmalig verfügen auch die Frauen über das aktive und passive Wahlrecht. Die Regierung hat Weimar zum Sitz dieser Versammlung bestimmt. Die Stadt Schillers und Goethes, dieser Symbolort deutscher Kultur, bietet auch den Vorteil, weit entfernt von den städtischen Zentren der kommunistischen Revolution zu liegen, sie ist gegebenenfalls leicht zu verteidigen. Am 6. Februar beginnen die Sitzungen mit einer Rede von Friedrich Ebert, der „in dieser Nationalversammlung den höchsten und einzigen Souverän in Deutschland" begrüßt und hinzufügt: „Mit den alten Königen und Fürsten von Gottes Gnaden ist es für immer vorbei."

Die Abgeordneten gehören mehrheitlich den Parteien der „Weimarer Koalition" an: Dies sind die SPD, das katholische Zentrum

(das überglücklich über das Ende des Bismarck'schen Kaiserreichs ist) und die der linken Mitte zuzurechnende Deutsche Demokratische Partei (DDP). Sie bringen es zusammen auf 75 % der Sitze und einigen sich auf eine demokratisch-parlamentarische Verfassung, die weitgehend auf den Arbeiten liberaler Denker beruht, des Soziologen Max Weber und des Juristen Hugo Preuß, die sich ihrerseits an den amerikanischen und französischen Vorbildern von 1848 und 1875 orientieren. Die von Joseph Wirth so bewegt gegrüßten Nationalfarben sind Schwarz-Rot-Gold (Wirth: „die schwarz-rot-goldenen Fahnen. Die Fahnen des deutschen Volkes. Die Fahnen unserer Väter. Die Fahnen der deutschen Freiheit"), während die Handelsflagge das Schwarz-Weiß-Rot Preußens und des Reichs beibehält. Dieser Kompromiss drückt sich bereits in Art. 1 der Weimarer Verfassung aus: „Das Deutsche Reich ist eine Republik." Die Rechte kann durchsetzen, dass der Reichspräsident für sieben Jahre gewählt wird und ausgedehnte Befugnisse erhält, so etwa Art. 25 (Auflösung des Reichstags) und 48 (Sondervollmachten). Die Regierung ist verantwortlich vor dem Reichstag (Art. 54), der für vier Jahre in Listenwahl nach Verhältniswahlrecht gewählt wird. Die Länder, die das Reich bilden, sind im Reichsrat vertreten, der die Gesetze billigen muss. Schließlich sehen die Art. 73–75 die Möglichkeit von Volksentscheiden vor. Die Art. 109ff. definieren die Grundrechte der deutschen Bürgerinnen und Bürger. In lediglich sechs Monaten ist es der Weimarer Versammlung gelungen, eine fortschrittliche und versöhnliche Verfassung auszuarbeiten. Dies ist als Meisterleistung zu würdigen, zumal wenn man die herrschenden Umstände im Inneren wie im Äußeren berücksichtigt. Gleichzeitig verhandeln in Versailles die vier Siegermächte über die Friedensbedingungen. Zum ersten Mal seit 1648 findet eine Friedenskonferenz ohne Beteiligung der Verlierer statt. Deren Wille wird missachtet. So beschließt etwa das vorläufige österreichische Parlament am 12. November 1918 den Anschluss an Deutschland, was die Alliierten aber ablehnen.

Die Berliner und Wiener Demokraten erfahren mithin keinerlei Unterstützung durch die Demokratien, die den Krieg gewonnen haben. Am 12. Mai 1919 greift Philipp Scheidemann, der erste Kanzler der Weimarer Republik, den Versailler Vertrag scharf an: „Dies Buch darf nicht zum Gesetzbuch der Zukunft werden [...]. Welche Hand müsste nicht verdorren, die sich und uns in diese Fesseln legt? [...] Dieser Vertrag ist nach Auffassung der Reichsregierung unannehmbar!" Er tritt zurück und überlässt anderen die schreckliche Verantwortung für das, was nach Marschall Fochs eigenen Worten „kein Frieden, sondern ein Waffenstillstand für 20 Jahre" ist. Am 28. Juni wird der Vertrag unter Zwang unterschrieben. Er belastet die junge Republik, die für ihn verantwortlich gemacht wird, von Anfang an aufs Schwerste. Er nimmt Deutschland seine Armee (die auf 100 000 Mann begrenzt wird), seine Flotte (die sich in Scapa Flow, um die Auslieferung zu vermeiden, selbst versenkt), seine Patente (die internationalisiert werden), seine Kolonien und 15 % seines Staatsgebiets, großenteils im Osten, die neuen oder wieder erstehenden Staaten wie Polen, Litauen und der Tschechoslowakei zugesprochen werden. Durch den Korridor zur nunmehr internationalen Stadt Danzig wird Polen ein Zugang zum Meer verschafft und das deutsche Staatsgebiet zweigeteilt. Da die deutsche Bevölkerung vor Ort diese Abtrennung ablehnt, geht der Krieg im Osten bis 1921 weiter, v. a. in Schlesien und an der Ostsee. Versailles zwingt zudem Deutschland, das als einziger Kriegsschuldiger hingestellt wird, zu härtesten Reparationsleistungen.

Es herrscht ein Klima heftiger politischer Gewalt. Die junge Republik ruft heftige Hassgefühle hervor, auf der Rechten (bei den Nostalgikern des gerade untergegangenen Kaiserreichs, den Nationalisten und den Militaristen) wie auf der Linken (bei den Kommunisten). Die junge sozialdemokratisch geführte Regierung steht auf schwachen Füßen und die Weimarer Koalition verliert bereits bei den Wahlen vom 6. Juni 1920 ihre Mehrheit. Von

da an werden bis 1933 Minderheitsregierungen der Weimarer Koalition amtieren (Regierung Wirth, Mai 1921 bis Oktober 1922), bürgerliche Bündnisse (Fehrenbach 1920 und Luther 1925/26, Marx 1923 bis 1925 sowie 1926 bis 1928) oder aber Große Koalitionen (Stresemann 1923, Müller 1928 bis 1930).

Die junge Republik versteht es allerdings auch, Stärke zu zeigen. So greift Reichspräsident Ebert 136-mal zu Art. 48, der ihm alle Vollmachten gibt. Am 24. Juni 1922 wird der jüdische Außenminister und Unterzeichner des Versailler Vertrags Walther Rathenau von einem rechtsradikalen Kommando unweit seines Wohnorts in Berlin-Grunewald ermordet. Am Tag darauf ruft Reichskanzler Wirth im Reichstag aus: „Da steht der Feind, der sein Gift in die Wunden eines Volkes träufelt. Da steht der Feind – und darüber ist kein Zweifel: dieser Feind steht rechts." Auf seinen Vorschlag wird am 21. Juni ein „Gesetz zum Schutze der Republik" (Republikschutzgesetz) verabschiedet, das verfassungswidrige Aktivitäten unter Strafe stellt.

Zur schwersten Krise der Republik kommt es unter einer „Großen Koalition", bestehend aus SPD, Zentrum, DDP und DVP (Deutsche Volkspartei), unter Führung von Kanzler Gustav Stresemann. Dieser erklärt bereits bei Amtsantritt am 6. Oktober 1923: „Das Reich ist das einzige, was uns geblieben ist in all dem Zusammenbruch, den wir erlebt haben. Es jetzt zu erhalten, ist die Pflicht, die wir zu erfüllen haben [...]." In diesem Jahr häufen sich die rechtsextremen Putsche (Hitler-Putsch am 9. November in München) und die kommunistischen Aufstände, während das Land zugleich eine Invasion erlebt, nämlich die Besetzung des Ruhrgebiets durch Franzosen und Belgier, die Besitz und Waren als Ersatz für nicht geleistete Reparationen beschlagnahmen. Die bereits seit 1914 zunehmend geschwächte Währung bricht vollends zusammen. Der hoch verschuldete Staat hat seine Geldmenge stark erhöht und dadurch den Wertverfall der Mark herbeigeführt, die seit 1922 einen unglaublichen Absturz erleidet. Zeitgenössische Autoren beschrei-

ben eine Gesellschaft der Exzesse. Es gelten keine Werte mehr, weder in Bargeld noch in Finanztiteln noch auf dem Gebiet der Moral. Dem Regisseur Fritz Lang gelingt es, dieses Delirium aus Spekulation, Ruin und Raub mit seinem Film *Dr. Mabuse, der Spieler* zu erfassen, während Murnau in *Der letzte Mann* am Beispiel eines von Emil Jannings gespielten Hotelportiers einen rasanten sozialen Abstieg, einen völligen Statusverlust, zeigt – auch wenn der Film in einer märchenartigen Auflösung endet.

Frankreich und Belgien begreifen die katastrophale Lage und ziehen wieder ab, die Putschversuche werden niedergeschlagen und die Regierung Stresemann schafft mit der „Rentenmark" eine neue Währung. Zwar wird Stresemann zum großen Ärger von Präsident Ebert gestürzt („Was Euch veranlasst, den Kanzler zu stürzen, ist in sechs Wochen vergessen, aber die Folgen Eurer Dummheit werdet ihr noch zehn Jahre lang spüren"), er wird aber umgehend zum Außenminister ernannt, was er bis zu seinem Tod im Jahr 1929 bleiben wird. Gemeinsam mit seinem Amtskollegen Briand handelt er den wahren Friedensschluss aus, indem er erst (1925) den Locarno-Pakt unterzeichnet, der die Grenzen Deutschlands anerkennt, und dann (1926) die Aufnahme des Landes in den Völkerbund erreicht.

Damit beginnen die fünf goldenen Jahre der Weimarer Republik, die 1929 enden. Das Land steht nun wieder als Macht von internationaler Bedeutung da, die Stabilität seiner Regierungen beweist, dass die Demokratie trotz fürchterlicher Ausgangsbedingungen Wurzeln geschlagen hat, und es herrscht ein ordentliches Wirtschaftswachstum. Hier ein paar der Erfolgsgeschichten: Im Jahr 1920 gründet Hans Riegel in Bonn die Firma Haribo, die zunächst nur zwei Personen beschäftigt: ihn selbst und seine Frau. Seine zucker-, säuerungsmittel- und farbstoffhaltigen Gummibärchen, die den Tanzbären von Jahrmärkten nachgebildet sind, verkaufen sich so gut, dass daraus im Jahr 1939 400 Beschäftigte geworden sind. Ab 1925 stellt die Firma auch Lakritz-

rollen her, die entscheidend zu ihrem Ruf beitragen. Ein ganzes Heer von Lastwagen versorgt Deutschland und schließlich Europa mit Süßigkeiten aus Bonn. Außer Bonbons konsumieren die Europäer auch eine Zahnpasta aus Deutschland, bevor dann die Amerikaner marktbeherrschend werden. Chlorodont, das ab 1917 in Dresden hergestellt wird, hat später unter der deutschen Teilung zu leiden. Wie andere Ostprodukte auch wird es in der Nachkriegszeit aus den westdeutschen Läden verschwinden.

In beiden Fällen, bei den Gummibärchen wie bei der Zahnpasta, ist der Erfolg den gleichen Faktoren zu verdanken: Rationalisierung der Produktion, Kostensenkung durch Massenproduktion und eine wirksame Werbung in der Presse, auf Bussen und Litfaßsäulen. Während Haribo regressive Gelüste befriedigt, spielt Chlorodont den Onkel Doktor im weißen Mantel, der mit großem Ernst die Vorteile einer mustergültigen Mundhygiene preist.

Die Weimarer Republik gilt auch als ausgesprochen kreative Epoche: Berlin wird zur Welthauptstadt einer erfinderischen Bohème, zum Mekka des Denkens und der Kunst. Die Studios der 1917 gegründeten UfA in Babelsberg produzieren Meisterwerke, von denen allerdings einige, wie etwa *Metropolis* (1927), kommerzielle Flops darstellen, während andere Originalität und Erfolg miteinander verbinden, so z. B. *M – eine Stadt sucht einen Mörder* (1931) oder – trotz Verbots in Deutschland durch die Nationalsozialisten – *Das Testament des Doktor Mabuse* (1933). Auch die Filmoperette, in der sich Schauspieler wie Heinz Rühmann, Lilian Harvey und Marlene Dietrich hervortun, feiert Erfolge, z. B. mit *Die Drei von der Tankstelle* (1930). Daneben stehen herausragende Beispiele eines sozialen bzw. sogar sozialistischen Kinos, so *Berlin Alexanderplatz* (1931) mit Heinrich George als Franz Biberkopf oder *Kuhle Wampe* (1932) nach einem Buch von Bertolt Brecht. Das moderne Alltagsleben ist Gegenstand von Filmen wie *Menschen am Sonntag* (1929/30) und *Berlin – Die Sinfonie der Großstadt* (1927), die der Bewegung der „Neuen Sachlich-

keit" zugerechnet werden können, die auf den Gebieten Literatur, Fotografie und Malerei gleichermaßen den Ton angibt.

Wenn es so etwas wie die Quintessenz des Geistes von Weimar gibt, dann sind es die Siedlungsbauten. Hier finden Kreativität, Modernität und Demokratie zusammen, um Licht und Hygiene für alle, um Schönheit und Natur miteinander zu verbinden. Die Architekten Bruno Taut, Bruno Ahrends, Leberecht Migge, Walther Gropius und andere errichten die Siemensstadt, Onkel-Toms-Hütte und die Hufeisensiedlung in Berlin sowie weitere Siedlungen fast im ganzen Land; einige von ihnen erhalten 2008 von der UNESCO den Weltkulturerbe-Status. Im Gegensatz zu den Wohnungsbauprogrammen des Kaiserreichs bilden Bau und Raum nicht länger die soziale Ungleichheit und Hierarchie ab, sondern Farbe, Licht und Luft gehören allen.

Die Große Koalition unter Kanzler Hermann Müller (1928–1930) nimmt eine großzügige Sozialpolitik in Angriff, die sie jedoch nicht fortführen kann, weil die amerikanische Krise bereits im Herbst 1929 Deutschland erfasst, dessen Wirtschaft zu einem erheblichen Teil von US-Investitionen abhängt.

Angesichts der Krise mit ihren 14 Millionen Arbeitslosen und Kurzarbeitern im Sommer 1932 tritt die Linke für staatliche Investitionen zur Wirtschaftsankurbelung (Reflation) ein, während die Rechte eine „Sanierung" durch Sparpolitik (Deflation) befürwortet. Darüber platzt die Große Koalition, es gibt keine Mehrheit mehr im Reichstag. Im März 1930 beruft Reichspräsident Hindenburg (seit 1925) Heinrich Brüning zum Chef einer Minderheitsregierung, der er es ermöglicht, gestützt auf Art. 48, Abs. 2 der Verfassung von 1919, ohne Zustimmung des Parlaments zu regieren. Solche „Präsidialkabinette" regieren mithilfe von „Notverordnungen", unter Ausschaltung der Abgeordneten. Das Fehlen einer parlamentarischen Mehrheit führt in immer kürzeren Abständen zu Parlamentsauflösungen und Neuwahlen (September 1930, Juli 1932, Dezember 1932), die zu riesigen Stimmengewinnen der bei-

Arbeitsloser Kriegsinvalide in Hannover 1930.

den Gegner des Systems führen: Die NSDAP erhöht die Zahl ihrer Abgeordneten von zwölf (1928) auf 230 im Juli 1932, während die KPD, die 1920 über vier Abgeordnete verfügte, im November eine 100-köpfige Fraktion bilden kann. Eine Szene kann die Zange veranschaulichen, in der sich die Parteien der Weimarer Koalition befinden: Am 30. August eröffnet die Abgeordnete Clara Zetkin (KPD) als Alterspräsidentin die Legislaturperiode „in der Hoffnung, […] das Glück zu erleben, als Alterspräsidentin den ersten Rätekongress Sowjetdeutschlands zu eröffnen“, bevor sie dem gewählten Präsidenten des Reichstags, dem „Herrn Abgeordneten Göring“, das Wort erteilt. Auf den Straßen bekämpfen sich Kommunisten und Nationalsozialisten mit äußerster Härte. Im Sommer 1932 kommen während des Wahlkampfes 100 Menschen um. Doch in Erinnerung an 1919 und entsprechend der Komintern-

Politik „Klasse gegen Klasse“ attackieren die Kommunisten vor allem die „Sozialverräter“ der SPD und versuchen ihrerseits, das Ende der Weimarer Republik herbeizuführen.

Die Erfolge der KPD führen zur Einigung der Rechten. In Zusammenhang mit dem Young-Plan, der die Termine für die Reparationszahlungen neu fixiert, schließen die DNVP (Deutschnationale Volkspartei), der „Stahlhelm“ und die NSDAP bereits 1929 ein Bündnis (Treffen der Harzburger Front 1931). Zugleich rückt das bislang republikanische Zentrum zunehmend nach rechts. Dies ist nicht zuletzt seinem neuen Vorsitzenden geschuldet, Prälat Ludwig Kaas, der dem Kardinalstaatssekretär Eugenio Pacelli, dem künftigen Pius XII., nahesteht. Ein ehemaliger Mann des Zentrums, Franz von Papen, der lange für Härte gegenüber den Nazis eingetreten war, befürwortet nun eine Annäherung der Rechten an die NSDAP. In der Tat stürzen die bürgerlichen Parteien bei den letzten Wahlen ab. Lediglich das Zentrum hält sich bei ca. 12 %, während die DVP zwischen 1928 und Juli 1932 von 9 auf 1 % und die DNVP von 14 auf 6 % absinken. Die einzige Kraft, die noch durch das Volk zur Bekämpfung der Kommunisten legitimiert zu sein scheint, ist die NSDAP, die obendrein über zahlenmäßig starke und schlagkräftige Milizen verfügt, die SA und die SS. Nachdem im November 1932 ein Teil der deutschen Unternehmerschaft Hindenburg auffordert, Hitler zum Reichskanzler zu ernennen, finden im Januar 1933 im Haus des rheinländischen Bankiers Schröder Geheimverhandlungen statt: Hitler soll Kanzler und von Papen Vizekanzler einer Koalition der Rechten und der extremen Rechten werden; die NSDAP, die DNVP und das Zentrum sollen die Minister stellen. Ziel der Operation ist es, die Stärke der Nationalsozialisten, die für die klassische Rechte nichts anderes als unerfahrene Agitatoren sind, für die eigenen Zwecke zu instrumentalisieren. Hitler ist für von Papen lediglich eine Marionette: „In zwei Monaten haben wir Hitler in die Ecke gedrückt, dass er quietscht!“

NS-Deutschland

Am 30. Januar geschieht ein Wunder in den Augen der Nationalsozialisten, die sich selbst schon als gescheitert betrachten. Von den Wahlen im Juni bis zu denen im Dezember 1932 geht die Zahl ihrer Sitze im Reichstag von 230 auf 196 zurück, der Beginn eines Abstiegs, der sie zur Verzweiflung bringt. Hitler ist tief melancholisch gestimmt und Goebbels vertraut Ende 1932 seinem Tagebuch seine depressive Stimmung an. Im Ausland ist man beruhigt. Léon Blum legt im „Populaire" dar: „Hitler ist nunmehr von der Macht ausgeschlossen, er ist sozusagen sogar von jeglicher Hoffnung auf Beteiligung an der Macht ausgeschlossen." Es bedurfte des Einfallsreichtums einer in die Enge getriebenen Rechten, um eine Partei in den Sattel zu heben, die sich auf dem absteigenden Ast befand, weil ihre Gewalttätigkeit sie diskreditierte und sie innerlich gespalten war. Parteigrößen, die Hitlers Strategie der legalen Machtübernahme kritisieren, haben die Partei bereits verlassen und andere drohen, es ihnen gleichzutun. Hitlers Führungsanspruch wird infrage gestellt, seine Taktik ist gescheitert und die NSDAP steht vor der Implosion. Die Strategie von Papens ist ein unverhofftes Geschenk, sie bringt die Partei wieder auf Trab und in Marschordnung. Sie konzentriert alle zur Verfügung stehenden Mittel auf die Regionalwahlen am 15. Januar 1933 in dem kleinen Land Lippe. Das Ergebnis fällt dementsprechend aus: Die NSDAP wird erste Partei in diesem Land von 1200 qkm Größe, das gerade mal 175 000 Einwohner zählt. Gleichwohl ist das ein symbolischer Triumph, der die Rechte beeindruckt und die Richtigkeit ihrer Bündnisstrategie zu bestätigen scheint. Hindenburgs Vorbehalte werden überwunden und so wird Hitler am 30. Januar zum Kanzler

eines „Kabinetts der nationalen Konzentration“ mit von Papen als Vizekanzler. Die Nationalsozialisten sind in der Minderheit: Göring wird Minister ohne Geschäftsbereich und Wilhelm Frick Innenminister. Göring erhält zudem das wichtige Innenministerium im Land Preußen, das allein zwei Drittel des Staatsgebiets umfasst. Die Nationalsozialisten verfügen damit über die Polizei im Reich und im größten Bundesland. Am 1. Februar 1933 löst Hindenburg auf Wunsch des Kabinetts zum dritten Mal in acht Monaten den Reichstag auf. Von Papen erklärt dazu im Kabinett, dass diese Wahlen die letzten wären. In deren Vorfeld trifft Göring seine Dispositionen: In seinem „Schießerlass“ befiehlt er den Polizisten, gegen Staatsfeinde mit Waffengewalt vorzugehen. Sein Wahlkampfslogan „Krieg dem Marxismus!“ macht hinreichend deutlich, wer damit gemeint ist. Er macht auch keinen Unterschied mehr zwischen Miliz und Polizei, zwischen Staat und Partei. So verstärkt er am 22. Februar die Polizei durch Einstellung von 22 000 „Hilfspolizisten“, die allesamt der SA (Schutzabteilungen) und der SS (Schutzstaffeln) entstammen. Sie patrouillieren von da an mit der Aufschrift „Hilfspolizei“ auf einer weißen Armbinde in ihrer braunen bzw. schwarzen Uniform neben Polizisten in offizieller staatlicher Uniform. Die Milizen der NSDAP können so bei garantierter Straflosigkeit Jagd auf Kommunisten und Sozialisten machen. In der Nacht vom 27. auf den 28. Februar wird der Reichstag in Brand gesetzt. Die Antwort darauf ist am 28. Februar eine auf Art. 48, Abs. 2 gestützte und von Hindenburg unterzeichnete „Verordnung zum Schutz von Volk und Staat“. Sie bedeutet die Aufhebung „bis auf Weiteres“ der verfassungsmäßig garantierten Grundrechte und führt eine neue Form von Polizeigewahrsam ohne richterliche Kontrolle ein, die „Schutzhaft“, die das Ende der rechtsstaatlichen Ordnung bedeutet. Im Wahlkampf kommt es zu zahlreichen Gewaltakten, die 69 Opfer fordern, unter ihnen 52 von den Nationalsozialisten ermordete Personen. Die Wahlen vom 5. März verschaffen der

Reichskanzler Adolf Hitler und Vizekanzler Franz von Papen am „Tag von Potsdam", der feierlichen Eröffnung des Reichstags durch einen Staatsakt in der Potsdamer Garnisonkirche am 21. März 1933.

NSDAP zwar nicht die Mehrheit der Sitze, machen sie mit einem Stimmenanteil von 44 % jedoch zur mit Abstand stärksten Partei. Dies geht auf Kosten der bürgerlichen Parteien, der DNVP und der DVP, deren Abstieg sich fortsetzt. Trotz aller Gewalt erhält die KPD 12 % der Stimmen, die SPD 15 % und das Zentrum 13 % der Stimmen. Am 8. März wird den 81 kommunistischen Abgeordneten unter Berufung auf die Verordnung vom 28. Februar ihr Mandat aberkannt. Die Legislaturperiode wird am 21. März ohne sie eröffnet, dafür im feierlichen Rahmen der Garnisonkirche, die das Grabmal Friedrichs II. beherbergt.

Goebbels inszeniert an diesem Tag die Einheit von traditionellem Deutschland, verkörpert im greisen Marschall Hindenburg, und den Kräften des neuen Deutschland. Der Parade der Reichswehr folgt ein Aufmarsch von SA und SS. Am 23. März verlangt Hitler in der Kroll-Oper vom Reichstag die Übertragung der gesetzgebenden Gewalt auf ihn, eine Ermächtigung, mit der die Trennung von Exekutive und Legislative aufgehoben wird und die laut Art. 76 eine Zweidrittel-Mehrheit erfordert. Der Chef der Zentrumsfraktion (92 Abgeordnete) sichert Hitler die Stimmen der Katholiken zu, im Austausch für ein Konkordat, das die Interessen der Kirche und ihrer Gläubigen schützt. Dieses Abkommen, das am 20. Juli 1933 von Staatssekretär Mgr. Pacelli unterzeichnet wird, ist für Hitler ein beachtlicher Erfolg, sichert es ihm doch eine volle diplomatische Anerkennung. Am 23. März wird, wie gesagt, das „Ermächtigungsgesetz" verabschiedet. Es wird im April 1937 und im April 1941 erneut bestätigt werden, nicht aber im Frühjahr 1945, in dem man andere Sorgen gehabt haben dürfte. Zusammen mit der Verordnung vom 28. Februar 1933 bildet es die gesetzliche Grundlage des neuen Systems, das die Verfassung von 1919 formell beibehält.

Es beginnt, was die Nationalsozialisten „Gleichschaltung" nennen. Gesetze vom 30. März und 7. April 1933 entmachten die Länder und unterstellen sie einem „Reichsstatthalter", bevor

deren Souveränität am 30. Januar 1934 gänzlich aufgehoben wird. Die Gewerkschaften werden am 2. Mai und politische Parteien am 14. Juli 1933 verboten. Gegner der Regierung werden der Willkür von Polizei, SA und SS ausgeliefert, die sie verhaften und in improvisierten Konzentrationslagern internieren, wo Tausende von Personen gequält und gefoltert werden. Die SA terrorisiert alle Gegner und ist für die „Köpenicker Blutwoche" verantwortlich, die vom 21. bis 26. Juni 1933 91 Todesopfer und 400 Verletzte fordert. In Dachau (bei München) wird am 21. März 1933 ein „Muster-Konzentrationslager" eingerichtet, dem 1936 und 1937 Sachsenhausen (bei Berlin) und Buchenwald (bei Weimar) folgen. Die normale Polizei und die politische Polizei (Gestapo) werden SS-Offizieren unterstellt, die oft dem Geheimdienst SD (Sicherheitsdienst) angehören. Schritt für Schritt übernehmen so Parteiorganisationen bislang staatliche Einrichtungen. Den Abschluss dieses Prozesses stellt 1936 die Ernennung des SS-Führers Heinrich Himmler zum „Chef der deutschen Polizei" dar. Diese besteht im Wesentlichen aus zwei großen Zweigen, der OrPo (Ordnungspolizei) und der Reinhard Heydrich unterstellten SiPo (Sicherheitspolizei). Im September 1939 werden alle mit geheimdienstlichen und Repressionsmaßnahmen befassten Dienste in einer neuen Organisation zusammengefasst, dem „Reichssicherheitshauptamt" (RSHA), dem ein riesiges Auftragsgebiet zugewiesen wird: zum einen die Bekämpfung der „Reichsfeinde", was u. a. das gesamte Lagerwesen umfasst, zum anderen die Planung und Durchführung der Besiedlung des Ostens.

Rechtsstaat und pluralistische Demokratie sind abgeschafft und die Zeitgenossen stellen wie gelähmt fest, mit welchem Einsatz von Gewalt und in welcher schier unglaublichen Geschwindigkeit dies vonstattengeht.

Sehr rasch macht sich die NSDAP auch an ihr Werk der biologischen Erneuerung des deutschen Volkes: Am 14. Juli 1933

verfügt ein umfangreiches Gesetzeswerk die Sterilisierung von „Erbkranken", dem 400 000 Menschen zum Opfer fallen werden. Bereits am 7. April schließt ein Gesetz zur „Wiederherstellung des Berufsbeamtentums" all diejenigen vom Beamtenstatus aus, die politischer Abneigung für das neue System verdächtigt werden und vor allem alle Juden, wobei Weltkriegsveteranen in der ersten Zeit ausgenommen sind. Als Erben einer langen abendländischen Tradition des Antisemitismus haben die Nationalsozialisten die Juden als Hauptfeinde ausgemacht: Sie sind in ihren Augen die Erfinder von Demokratie und Marxismus, von allem, was das deutsche Volk spaltet und schwächt. Sie sind auch verantwortlich für den 1. Weltkrieg und die Niederlage von 1918. Die ganze NS-Politik ist auf Vertreibung der Juden ausgerichtet. Im Lauf der Jahre ergehen mehr als 400 Verordnungen, die ihnen das Leben unmöglich machen: Studienverbot, Fahrverbot, das Verbot, Musikinstrumente oder Haustiere zu besitzen oder vor 17 Uhr einkaufen zu gehen usw. Im Jahr 1935 ergehen die sog. „Nürnberger Gesetze" zum „Schutz von Blut und Ehre", die u. a. den Geschlechtsverkehr zwischen „Juden" und „Deutschen" verbieten. Im Jahr 1938 bringt der Anschluss Österreichs und des Sudetenlands ein Anwachsen der jüdischen Bevölkerung des Reichs mit sich, was zu einer Verschärfung des Emigrationsdrucks auf Juden beiträgt. Dies führt zur Reichspogromnacht bzw. „Kristallnacht" und zur vorübergehenden Internierung von 30 000 Juden in Konzentrationslagern.

Der Drang zur „Normalisierung" der Gesellschaft und die Kriegsvorbereitungen führen auch zu gezieltem Vorgehen (Razzien und Internierungen) gegen randständige Gruppen der Gesellschaft wie die sog. „Gemeinschaftsfremden" (z. B. „Arbeitsscheue" und Alkoholiker) sowie fahrendes Volk (Sinti und Roma, alias „Zigeuner", aber auch deutsche Nomaden, sog. „Jenische").

Terror und Repression sind freilich keineswegs der ganze Nationalsozialismus. Das „Sozialistische" am Nationalsozialis-

mus drückt sich beispielsweise in einer für „gutrassige" Deutsche sehr vorteilhaften Steuer- und Sozialpolitik aus, die Freizeitorganisation „Kraft durch Freude (KdF)" hält für die „Volksgemeinschaft" ein reiches Angebot an Reisen, Ausflügen zu Wasser und zu Land, an Ferienheimen usw. bereit, das Hunderttausenden Deutschen bislang unerschwingliche Freizeitaktivitäten ermöglicht. Die Wirtschaftspolitik führt zu einem drastischen Rückgang der Arbeitslosigkeit. Staatliche Großaufträge (Autobahnbau), Wiederaufrüstung, aber auch die Wiedereinführung der Wehrpflicht (1935) und das Einsperren politischer Gegner ermöglichen die Rückkehr zur Vollbeschäftigung. Diese Politik ist kreditfinanziert und damit eine Ursache für die systematische Enteignung jüdischen Besitzes und die regelrechten Raubzüge im Rahmen des kommenden Krieges. Auf dieser Basis gelingt es, die Zustimmung des Volks zu erkaufen: Nach einer schrecklichen Krise (1929–1933) kennen die Deutschen nun eine Phase des Wohlergehens, für die sie Hitler dankbar sind. Diese stellt aber nicht die soziale Revolution dar, wie sie Ernst Röhm und der linke Flügel der NSDAP fordern. Eine zweite Revolution hätte Armee, Kirchen und Unternehmer schwer verunsichert, all die alten Eliten und Führungskräfte, die Hitler braucht und denen er nahesteht. Die seit 1920 umkämpfte politische Linie wird am 30. Juni 1934 mit der „Nacht der langen Messer" endgültig entschieden. In deren Verlauf werden die SA-Führer verhaftet oder ermordet (Hitler leitet selbst die Aktion, mit gezogener Waffe!), dazu auch noch unbequeme Vertreter der Rechten wie der ehemalige Reichskanzler Schleicher. Von Papen, der Mann, der Anfang 1933 Hitler „zähmen" wollte, hat sich schwer getäuscht. Nach einigen kritischen Bemerkungen wird er aus der Regierung ausgeschlossen und zum Botschafter in der Türkei ernannt. Die vermeintlichen politischen Amateure, auf die er von oben herabsah und die er manipulieren wollte, vollenden am 2. August 1934, dem Tag, an dem Hindenburg stirbt, ihre „Machtergrei-

fung". Hitler vereint von nun an das Präsidenten- und das Kanzleramt in seiner Person und die Armee schwört ihm persönlich die Treue.

Das innenpolitische Programm ist zügig realisiert worden. Bei Hitlers Vorbild Mussolini dauerte es immerhin vier Jahre, bis er seine Macht etabliert hatte, bei Hitler nur eineinhalb. Die Führer der NSDAP sehen sich unter Zeitdruck gestellt, auch auf dem Gebiet der Außenpolitik. Deutschland hat ihrer Auffassung nach schon zu viel Zeit verloren und ist von allen Seiten bedroht. Außer Brot versprach die NSDAP auch Freiheit im Sinne der Befreiung von den Bestimmungen des Versailler Vertrags. Um deutlich zu machen, dass es die bestehende Weltordnung nicht anerkennt, verlässt Deutschland im Oktober 1933 den Völkerbund und verstößt im Folgenden systematisch gegen die verschiedenen Artikel des Friedens von 1919: Die Wehrpflicht wird wieder eingeführt und erneut eine starke Armee aufgestellt (März 1935): In den Monaten zwischen den Olympischen Winter- und Sommerspielen (Garmisch-Partenkirchen und Berlin) nutzt Deutschland die Tatsache, dass es in Frankreich wegen der Wahlperiode keine hinreichend durchsetzungsfähige Regierung gibt, aus, um das Rheinland zu remilitarisieren. Angesichts der Tatenlosigkeit der demokratischen Länder Frankreich und Großbritannien gehen die Nationalsozialisten noch weiter. Im März 1938 erfolgt der „Anschluss" Österreichs an Deutschland und unmittelbar danach fordert Hitler, dass die deutschsprachige Bevölkerung der Tschechoslowakei geschützt werden müsse. Dieses Land ist als Vielvölkerstaat in seinen Augen ein künstliches Gebilde. Die Sudetenfrage führt zu einer internationalen Krise, die den Ausbruch eines Krieges befürchten lässt, denn Frankreich und Großbritannien ordnen als Verbündete der Tschechoslowakei die Teilmobilmachung an. Mussolini bietet auf Anregung aus Berlin und zur großen Erleichterung von Paris und London seine Dienste als Vermittler an. Es kommt in München zu einer Art Versailler Kongress, allerdings mit umgekehr-

tem Vorzeichen, denn er endet damit, dass Deutschland die Annexion des Sudetenlandes erlaubt wird. Im März 1939 fällt die deutsche Armee in die „Rest-Tschechei" ein und macht aus der Slowakei unter Führung von Monsignore Tiso einen Satellitenstaat des Reichs. Da Hitler nun auch nicht deutschsprachige Gebiete annektiert, wird der Welt klar, dass es ihm nicht nur um die Verwirklichung einer pangermanischen Idee geht, die die „Volksdeutschen" „heim ins Reich" holen will.

Das nächste Ziel ist Polen, ein von den Nationalsozialisten verabscheuter Staat, der ihres Erachtens aus Gebieten des Reichs besteht: Schlesien und Pommern. Als Vorwand dient der „Korridor", der Ostpreußen vom Reich trennt. Hitler versucht es mit der gleichen Erpressertaktik wie im Fall des Sudentenlandes, stößt nun aber auf harten Widerstand bei Franzosen und Briten, die in diesem Fall ihre Beistandspflichten gegenüber den polnischen Verbündeten erfüllen und dem Reich, das am 1. September in Polen eingefallen ist, am 2. und 3. September den Krieg erklären.

Das NS-Reich verfolgt genau umrissene Kriegsziele: Zum einen ist das die Errichtung eines kontinentalen Kolonialreichs durch Eroberung von „Lebensraum" östlich von Deutschland. Dieser Raum soll volkstumsmäßig neu geordnet werden. Dazu sollen die dortigen Juden vertrieben bzw. ermordet, die Slawen versklavt und germanische landwirtschaftliche Siedlungskolonien geschaffen werden. Zum anderen sollen die westlichen Demokratien schnell ausgeschaltet und dann nach Möglichkeit Kollaborationsregierungen installiert werden. Dieser Wunsch geht in Frankreich dank der Vichy-Regierung in Erfüllung, auch im Fall von Großbritannien scheint das eine realistische Perspektive zu sein, doch wird die Invasion der Insel wegen des Angriffs auf die Sowjetunion am 23. Juni 1941 verschoben. Der Krieg im Osten wird als biologischer Krieg gegen den jüdisch-bolschewistischen Feind dargestellt, die kommunistischen Eliten („Politkommissare") sollen getötet werden, ebenso die jüdische Zivilbevöl-

kerung, die seit dem Sommer 1941 Ziel eines Völkermords ist. Sie sollte erst nach Madagaskar deportiert oder aber weiter in den Osten verbracht und dort ausgesetzt werden. Ab Ende Dezember 1941 ist auch für sie der kollektive Tod in Vernichtungszentren vorgesehen, in denen ab dem Frühjahr 1942 zunächst die polnischen Juden ermordet werden. Für die NS-Führung sind die Juden verantwortlich für den Krieg (1939 ebenso wie bereits 1914) und der letzte und größte Triumph des Reichs wird deren Niederlage sein: Sechs Millionen Juden sterben infolge dieser Ideen und 20 Millionen Bürger der – nach dem NS-Terminus – „ehemaligen UdSSR“ fallen der Suche der Nationalsozialisten nach neuem Raum zum Opfer.

Am 8. Dezember wird mit dem Eintritt der Amerikaner, die am Tag zuvor von den Japanern in Pearl Harbor angegriffen wurden, aus dem Krieg ein Weltkrieg. Dieser nimmt von da an eine für NS-Deutschland, das am 11. Dezember selbst den USA den Krieg erklärt hat, fatale Wendung. Im Februar 1943 setzt nach der Niederlage von Stalingrad der Rückzug aus dem Osten ein, der zu einem hartnäckigen Widerstand der deutschen Armee führt. Deren Aufgabe ist ja nunmehr die Verteidigung des Vaterlands. Von den fünf Millionen gefallenen Deutschen ist die Hälfte in den letzten Kriegsmonaten (Juli 1944 bis Mai 1945) umgekommen. In dieser Stunde nationaler Gefahr werden die deutschen Widerständler wie die Münchner Studierenden der „Weißen Rose“ oder die Offiziere, die Hitler am 20. Juli 1944 umbringen wollen, als Verräter betrachtet. Die nationalsozialistische Führung lehnt jegliche Kapitulation ab. Sie will nicht noch einmal eine demütigende Niederlage wie 1918 erleben. Die Alliierten lehnen ihrerseits jegliche Verhandlung mit dieser kriminellen Regierung ab. So wird der Krieg bis mitten ins Herz des Reichs getragen, im Osten von der Roten Armee, die im April 1945 ein zur Ruinenlandschaft verwandeltes Berlin einnimmt.

Eroberung Berlins durch die sowjetische Armee im April 1945.

Am 7. bzw. 9. Mai wird in einem Gymnasium in Reims (Eisenhowers Generalquartier) bzw. in einer deutschen Kaserne in Berlin-Karlshorst (Sitz des Generalstabs von Marschall Schukow) die auf den 8. Mai datierte bedingungslose Kapitulation unterzeichnet.

Die menschliche, materielle und moralische Bilanz des „Dritten Reichs" verweist auf eine beispiellose Katastrophe: Die Nationalsozialisten haben den Tod in ganz Europa verbreitet, insbesondere in Russland, wo zwischen 1941 und 1945 27 Millionen Menschen ihr Leben verloren haben. Hitler hatte auf Jahrhunderte Macht und Herrlichkeit versprochen, am Ende stehen sieben Millionen tote Deutsche und Österreicher, was 10 % der Bevölkerung des Jahres 1937 entspricht. Deutschland ist die aussätzige unter den Nationen. Opfer und Vertriebene klagen an, wobei Letztere teilweise zurückkommen: so etwa Karl Jaspers, der auf seinen Philosophie-Lehrstuhl in Heidelberg zurückkehrt und dort 1946 seine berühmte Rede zur Schuldfrage hält. Generatio-

nen von Deutschen müssen bis heute mit diesem verbrecherischen und blutigen Erbe leben.

Der berühmte Historiker Friedrich Meinecke wurde 1862 geboren, in dem Jahr, in dem Bismarck Kanzler wurde. Er legt 1946 unter dem Titel *Die deutsche Katastrophe* dar, was auch viele andere angesichts des Untergangs von NS-Deutschland denken und empfinden. Es handelt sich um eine Katastrophe, die von den Deutschen ausging, sie aber auch trifft. Die Sprache der Zeit wird von dem Wort „Trümmer" beherrscht: „Trümmerfrauen", die zeitgenössischen Mütter Courage, beseitigen die Ruinen, „Trümmerfilme" zeigen die Verheerung in den deutschen Städten und die „Trümmerliteratur" begibt sich nach dem Menschheitsverbrechen der Shoah auf neue Sinnsuche und die Schaffung einer neuen Sprache. Dieser Aufgabe stellen sich im Jahr 1947 junge Schriftsteller und gründen die „Gruppe 47", der auch Günter Grass und Heinrich Böll angehören. Deutschland befindet sich in einer ähnlichen Lage wie 1648, am Ende des Dreißigjährigen Kriegs, der ab 1949 Abend für Abend auf der Bühne des „Berliner Ensembles" in der Inszenierung von Bertolt Brecht aufgeführt wird. Helene Weigel spielt *Mutter Courage*, die Verkörperung menschlichen Unglücks und des nationalen Elends. Mehr noch als 1648 ist Deutschland heruntergekommen, zerrissen. Die Zerstörungen sind beträchtlich und der ganze Osten des Landes (Pommern, Schlesien, Ostpreußen) wird an die Sowjetunion und Polen abgetreten. Zwölf Millionen Deutsche aus diesen Gebieten machen sich daher auf den Weg in den Westen. Der Rest des Landes wird in vier Besatzungszonen geteilt. In jeder von ihnen gibt eine der großen Siegermächte den Ton an: v. a. die Sowjetunion, die Vereinigten Staaten von Amerika und Großbritannien, daneben Frankreich, das seine Beteiligung de Gaulles „France libre" und dem Kolonialreich verdankt. Deutschland, so ist das zunächst geplant, hat als Machtfaktor bzw. sogar als Nation ausgespielt.

„Mehr Demokratie"

Die Bundesrepublik (1949–1990)

Für die Alliierten ist Deutschland eine militaristische Macht, die alle 30 Jahre einen Krieg anzettelt. Im Verlauf des letzten wurden zudem unerhörte Verbrechen begangen, die das Land ein für alle Mal disqualifizieren. Sie werden Gegenstand eines Prozesses vor einem Internationalen Gerichtshof sein („Nürnberger Prozess"). Die nach Teheran und Jalta dritte Konferenz bekräftigt in Potsdam die Prinzipien, der Nachkriegsordnung: Entnazifizierung und Demokratisierung Deutschlands (mit dem Ziel einer grundlegenden Änderung der politischen Kultur), Dezentralisierung (um die Macht des Reichs zu brechen), Entmilitarisierung und Demontage der Industrie (um Deutschland der materiellen Grundlage seiner Macht zu berauben). Rasch tritt aber Uneinigkeit unter den Alliierten an die Stelle des ursprünglichen Einvernehmens, die Politik der Sowjetunion beunruhigt London und Washington. Bereits am 12. Mai 1945 verurteilt Churchill gegenüber Truman den „Eisernen Vorhang", am 5. März 1946 verwendet er den Begriff erstmals öffentlich in Fulton (Missouri). Der Vorschlag der USA, Europa beim Wiederaufbau zu helfen, bedeutet den Beginn des Kalten Krieges, denn dies ist mit der Absicht verbunden, mit dem Elend auch den Kommunismus zu bekämpfen. Der Marshall-Plan (Juni 1947) wird von der Sowjetischen Besatzungszone abgelehnt, und auch der dritte Sekretär der Kommunistischen Partei der Sowjetunion, Andrej Schdanow, weist ihn im September 1947 scharf zurück. Die Teilung Deutschlands wird damit zum Symbol des Gegensatzes zwischen dem „Lager der arbeitenden Bevölkerung" (bzw. „Ostblock") und der

„Freien Welt“ (bzw. „imperialistisches Lager“). Die Londoner Konferenz (Februar–Juni 1948) sieht ein föderales System und eine Währungsreform in den westlichen Besatzungszonen vor. Am 20. Juni 1948 wird die DM („Deutsche Mark“) eingeführt. Stalin reagiert darauf mit einer Blockade der drei westlichen Sektoren Berlins. West-Berlin wird daher vom 24. Juni 1948 bis zum 12. Mai 1949 über die „Luftbrücke“ per Flugzeug („Rosinenbomber“ bzw. „Candy Bomber“) versorgt. Diese logistische Meisterleistung sorgt für den Transport von 1,5 Millionen Tonnen Kohle, 500 000 Tonnen Nahrungsmitteln und 160 000 Tonnen Baumaterialien zur Errichtung eines bislang nicht vorhandenen Elektrizitätswerks im Westen. Die Westalliierten bekräftigen so ihren Willen zu dauerhafter Präsenz in Berlin, das Stalin „wie eine reife Frucht“ ernten wollte.

Im Westen entstehen neue Länder – Preußen ist seit 1947 aufgelöst –, in denen ab dem Herbst 1946 Wahlen stattfinden. Die Ministerpräsidenten aller Länder treffen 1947 in München zusammen, doch verlassen die des Ostens rasch die Konferenz, während die westlichen im Juli 1948 die Schaffung eines „Parlamentarischen Rates“ beschließen. Dieser soll auf Wunsch der Westalliierten ein „Grundgesetz“ ausarbeiten, ein Provisorium, das später von einer regelrechten „Verfassung“ für das vereinte Deutschland abgelöst werden soll. Es wird am 8. Mai 1949 in Bonn beschlossen. Diese bescheidene und hübsche Stadt am Rhein, die Geburtsstadt Beethovens, wird auch zum Sitz des neuen Staates, der „Bundesrepublik Deutschland“. Die kurz danach abgehaltenen Wahlen gewinnt eine überkonfessionelle christliche Partei, die CDU (Christlich-demokratische Union) in Verbindung mit ihrer bayrischen Schwesterpartei, der CSU (Christlich-soziale Union). Die Proportionen unter den Konfessionen haben sich übrigens beträchtlich verschoben. Da die verloren gegangenen Ostgebiete und die Sowjetische Besatzungszone (bald DDR) mehrheitlich protestantisch waren, hat sich der An-

teil der Katholiken von 33 auf 50 Prozent erhöht. Ein Katholik, der ehemalige Zentrumspolitiker und Kölner Oberbürgermeister Konrad Adenauer, der 1933 von den Nationalsozialisten aus dem Amt entfernt wurde, wird im Alter von 73 Jahren zum ersten Kanzler der Bundesrepublik.

Das Grundgesetz bildet die Grundlage für den dritten – nach 1848 und 1919 – Versuch Deutschlands mit dem demokratischen System. Dieses Mal zieht es die Konsequenzen aus der Vergangenheit. Artikel 1 stipuliert: „Die Würde des Menschen ist unantastbar." Die folgenden 19 Artikel stellen eine Erklärung der Grundrechte dar, denen durch Artikel 79, Abs. 3 – die sog. „Ewigkeitsklausel" – permanenter Bestandsschutz gewährt wird: Jegliche Änderung der Verfassung, die sie beeinträchtigen würde, ist untersagt. Eine freiheitliche und humanistische Demokratie ist also die Antwort auf Weimar, eine parlamentarische Demokratie, die bestrebt ist, die Fehler von Weimar zu vermeiden. Kanzler und Regierung werden vom Parlament bestimmt, das sie stürzen kann, sofern die Opposition zugleich einen neuen Kanzler benennt und wählt. Dieses „konstruktive Misstrauensvotum" schließt reine Ablehnungskoalitionen, die zu serienweisen Regierungskrisen führen, aus. Die bemerkenswerte Stabilität der Regierungen der Bundesrepublik (acht Kanzler in 69 Jahren, von 1949 bis 2018) ist zu einem erheblichen Teil dieser Regelung zu verdanken, denn nur ein Kanzler wurde in dieser Zeit gestürzt (1982 Helmut Schmidt). Die politischen Parteien sind an die verfassungsmäßige Ordnung gebunden (Art. 21). Auf dieser Grundlage verbietet das Bundesverfassungsgericht 1952 die Sozialistische Reichspartei (SRP), in der sich alte Nazis zusammengefunden hatten, und 1956 – in einer Zeit erheblicher Spannungen zwischen Ost und West – die KPD. Im Gegensatz zum Zentralismus des „Dritten Reichs" wird Deutschland nun zu einem voll föderalen System: Die Bundesländer verfügen über zahlreiche Zuständigkeiten (Kultur, Erziehung, Polizei). Der Bundesrat, der

den meisten Gesetzen zustimmen muss, besteht aus Vertretern der Länder. Da der indirekt gewählte Bundespräsident, abgesehen vom Fall von Regierungskrisen, lediglich repräsentative Funktionen wahrnimmt, ist es in Deutschland ganz klar das Parlament, das vermittels der aus der Parlamentsmehrheit hervorgegangenen Regierung die Macht innehat.

Von 1949 bis 1966 sind rechte Regierungen an der Macht: Die christlichen Unionsparteien regieren alleine oder mit den Liberalen der Freien Demokratischen Partei (FDP). Die Grundlinie ist in sozialer Hinsicht klar konservativ und in wirtschaftlicher liberal. Die Frauen werden wieder zur Wahrnehmung ihrer herkömmlichen Aufgaben angehalten, nachdem sie in der Zeit seit 1939, in der die Männer nicht da waren, eine neue Freiheit kennengelernt hatten. Die „natürliche" Ordnung, wie sie die Kirchen vertreten, verhindert die Einrichtung von Krippen und widersetzt sich der Arbeit von erwerbsfähigen Frauen, die als „Rabenmütter" abqualifiziert werden. Auf ökonomischem Gebiet herrscht der Ordo-Liberalismus. Ludwig Erhard, Professor für Wirtschaftswissenschaften an der Universität München und dann Wirtschaftsminister, tritt für die „soziale Marktwirtschaft" ein, die u. a. seinem Kollegen Alfred Müller-Armack ihre theoretische Grundlegung verdankt. Der Ordo-Liberalismus lehnt sowohl die sozialistische Planwirtschaft als auch das reine Laisser-faire, das zur Weltwirtschaftskrise geführt hat, ab. Er tritt ein für Freiheit innerhalb einer vom Staat kontrollierten Rechtsordnung. Sozial ist diese Marktwirtschaft deshalb, weil sie Schutzvorkehrungen bereithält und gemäß Erhards Lieblingsslogan „Wohlstand für alle" ermöglicht.

Adenauer verkörpert mit seiner altväterlichen Strenge eher das alte patriarchalische Deutschland, der liebevoll als „der Dicke" apostrophierte Erhard mit seiner ewigen Zigarre dagegen das „Wirtschaftswunder", das mit seinen Zuwachsraten – regelmäßig über 8 % in den 1950er-Jahren, teilweise sogar zweistellig – die Zeitgenossen fasziniert. Von Wunder kann freilich kaum die

Rede sein. Die deutsche Industrie ist trotz des Krieges 1945 zu 85 % intakt und die Produktion erreicht bereits 1946 wieder das Niveau von 1938. Im Übrigen sind auch außerhalb Deutschlands – z. B. in Frankreich, den USA und Japan – hohe Wachstumsraten zu verzeichnen. Es handelt sich dabei um ein deutlich transnationales, allgemeines Nachholphänomen, das zudem vom demografischen Wachstum des „Babyboom“ gestützt wird. In Deutschland sind die Bau- (Stichwort Wiederaufbau) und die Automobil-Industrie die Wachstumsmotoren. Im Jahr 1955 wächst das BIP um 10,5 % und bei Volkswagen läuft der zehnmillionste Käfer vom Band. Dieses Symbol eines Autos für alle wurde bereits im „Dritten Reich“ von Ferdinand Porsche konzipiert. Im gleichen Jahr wird zwischen der Bundesrepublik und Italien ein Abkommen über die Entsendung von Gastarbeitern unterzeichnet, dem weitere mit Spanien, Griechenland, Tunesien, der Türkei und Marokko folgen werden. Die Gastarbeiter zählen zu den Stützen des deutschen Wirtschaftswachstums. 1964 wird mit dem Portugiesen Armando Rodrigues de Sá der einmillionste Gastarbeiter mit großem Zeremoniell am Kölner Bahnhof empfangen. Im Februar 1972 wird die Jugoslawin Vera Rimsky, die am Münchner Bahnhof gefeiert wird, bereits die zweimillionste sein. Das *Lied vom Wirtschaftswunder* besingt ironisch die Konsumgesellschaft. In den 1950er-Jahren bauen die Einzelhändler Theo und Karl Albrecht rasch ihr Niedrigpreisgeschäft aus: Albrecht-Diskont erlangt unter dem Namen „Aldi“ bald Berühmtheit. Was man nicht im Laden findet, bestellt man: „Quelle“ wird die weltweite Nummer 1 im Versandhandel. In ihrem Katalog findet man eine Überfülle an Billigprodukten, die oft aus der DDR importiert werden.

In der Außenpolitik definiert Adenauer seine Linie: „Freiheit vor Einheit“. Zur Sicherung der Überlebensfähigkeit der Bundesrepublik sorgt der Rheinländer Adenauer, der auf die osteuropäischen Länder und Ostdeutschland mit Verachtung herabblickt,

für eine deutliche Westorientierung. Ihm ist klar, dass eine starke und blühende Bundesrepublik für den Westen ein unverzichtbares Bollwerk gegen den Sowjetkommunismus darstellt, und so handelt er mit seinen westlichen Partnern die Wiederaufnahme seines Landes in die Völkergemeinschaft aus: 1951 ruft er mit Frankreich die Montanunion ins Leben, mit vollem Namen: „Europäische Gemeinschaft für Kohle und Stahl". Sie stellt die erste Etappe einer zunehmenden wirtschaftlichen Integration dar, die im März 1957 in der Unterzeichnung der „Römischen Verträge" gipfelt, die insbesondere den Grundstein für die Europäische Wirtschaftsgemeinschaft (EWG) legen. Parallel dazu gewinnt die Bundesrepublik an staatlicher Souveränität. Aus dem besetzten Land wird 1955 mit der Aufstellung einer neuen Armee, der Bundeswehr, und dem Beitritt zur NATO wieder eine Macht, die zählt. Auch tritt der 1952 ausgehandelte „Deutschlandvertrag", der das Besatzungsstatut ablöst, nun in leicht veränderter Form in Kraft. Adenauer sieht die Deutschen als „Freie unter Freien, den bisherigen Besatzungsmächten in echter Partnerschaft verbunden". 1954 lehnt die französische Nationalversammlung die Schaffung einer „Europäischen Verteidigungsgemeinschaft (EVG)" ab, doch spielt Deutschland auf anderem Gebiet international wieder eine wichtige Rolle: Die deutsche Mannschaft gewinnt in Bern das Endspiel um die Fußball-Weltmeisterschaft. Dazu trug auch Adolf („Adi") Dassler entscheidend bei, der Herzogenauracher Schuhfabrikant, der das System der abschraubbaren Stollen zwar nicht erfunden, aber perfektioniert hat. Mithilfe ihres Stollenwechsels in der Halbzeitpause gelingt es den deutschen Spielern, sich dem durchnässten Boden anzupassen und die Ungarn mit 3:2 zu schlagen. Adi Dasslers Unternehmen „Adidas" liefert seinem Bruder Rudolf, der die Firma „Puma" gegründet hat, einen erbitterten Konkurrenzkampf. In Adidas-Schuhen gewinnen die deutschen Fußballer auch die Weltmeisterschaft 1974 sowie 1990 (im Jahr der Wiedervereinigung) und dann zum vierten Mal 2014.

Die Wiederkehr Deutschlands auf das diplomatische Parkett ist untrennbar mit scharfer Abgrenzung von der ebenfalls 1949 gegründeten „Deutschen Demokratischen Republik (DDR)" verbunden. Die 1955 vom damaligen Außenamts-Staatssekretär Walter Hallstein entwickelte „Hallstein-Doktrin" betrachtet die Aufnahme diplomatischer Beziehungen mit der DDR als unfreundlichen Akt gegenüber der Bundesrepublik, den diese ihrerseits mit dem Abbruch der Beziehungen beantwortet.

Die Wiederaufrüstung ab 1955 löst in der deutschen Gesellschaft heftige Reaktionen und Proteste aus. Der Slogan „Nie wieder Soldat" spielt auf den älteren „Nie wieder Krieg" an, aus dem zur Zeit der Wiedervereinigung die scharfe Losung „Nie wieder Deutschland" werden wird. Eine kritische Strömung widersetzt sich insbesondere der atomaren Bewaffnung, die ab 1958 unter dem Slogan „Kampf dem Atomtod" zunehmend erstarkt. In diesem Rahmen erfährt die begabte junge Journalistin Ulrike Meinhof ihre Sozialisation in Sachen „Demos" und politischer Kampf. 1957 veröffentlichen 18 Wissenschaftler der Universität Göttingen einen Appell gegen die Atombewaffnung. Dieser erinnert an die „Göttinger Sieben", die im Jahr 1837 gegen Restauration und autoritäres Vorgehen protestierten. Überhaupt spielt das Thema Machtmissbrauch eine große Rolle in der Bundesrepublik dieser Zeit: 1962 veröffentlicht der 1947 gegründete und zum Leitmedium aufgestiegene „Spiegel" unter dem Titel „Bedingt abwehrbereit" einen vertraulichen Bericht der Bundeswehr über die strategische Schwäche einer nicht atomar ausgerüsteten Bundeswehr. Am 26. Oktober werden die Redaktionsräume des „Spiegel" durchsucht, ein Journalist wird in Spanien unter einem Vorwand verhaftet und Chefredakteur Augstein 103 Tage in Untersuchungshaft gehalten. Adenauer, der zuvor die Antiatom-Bewegung scharf kritisiert und ihr sein Credo „Wir wählen die Freiheit" entgegengeschleudert hatte, verurteilt den „Abgrund an Landesverrat". Bundesverteidigungsminister Franz Josef Strauß, der

zuvor Minister für Atomfragen war, muss angesichts des Skandals, den er zu verantworten hat, zurücktreten. 1965 wird die Justiz die Journalisten endgültig in allen Punkten entlasten.

Diese Affäre stärkt die bundesrepublikanische Bürgerbewegung zur Verteidigung der Freiheit, sie schwächt dagegen den Bundeskanzler, der zugunsten von Ludwig Erhard abdankt. Dieser wird 1963 vom Bundestag zum Kanzler gewählt. Doch der Wirtschafts-Zauberdoktor sieht sich einer Rezession konfrontiert, wie sie auch in Frankreich herrscht: Die Rentabilität der ältesten Industrien, nämlich Kohle und Stahl, geht immer mehr zurück, eine Überproduktionskrise bedroht die Konsumgesellschaft. Erhard beschließt eine Steuererhöhung, um den Haushalt ausgeglichen zu halten. Die FDP lehnt das ab und verlässt die Regierung. Erhard wird durch den bisherigen baden-württembergischen Ministerpräsidenten Kurt-Georg Kiesinger ersetzt. Die CDU, die nicht über die parlamentarische Mehrheit verfügt, wechselt den Koalitionspartner und regiert nunmehr, von 1966 bis zum nächsten Wahltermin 1969, in Form einer Großen Koalition mit der SPD. Deren charismatischer Vorsitzender, der Regierende Bürgermeister von Berlin Willy Brandt, wird Vizekanzler und Außenminister. Zum ersten Mal seit 1949, ja seit 1930, ist die SPD wieder an einer Regierung beteiligt. Das hat Symbolcharakter: Der ins Exil gegangene ehemalige sozialistische Widerstandskämpfer Brandt wird zur Nummer 2 einer von dem Christdemokraten und ehemaligen Nationalsozialisten Kurt-Georg Kiesinger geführten Regierung. Der Kanzler wird am 7. November 1968, kurz vor dem 30. Jahrestag der „Kristallnacht", auf der Bühne des Berliner CDU-Parteitags von Beate Klarsfeld geohrfeigt. Die NS-Vergangenheit drängt in diesen Jahren heftig ans Tageslicht: Von 1963 bis 1965 findet in Frankfurt am Main der erste Auschwitz-Prozess statt, der von der Öffentlichkeit mit leidenschaftlicher Anteilnahme verfolgt wird. Die in den Jahren ab 1943 geborenen Angehörigen der Generation der „Babyboomer" entdecken nun als

junge Erwachsene, was ihre Eltern getan haben bzw. haben geschehen lassen. Die deutsche Jugend steht damit im Einklang mit den Geschehnissen in den USA, Japan und Frankreich: Sie lehnt die Konsumgesellschaft mit ihrem Materialismus, ihrer Entfremdung und Umweltverseuchung ebenso ab wie den Vietnam-Krieg, der für viele das wahre Gesicht eines gewalttätigen Imperialismus zeigt, der sich selbst als „Freie Welt" ausgibt. Napalm und Massaker an vietnamesischen Zivilisten im Äußeren bilden das Pendant zum Kapitalismus und einer autoritären Gesellschaft im Inneren. Der Mai '68 beginnt in der Bundesrepublik bereits am 2. Juni 1967, anlässlich eines Besuchs des Schahs von Iran, dieses treuen Verbündeten der Vereinigten Staaten. Schlägertrupps des Schahs prügeln auf Studenten ein, gegen die auch die Polizei vorgeht. Der Student Benno Ohnesorg wird von einem Polizisten erschossen, von dem man Jahrzehnte später erfahren wird, dass er Stasi-Agent war. Am 11. April verübt ein Hilfsarbeiter aus dem rechtsextremen Umfeld ein Attentat auf den Studentenführer Rudi Dutschke, den Vorsitzenden des Sozialistischen Deutschen Studentenbunds (SDS). Am 11. Mai 1968 demonstrieren 30 000 Personen in Bonn gegen die „Notstandsgesetze", die seit langen Jahren ein Dauerthema der politischen Auseinandersetzungen sind.

Seit 1949 ist im Notstandsfall der Einsatz der Besatzungsstreitkräfte vorgesehen. Gegenstand der erwähnten Debatten ist daher die Regelung von Sondervollmachten im Zusammenhang mit der erwarteten Wiedererlangung einer erweiterten Souveränität. Nur eine Große Koalition verfügt über die Zweidrittel-Mehrheit, die zu deren Annahme benötigt wird. Am 30. Mai werden die Gesetze beschlossen, die festlegen, dass bei Gefahr im Verzuge alle Vollmachten auf eine Parlamentarier-Kommission übergehen – nicht auf die Exekutive wie in Frankreich. Die Große Koalition verfügt über 447 von 518 Sitzen, was bedeutet, dass ihr praktisch keine parlamentarische Opposition gegenübersteht. Umso mehr entwickelt sich seit 1966 eine „Außerparlamentarische Opposi-

tion", die „APO", die just zu dem Zeitpunkt, an dem die Bundesrepublik sich als demokratischer und freiheitlicher denn je darstellt, gegen ihre vermeintliche „Faschisierung" angeht.

Der „Mai 1968", der sich in Deutschland auf den Zeitraum von 1967 bis 1969 erstreckt, umfasst Erfahrungen und Vorgänge, die zu Erinnerungsorten der politischen Utopie geworden sind. Die Rede ist hier beispielsweise von der „Kommune I und II", die in den großen leeren Wohnungen von Westberlin neue Formen des Zusammenlebens und der freien Sexualität erproben. Sie beabsichtigen, auf diesem Weg alle der Familienstruktur und einer autoritären Gesellschaft geschuldeten Herrschaftsverhältnisse zu beseitigen. Als Leitfiguren können Rainer Langhans und das Model Uschi Obermaier gelten. Eine andere Frau, die als Symbol dieser Zeit betrachtet werden kann, ist Ulrike Meinhof, die mit ihren messerscharfen Analysen in der Zeitschrift „Konkret" Aufsehen erregt.

Die Bundestagswahlen im September 1969 führen zu einer SPD-FDP-Koalition. Erstmals seit 1930 regiert mit Willy Brandt wieder ein SPD-Kanzler in Deutschland. Den Tag seiner Wahl im Parlament kommentiert der ehemalige Widerstandskämpfer mit den Worten: „Jetzt hat Hitler endgültig den Krieg verloren." Starke Wirkung übt er an diesem Tag insbesondere mit seiner ersten Rede unter dem Motto „Mehr Demokratie wagen" aus.

Dieser Erfolg ist nicht zuletzt das Werk eines Mannes, den die meisten nicht wirklich kennen, weil er die Kulissen des Bundestags den Scheinwerfern der Medien vorzieht und er lieber Fraktionsvorsitzender als Minister ist: Herbert Wehner, ehemaliger nach Moskau geflüchteter KPD-Funktionär und Rotfront-Kämpfer, den die Rechte ständig wegen seiner Vergangenheit angreift. Er selbst berichtet in diesem Zusammenhang von einem Gespräch mit dem ehemaligen SPD-Vorsitzenden Kurt Schumacher: „Sie werden mir doch dort [gemeint ist hier der Bundestag] von allen Seiten manchmal täglich bei lebendigem Leibe die Haut vom Leibe reißen. Ja, sagte er, das werden sie, aber das wirst du

auch aushalten." Der aufbrausende und autoritäre Wehner ist ein gefürchteter Debattenredner – und einer, der entscheidend zur reformistischen Wende der SPD beiträgt, die 1959 im „Godesberger Programm" ihren Niederschlag findet. Er ist unbedingter Verfechter einer Regierungsbeteiligung der SPD, sei es um den Preis einer Koalition mit der Rechten. Wehner, der Mann mit der Pfeife, Politiker aus Leidenschaft, der unter seiner Vergangenheit und besonders der Erinnerung an den stalinistischen Terror leidet, wird die SPD-Fraktion erst 1983 verlassen und wenige Wochen vor seinem Tod noch den Fall der Mauer miterleben.

Die Regierung widmet sich vornehmlich der Außenpolitik mit dem Schwerpunkt Ost-West-Beziehungen. Als Regierender Bürgermeister hatte Brandt schon 1963 für Berlin ein „Passierschein-Abkommen" ausgehandelt, das die 1961 errichtete Mauer ein wenig durchlässiger machte. Brandt gibt die Hallstein-Doktrin auf und verhandelt direkt mit der DDR, sehr zum Unwillen der CDU. Der Kanzler und sein Berater Egon Bahr beteuern ihrerseits: „Lieber kleine Schritte als große Worte."

Brandts „Ostpolitik" führt zu einer Annäherung an die DDR, in die er 1970 reist (nach Erfurt) und mit der er 1972 den „Grundlagenvertrag" aushandelt, aber auch an Polen, wo er im Dezember 1970 den Warschauer Vertrag unterzeichnet und vor dem Ghetto-Denkmal auf die Knie fällt. Für diese Politik erhält er 1971 den Friedensnobelpreis. Das hindert die Rechte nicht, den Sturz des Kanzlers zu betreiben: Mithilfe eines konstruktiven Misstrauensvotums soll Rainer Barzel ihn ablösen, wozu am Ende zwei Stimmen fehlen. Brandt stellt gleichwohl die Vertrauensfrage – wohl wissend, dass er dafür keine Mehrheit finden wird –, um so die Auflösung des Bundestags und Neuwahlen zu ermöglichen, die er dann zusammen mit der FDP für sich entscheidet.

Die sozial-liberale SPD-FDP-Regierung führt Gesellschaftsreformen durch, wie sie in ähnlicher Weise auch in Frankreich und anderen westeuropäischen Ländern auf der Tagesordnung stehen.

Günter Grass, Walter Scheel, Bundesminister des Auswärtigen und Vizekanzler, Wolfgang Roth, Bundesvorsitzender der Jusos, und Bundeskanzler Willy Brandt nach dem großen Wahlerfolg der SPD bei der Bundestagswahl vom 19. November 1972.

Das Wahlalter und die Volljährigkeit werden im Juni 1970 und im März 1973 auf 18 Jahre herabgesetzt. 1976 wird das Familienrecht im Sinn der Gleichstellung von Mann und Frau reformiert. Das Rentenalter wird 1972 auf 63 Jahre gesenkt und 1972 stärkt ein Gesetz die betriebliche Mitbestimmung. Ein Vorhaben zur Verallgemeinerung der Gesamtschule scheitert ebenso wie die Abtreibungsdebatte, in deren Verlauf der „Stern" am 6. Juni 1971 mit dem berühmten Titelblatt „Wir haben abgetrieben" erscheint. Die SPD befürwortet eine völlige Freigabe der Abtreibung bis zur 12. Woche der Schwangerschaft, während die CDU/CSU sie an sehr enge Kriterien binden will. Im April 1974 findet sich im Bundestag eine knappe Mehrheit für die Freigabe, die aber vom

Bundesverfassungsgericht in Karlsruhe aufgrund einer Klage der CDU/CSU wieder aufgehoben wird.

Nach der Enttarnung des Brandt-Mitarbeiters Günter Guillaume als Stasi-Spitzel tritt Willy Brandt, dem der Hass der Rechten („Brandt an die Wand“) – aber auch die Wirtschaftskrise – zu schaffen macht, von seinem Amt zurück. Nicht nur sein unmittelbarer Nachfolger Helmut Schmidt (1974–1982) wird seine Ostpolitik fortsetzen, sondern auch Helmut Kohl, von 1982 bis zur Wiedervereinigung.

Die sozial-liberale Koalition unter Helmut Schmidt muss sich mit dem Terror der aus der studentischen Protestbewegung hervorgegangenen „Rote Armee Fraktion (RAF)“ auseinandersetzen. Auf Anschläge gegen Einkaufszentren folgen solche gegen Personen. Deren Ziele sind die US-Armee in Deutschland, Angehörige der Justiz und der rechten Presse („BILD“). Die bekanntesten Terroristen (Ulrike Meinhof, Andreas Baader, Gudrun Ensslin) begehen im Herbst 1977 im Gefängnis Selbstmord, nachdem ein Versuch, sie mithilfe einer Flugzeugentführung freizupressen, fehlgeschlagen ist. Die palästinensischen Entführer werden von einer Spezialeinheit erschossen, der GSG 9, die unmittelbar nach dem in einem Fiasko endenden Attentat auf die Olympischen Spiele von München (1972) gegründet wurde. Diese „bleierne Zeit“ stellt den Rechtsstaat auf eine Probe, die er aber besteht: 1998 verkündet die RAF schließlich ihre Selbstauflösung.

Schmidt agiert auch auf dem Gebiet der Außenpolitik erfolgreich. Mit dem französischen Präsidenten Giscard d’Estaing bildet er ein verjüngtes und besser harmonierendes deutsch-französisches Paar. Als Antwort auf die nukleare Aufrüstung der Sowjetunion setzt er 1979 den berühmten NATO-„Doppelbeschluss“ durch (Stationierung von Atomwaffen in der Bundesrepublik und zugleich Einladung zu Abrüstungsverhandlungen), der zu einer breiten Protestbewegung führt, die sich mit der antimilitaristischen und Antiatom-Bewegung der 1950er-Jahre vergleichen lässt. Er

Öffnung des Grenzübergangs am Brandenburger Tor (22. Dezember 1989).

wird innerhalb der SPD zur Zielscheibe der Parteilinken, die seinen Rechtsruck verurteilt. Der Finanzfachmann und Verteidigungsexperte Helmut Schmidt hat sich in einem der schwersten Momente der Geschichte der Bundesrepublik als Staatsmann erwiesen. Nach seiner Kanzlerschaft wird er als Herausgeber der „ZEIT" und *elder statesman* zu einer der großen moralischen Autoritäten des Landes.

Die Wirtschaftskrise wollen die bisherigen Partner FDP und SPD mit unterschiedlichen Mitteln bekämpfen, sodass am Ende die FDP Helmut Schmidt im Stich lässt und einen Koalitionswechsel hin zur CDU/CSU herbeiführt. Helmut Kohl tritt an die Stelle von Helmut Schmidt, dessen proeuropäische Politik er fortsetzt. Nicht sonderlich erfolgreich in seiner Wirtschafts- und Sozialpolitik, versteht Helmut Kohl es 1989 jedoch, die mit der Wende im Osten verbundenen Chancen zu ergreifen.

Im Land des „real existierenden Sozialismus"

Die DDR (1949–1990)

„Auferstanden aus Ruinen und der Zukunft zugewandt" – so stellt sich die DDR selbst in ihrer Hymne dar. Die Ruinen sind diejenigen, die Kapitalismus, Krieg und Nationalsozialismus hinterlassen haben. So sehen es jedenfalls die KPD-Funktionäre, die nun als Sieger der Geschichte aus ihrem Moskauer Exil zurückkehren. Die Zukunft ist für diese überzeugten Leninisten klar vorgezeichnet: An die Stelle der Diktatur der Junker und Militaristen wird die des Proletariats treten und am Ende die kommunistische Gesellschaft. Die Verantwortlichen des neuen Staates, der im Oktober 1949 in der sowjetischen Besatzungszone als Antwort auf die Gründung der Bundesrepublik entsteht, sind kommunistische Kämpfer, die oft die Erfahrung eines Gefängnisaufenthalts in NS-Deutschland hinter sich haben. Walter Ulbricht, Mitglied der KPD-Fraktion im Reichstag, ist 40 Jahre alt, als er 1933 zunächst ins Pariser, dann ins sowjetische Exil geht. Der 1907 geborene Erich Mielke, der der Selbstverteidigungsmiliz der KPD angehörte, wird in die UdSSR ausgeschleust, nachdem er 1931 auf zwei Polizisten geschossen hat; der 1912 geborene Erich Honecker sitzt wegen Widerstandshandlungen zehn Jahre in NS-Gefängnissen. Die Reihe dieser Biografien ließe sich beliebig verlängern. Sie alle zeigen, dass Begriffe wie „Klassenfeind" oder „Klassenkampf" für diese Spitzenpolitiker der DDR keineswegs bloß Metaphern sind.

Der junge Staat hat eine große Anziehungskraft: Bertolt Brecht lässt sich in Berlin nieder, ebenso der österreichische Komponist

Hanns Eisler, dem die Vertonung der DDR-Hymne zu verdanken ist, sowie die Schriftsteller Anna Seghers und Stefan Heym (der 1951 aus den USA nach Ost-Berlin übersiedelt) und eine Vielzahl (zunächst) anonymer Bürger wie Wolf Biermann, der 1953 einwandert, oder 1954 Pastor Horst Kasner und seine Frau Herlind, die Eltern einer kleinen Angela, die später einen Herrn Merkel heiraten wird. Nach den Schrecken der Weltwirtschaftskrise, des „Dritten Reichs" und des Krieges kann sich die DDR im hohen Ansehen des großen russischen Bruders sonnen, dessen Rote Armee Hitler bezwungen hat und der sein großes, auf den historischen Materialismus von Marx, Engels und Lenin gegründetes historisches Versprechen einlösen wird: die Herbeiführung einer klassenlosen Gesellschaft, die den sozialen Frieden und den Frieden zwischen den Völkern gewährleisten wird.

Rasch werden die Grundsätze des kommunistischen Programms umgesetzt, und das in einem besiegten und besetzten Land, das umso eher zum Experimentierfeld taugt, als die alten Eliten durch ihr Zusammenspiel mit dem NS-System völlig diskreditiert sind. Bereits im Jahr 1945 werden die Großgrundbesitzer zugunsten von Kleinbauern enteignet: „Junkerland in Bauernhand!" Bis zum Jahr 1951 wird die Hälfte der landwirtschaftlichen Nutzfläche (3,3 Milliarden ha) auf diese Weise verteilt. Ab 1952 werden nach dem Vorbild der sowjetischen Kolchosen organisierte „Landwirtschaftliche Produktionsgenossenschaften (LPG)" ins Leben gerufen. Die allgemeine Kollektivierung ist zu Beginn der 1960er-Jahre abgeschlossen. Im industriellen Sektor geht die Vergesellschaftung der Produktion schrittweise vor sich: Nach einer ersten Welle Ende der 1940er-Jahre vollendet sie eine zweite zu Beginn der 1970er-Jahre. Lediglich 4000 Privatbetriebe gibt es zu diesem Zeitpunkt noch in der DDR. Die „Volkseigenen Betriebe (VEB)" beschäftigen im Jahr 1989 80 % der erwerbstätigen Bevölkerung. Sie sind zu 20 Branchenkombinaten zusammengefasst. Diese Großorganisatio-

nen umfassen alle mit einem bestimmten Produkt verbundenen Tätigkeiten, von der Forschung über die Produktion bis hin zum Verkauf. Diese Kombinate sind die Dreh- und Angelpunkte der Fünfjahrespläne, mit deren Hilfe Staat und Partei die Industrie steuern. Der „Arbeiter- und Bauernstaat" DDR feiert den produktiven Helden, dessen Bedeutung in den Jahren des Wiederaufbaus und des Aufholens besonders unterstrichen wird: Der ostdeutsche Stachanow heißt Adolf Hennecke, ein Bergarbeiter, der im Jahr 1948 die Norm um fast 400 % übererfüllt. Als „Held der Arbeit" ist er ein Vorbild für die Aktivisten, die nach sowjetischem Vorbild die Prometheus-Figuren des neuen Staates und der sozialistischen Gesellschaft darstellen. Aber nicht jedem ist es gegeben, Prometheus zu sein: Die hohen Normen, die für die Arbeiter gelten, die Berlin wieder aufbauen – insbesondere für diejenigen, die das Vorzeigeprojekt „Stalinallee" errichten –, führen am 17. Juni 1953 zu einem Aufstand, der blutig niedergeschlagen wird. Brecht schlägt in diesem Zusammenhang ironisch vor, die Regierung solle das Volk auflösen und ein neues wählen (*Die Lösung* in *Buckower Elegien*). Für die herrschende SED sind die Demonstranten „Faschisten" oder „Provokateure". In der Bundesrepublik dagegen wird der 17. Juni zum Nationalfeiertag erklärt und in West-Berlin erhält die breite Allee, die zum Brandenburger Tor führt, seinen Namen.

Die 1946 gegründete „Sozialistische Einheitspartei Deutschlands (SED)" versteht sich als Konkretisierung des alten Traums von der Einheit der Arbeiterbewegung und der Linken, die sich spätestens 1919 spaltete. Tatsächlich ist es die Machtergreifung der aus dem Moskauer Exil zurückgekehrten kommunistischen Parteikader innerhalb der linken Bewegung. Sie gründen eine Partei nach leninistischem Vorbild, beruhend auf dem „demokratischen Zentralismus", auf Hierarchie, Disziplin und Konformismus: „Die Partei hat immer Recht", wie ein bekanntes Lied sagt. Damit das auch die Öffentlichkeit glaubt, herrscht Zensur. Nicht

nur die schulische Erziehung strebt die Schaffung des sozialistischen Menschen an, sondern auch die Jugendorganisation der Partei, die „Freie Deutsche Jugend (FDJ)" mit ihren Aufmärschen, ihrer sportlichen Betätigung und ihren blauen Hemden, die für die Jüngeren, die „Pioniere", allerdings weiß sind. Im Prinzip ist es jedem überlassen, ob er Mitglied werden will, doch ist der soziale Druck so stark, dass ihr im Jahr 1989 90 % der Jugendlichen angehören.

Auf dem Gebiet der inneren Sicherheit setzt sich das stalinistische Modell durch. Im Februar 1950 wird das „Ministerium für Staatssicherheit" (MfS, alias „Stasi") geschaffen, das sich als „Schild und Schwert" der Partei im Kampf gegen den „Klassenfeind" versteht. Vorbild ist offenkundig die Tscheka, die sowjetische Geheimpolizei, von Felix Dserschinsky. Ihr Auftrag ist die Bekämpfung des „Klassenfeinds" mit allen Mitteln. Zu diesem Zweck überwacht sie die Gesellschaft mithilfe eines Netzes von (im Jahr 1989) 90 000 hauptamtlichen und 190 000 „Inoffiziellen Mitarbeitern (IM)". Die Stasi führt die Personenkontrollen an der DDR-Grenze durch, sie finanziert nach den üblichen Spielregeln der Geheimdienste auch die RAF, sie holt bei Bedarf deren Mitglieder aus Westdeutschland heraus und sie besorgt ihnen Waffen. Sie versteht es auch, ihre Spione in den „Feindstaaten" an höchster Stelle zu platzieren (wie Günter Guillaume bei Willy Brandt), Bundestagsabgeordnete zu bestechen (z. B. einen CDU-Abgeordneten, der 1972 für Willy Brandt gestimmt und damit dessen Regierung gerettet hat) und sie ermordet Überläufer … Die intensive Überwachung mit modernsten technischen Hilfsmitteln und die Allgegenwart der Informatoren stellen ein „psychosoziales Verbrechen" (Jürgen Fuchs) dar, denn jeder musste damit rechnen, bespitzelt zu werden. Dieser schleichende, unterschwellige Terror konnte in offene Einschüchterung und physische Gewalt umschlagen. Am 13. November wird Erich Mielke vor die Volkskammer geladen, um sich zu seiner Tätigkeit an der

Spitze der Stasi zu erklären. Er löst allgemeines Gelächter aus, als er fassungslos stammelt: „Ich liebe – ich liebe doch alle – alle Menschen. Ich liebe doch – ich setze mich doch dafür ein.“ Diese Erklärung eines völlig verunsicherten alten Mannes muss nicht unbedingt als Zynismus gewertet werden, sie kann durchaus die Überzeugung eines eingefleischten Leninisten darstellen.

Auch wenn Mielke die Menschen geliebt haben mag, so liebten diese nicht unbedingt die DDR. Drei Millionen verlassen das Land, dessen Einwohnerzahl bis 1960 von 18,5 auf 17 Millionen schrumpft). Dieser Aderlass führt zur Schließung der Grenzen. Verordnungen aus den Jahren 1951, 1954 und 1957 erschweren das Verlassen des Staatsgebiets und stellen es schließlich unter Strafe. Zur völligen Abriegelung wird ab dem 13. August 1961 um West-Berlin eine Mauer errichtet und damit das letzte Schlupfloch in den Westen gestopft. Walter Ulbricht, der kurz zuvor noch erklärt hatte: „Niemand hat die Absicht, eine Mauer zu errichten“, begrüßt am 18. August im Rundfunk den „antifaschistischen Schutzwall“.

Nur der politische Witz gestattet noch ein gewisses Aufatmen durch befreiendes Lachen:

„Wer ist der größte Feldherr aller Zeiten? – Walter Ulbricht! Er hat drei Millionen in die Flucht geschlagen und hält 17 Millionen gefangen.“

Nicht zu vergessen die (mindestens) 138 „Mauertoten“.

Freilich steht das Leben in der DDR nicht ausschließlich unter dem Zeichen von Diktatur, Mauer und Stasi. Das Phänomen der „Ostalgie“, das seit der Wiedervereinigung auf dem Gebiet der ehemaligen DDR grassiert, verweist auf die Attraktivität eines Systems, das in der „Freien Welt“ nur als großes Gefängnis dargestellt wird.

Die kommunistische Ideologie hat eine soziale Mobilität befördert, von der besonders junge Menschen aus Familien ehemaliger Widerstandskämpfer gegen den Nationalsozialismus

DDR-Grenzpolizist am Potsdamer Platz auf Beobachtungsposten während des Mauerbaus 1961.

und sonstiger engagierter Linker sowie Arbeiter- und Bauernkinder profitiert haben.

Die Agrarreform und die Kollektivierung steigerten die Einkommen von Kleinbauern und ermöglichten es der DDR, fünf der zwölf Millionen Flüchtlinge (euphemistisch als „Umsiedler" bezeichnet) aufzunehmen, die von der Roten Armee v. a. aus Ostpreußen verjagt wurden.

In der Industrie, wie insgesamt in der DDR, herrscht Vollbeschäftigung. Die Unternehmen tragen auch zur Vergemeinschaftung häuslicher Arbeit bei (durch Kantinen, Krippen, Wäschereien) und ermöglichen es, dass weitaus mehr Frauen berufstätig sind als etwa in der Bundesrepublik. Das relative Wohlbefinden eines Landes, das trotz der Umweltverschmutzung durch seine veralteten Industrieanlagen herrliche Landschaften hat (die Seenlandschaft Brandenburgs und Mecklenburgs, die Wälder Thürin-

gens und die Strände der Ostsee), führt zu einer emotionalen Bindung an die „kleine Republik", zu der auch die Sozialpolitik von SED und Staat mit ihrem Angebot von Ferienaufenthalten für Arbeiter beiträgt. Ein Symbol dafür stellt das berühmte Hotel „Neptun" in Warnemünde dar. In der Sommersaison haben dort zwar Kader von Partei und Staat Vorrang, doch den Rest des Jahres steht es allen offen.

Der von der SED versprochenen Gesellschaft von Gleichen widersprechen freilich die Ungleichheiten in der sozialen Reproduktion und die unterschiedliche Besitzverteilung. Dies führt zu sozialer Unzufriedenheit. Ab Ende der 1950er-Jahre sinken die Studentenzahlen, die Reproduktion der bestehenden sozialen Verhältnisse verstärkt sich: Die Anzahl von Studierenden, deren Eltern bereits studiert haben, steigt zwischen 1967 und 1989 von 30 auf 80 %, während die 1963 gegründeten Arbeiter- und Bauern-Universitäten geschlossen werden. Die politische, wirtschaftliche und administrative Leitung des Landes liegt in den Händen von Führungskräften, die in den 1930er-Jahren geboren wurden und nicht in den Ruhestand treten.

Auch wirtschaftliche und geografische Ungleichheiten existieren. Die Städte sind privilegiert gegenüber dem Land und nicht alle haben gleichen Zugang zu Waren. Die Standardversorgung wird von „HO-Läden (Handelsorganisation)" gewährleistet. In ihnen gibt es Produkte minderer Qualität, die zudem oft nicht lieferbar sind. Ab 1962 bieten die „Exquisit"- und „Delikat"-Läden höherwertige Waren an, die aber sehr teuer sind. Honecker sichert zu, dass das nur eine Zwischenlösung sein soll. Schließlich gibt es noch die „Intershops". Sie existieren seit 1950, zunächst nur für Ausländer, ab 1970 können auch DDR-Bürger in ihnen einkaufen – vorausgesetzt, sie bezahlen in Devisen, deren Besitz aber offiziell verboten ist … In dieser Mangelwirtschaft (die Kriegsrationierungen werden 1958 abgeschafft), in der man so oft „Ham wa nich'" zu hören bekommt, sind Handwerker und

Händler die Könige, denn sie haben Zugang zu seltenen Waren – und sie machen sich rar. Das bekannteste Beispiel, ja Symbol, dafür sind die Klempner. Nicht minder berühmt sind die Wartezeiten, um einen Telefonanschluss zu bekommen oder gar ein Auto (durchschnittlich 15 Jahre für einen „Trabant" oder „Wartburg" aus Zwickau bzw. Eisenach) – es sei denn, man gehört zu den 30 000 Führungskräften, die bei der Versorgung mit Waren und Dienstleistungen bevorzugt werden.

Die 1970er-Jahre sind die goldene Zeit in den Augen der Zeitgenossen. Die sozialistische Gesellschaft wird freier und moderner: Ab 1959 gibt es Werbespots im Fernsehen, die Rockmusik wird nicht länger als US-Import verpönt und das Land stellt sogar massenweise Jeans her. Die Zeiten sind vorbei, in denen ein missmutiger alter Ulbricht fragte: „Ist es denn wirklich so, dass wir jeden Dreck, der vom Westen kommt, nu kopieren müssen? Ich denke, Genossen, mit der Monotonie des Je-Je-Je und wie das alles heißt, sollte man doch Schluss machen." Er wird 1970 von Erich Honecker als Generalsekretär der SED abgelöst. Der 59-jährige ehemalige FDJ-Chef repräsentiert mit seiner hübschen Frau Margot das Bild eines relativ jungen Paares. Honecker wirft mit Blick auf die Jugend einigen Ballast ab: Die DDR ist Gastgeber der Weltjugendspiele 1973 und der Ost-Rock feiert wahre Triumphe mit legendär gewordenen Bands, die teilweise heute noch auftreten und Millionen nostalgischen Deutschen immer noch und wieder die Töne ihrer Jugendzeit vorspielen. Das sind etwa die „Puhdys" mit ihrem Hit *Alt wie ein Baum* (1976) und zuvor schon mit der Musik zum Kultfilm einer ganzen Generation, dem Lieblingsfilm von Angela Merkel, der *Legende von Paul und Paula* (1973), einer bewegenden Liebesgeschichte. Dieser realistische Film über ein soziales Thema ist eines der Meisterwerke der DEFA, die v. a. mit historischen Filmen überzeugt, aber auch mit Western, in denen der aus den USA eingewanderte Dean Reed, der „rote Cowboy" sein Können als Sänger und Schauspieler

unter Beweis stellt. In ausgesprochen provokanter Weise gestaltet dagegen Nina Hagen die Wochenenden am See (*Du hast den Farbfilm vergessen*, 1974) und wird v. a. zur Verkörperung der Punk-Kultur. Die Künstler dieser Zeit verfügen über einen gewissen Freiraum, bis die Ausweisung von Wolf Biermann (1976) erneut dessen Grenzen aufzeigt.

1972 stimmt das Internationale Olympische Komitee (IOK) dem Antrag der DDR auf eine eigene Delegation bei den Sommerspielen in München zu. Sie stellt sich dabei als große Sportnation dar, wobei ihre Leistungsverbesserung von einer Olympiade zur anderen dem Einsatz von Millionenbeträgen und von Steroiden zu verdanken ist. In einem bekannten Witz ist die Rede von einem Telegramm, das „der große sowjetische Bruder" aus Verärgerung über diese Erfolge der DDR-Regierung übermittelt haben soll: „Gratulation zum neuen Sieg – Ende Gaslieferungen – Ende Ölversorgung". Am 18. September 1973 tritt die DDR, zeitgleich mit der Bundesrepublik, den Vereinten Nationen bei. Das ist das Ergebnis einer Tauwetterperiode in den Beziehungen zwischen den beiden deutschen Staaten. Zu deren Marksteinen zählt der Besuch Willy Brandts in Erfurt (1970). Die Masse ruft dabei „Willy, Willy", was der DDR-Rundfunk allerdings als Zurufe an Willi Stoph, den ostdeutschen Staatschef, interpretiert …

Ein weiterer DDR-Witz weiß von einem Dialog zwischen Willy und Willi zu berichten: „Herr Brandt, haben Sie eigentlich ein Hobby? – Ja, ich sammle die Witze, die man über mich macht. – Bei mir ist das ähnlich: Ich sammle die Leute ein, die Witze über mich machen."

Dieses Tauwetter tut der DDR ökonomisch gut, da sie nun beträchtliche Summen von der Bundesrepublik geliehen bekommt. Der Höhepunkt dieser Politik ist 1987 der Besuch Erich Honeckers in der Bundesrepublik. Helmut Kohl stimmt dieser von Honecker gewünschten mehrtägigen Visite nur widerwillig zu, empfängt diesen aber schließlich mit allen Ehren und Zeremo-

Leonid Breschnew, Parteichef der KPdSU, und Erich Honecker, Generalsekretär des Zentralkomitees der SED, bei Feiern anlässlich des 30. Jahrestags der DDR.

nien wie einen ausländischen Staatschef. Honecker stattet auch seinem Geburtsort Neunkirchen an der Saar, den er seit den 1930er-Jahren nicht wieder gesehen hat, einen Besuch ab.

Das Jahr 1989 bringt die ganze kommunistische Welt ins Wanken: Gorbatschows UdSSR führt erstmals freie Wahlen durch. Diesem Beispiel folgend, werden auch Polen, Ungarn und die Tschechoslowakei zunehmend freier. In China dagegen werden die Massendemonstrationen auf dem Tiananmen-Platz („Platz des Himmlischen Friedens") brutal niedergeschlagen, und auch das Rumänien Ceaucescus bleibt (vorerst) eine Diktatur. Diese Ereignisse finden ein deutliches politisches Echo in der DDR. Die Opposition der Bürgerrechtler verstärkt ihre Demonstrationsaktivitäten. Im Sommer 1989 erwägen Stasi und politi-

sche Führung eine „chinesische Lösung“. Diese wird allerdings erschwert durch den bevorstehenden 40. Jahrestag der Gründung der DDR am 7. Oktober. Zu diesem reist auch Gorbatschow an und wird mit „Gorby, Gorby“-Sprechchören empfangen.

Gorbatschow lehnt es am 18. Oktober ab, die Rote Armee – wie einst am 17. Juni 1953 – einschreiten zu lassen, und Erich Honecker tritt als Generalsekretär der SED zurück. Zwei Phänomene zeigen die wachsende Distanz der DDR-Bürger zu ihrem Staat: zum einen die Massenflucht nach Westen über Ungarn und die Tschechoslowakei, die ihre Grenzen zu Österreich geöffnet haben, zum anderen die Massendemonstrationen, die seit September jeden Montag in Leipzig stattfinden. Aus anfangs 1000 Demonstranten sind im Oktober 70 000 und im November 500 000 geworden, die „Wir sind das Volk“ und „Stasi raus“ rufen.

Das Zentralkomitee der SED sucht die Situation unter Kontrolle zu bringen und dem Druck der Opposition ein Ventil zu geben. Es gewährt daher allen, die dies beantragen, die Ausreise. Das ist die Botschaft des Sprechers des Zentralkomitees während einer Pressekonferenz. Einem nachfragenden Journalisten gibt er die sichtlich improvisierte Antwort, das trete „unverzüglich“ in Kraft. In der Nacht vom 9. auf den 10. November bewegt sich eine riesige Menschenmenge in Richtung Mauer. Die aufgrund fehlender Anweisungen gänzlich überforderten Grenzer öffnen die Schlagbäume. Die Mauer fällt und ein Jahr später, am 3. Oktober 1990, ist Deutschland wieder vereinigt.

Die „kleine Republik“ verschwindet. Wie Stefan Heym, ein kritischer Sozialist, der trotz seines inneren Exils nie die DDR verlassen hat, anmerkt, wird sie zu einer „Fußnote der Weltgeschichte“. Wie der Historiker weiß, haben Fußnoten durchaus ihre Bedeutung.

Das vereinte Deutschland

(seit 1990)

Die deutsche Einheit ist im Grundgesetz von 1949 explizit vorgesehen. Gleichwohl glaubte keiner der politisch Handelnden der 1970er- und 1980er-Jahre, sie zu seinen Lebzeiten zu erleben. Die Ereignisse überstürzen sich 1989, doch Bundeskanzler Kohl behält einen kühlen Kopf und reagiert dementsprechend, mit Unterstützung der USA und dem Wohlwollen Moskaus. Das Großbritannien Margaret Thatchers und das Frankreich von François Mitterrand haben dagegen Vorbehalte. Sie fürchten die Entstehung einer Art „Viertes Reich" im Herzen Europas. Die Wahlen vom 18. März 1990, die ersten und letzten freien Wahlen in der DDR, sehen die CDU (41 %) als klaren Sieger vor der SPD (22 %) und weit vor der PDS („Partei des demokratischen Sozialismus", hervorgegangen aus der SED, 16 %). Der neue Ministerpräsident, Lothar de Maizière, bereitet mit Helmut Kohl die Wiedervereinigung vor, die als Erstes die Zustimmung der ehemaligen Sieger- und weiterhin Besatzungsmächte erhalten muss. Der „4+2-Vertrag" (USA, Großbritannien, Frankreich, UdSSR + Bundesrepublik und DDR) wird am 12. September 1990 unterzeichnet. Er legt den 3. Oktober als Tag der Wiedervereinigung fest und vermeidet damit, dass es am 7. Oktober noch zu einem 41. Jubiläum der DDR kommen kann. Der 3. Oktober ist seither deutscher Nationalfeiertag. Das Land erhält nun seine volle Souveränität zurück. Die sowjetischen bzw. russischen Besatzungstruppen verlassen 1994 das Land, die Amerikaner ein Jahr später.

Die Vereinigung – dieses Wort wäre eigentlich angemessener als „Wieder"-Vereinigung, da der neu entstehende Staat in dieser

Form ja nie existiert hat – wird eine gigantische Aufgabe. Zwei Gesellschaften, die das gewiss wollen, sich aber kaum kennen, sollen zusammenfinden. Zwei Rechtssysteme werden vereinheitlicht – in aller Regel auf der Grundlage der Gesetze der Bundesrepublik – und das „Grundgesetz" wird die Verfassung des vereinten Deutschlands.

Die Rechtsvereinheitlichung geht aber nicht immer so einseitig vonstatten. Es kommt auch vor, dass DDR-Recht das der Bundesrepublik verändert, etwa im Fall des Schwangerschaftsabbruchs, der in der DDR erlaubt war. Kann unter diesen Umständen § 218 StGB einfach auf ganz Deutschland ausgedehnt werden? Ein Gesetz von 1992 beraubt diesen Paragrafen seines Inhalts, doch wird diese Neuregelung ihrerseits 1993 vom Bundesverfassungsgericht aufgehoben. 1995 wird eine Regelung gefunden, die den Abbruch formell untersagt, de facto aber erlaubt, sofern die Frau sich zuvor von einer anerkannten Stelle beraten lässt und nach mindestens dreitägiger Überlegung ihren entsprechenden Antrag bekräftigt.

Eine bankrotte Wirtschaft wird in den westdeutschen Markt und damit den Weltmarkt integriert, der auf völlig anderen Grundsätzen beruht als die Planwirtschaft der DDR. Bereits im Juli 1990 wird die Ostmark nach dem Satz 1:1 in DM umgetauscht, was der unter diesen Umständen nicht wettbewerbsfähigen Industrie keine Überlebenschance lässt. Zur Umwandlung der ostdeutschen Wirtschaft wird eine „Treuhandanstalt" eingerichtet. Sie hat den Auftrag, die DDR-Unternehmen zu privatisieren. Ihr Vorsitzender, Detlev Rohwedder, umreißt ihr Programm so: „Schnell privatisieren [...]. Entschlossen sanieren [...]. Behutsam stilllegen." Er wird 1991 von einem Kommando der RAF ermordet. Die Tätigkeit der Treuhand umfasst etwa 45 000 Betriebsstätten von 8500 Gesellschaften („Kombinaten") mit vier Millionen Beschäftigten, von denen 800 000 ihre Arbeit verlieren. Diese Rosskur führt allseits zu Ressentiments: Die „Ossis" sprechen von „Plattmachen" und vergessen dabei, dass

die verdeckte Arbeitslosigkeit – bei der freilich keiner seinen Arbeitsplatz verlor – sich in der DDR auf fast 25 % belief, und die „Wessis" machen sich über die faulen Sachsen lustig und verdrängen dabei völlig, dass der Übergang zu einer Marktwirtschaft ein traumatischer Vorgang ist. Die Mauer besteht fort – in den Köpfen, denn die Vereinigung gibt es nicht zum Nulltarif: 1991 wird ein „Solidaritätszuschlag" zur Einkommensteuer eingeführt, den jeder Steuerzahler zu entrichten hat. Die Länder schließen ihrerseits einen „Solidarpakt", der jährliche Transfers von den elf alten in die fünf neuen Bundesländer vorsieht. Insgesamt werden die Kosten der Einheit für die Jahre 1990 bis 2009 mit 1500 Milliarden € veranschlagt. Diese Summe ist allerdings nicht als glatter Verlust anzusehen, denn mithilfe dieser Gelder wurde eine intensive Bau- und Erneuerungstätigkeit angekurbelt (Gebäude, Straßen, Kanalisationen usw.), die neue Einkünfte generiert hat, ebenso wie die touristische Erschließung von Städten wie beispielsweise Weimar, das seine Schönheit und seinen einstigen Glanz wiedergefunden hat und 1999 Europäische Kulturhauptstadt wurde.

Trennung und Einheit haben sich auch geografisch ausgewirkt: Berlin, das wieder Hauptstadt wurde (der Regierungsumzug ist im Wesentlichen 1996 abgeschlossen), ist eine dynamische Stadt von hoher Anziehungskraft, die reichlich von ihrem neuen Hauptstadt-Status profitiert, während das Berlin umgebende Brandenburg sich in seinen Randregionen eher als von der Entwicklung abgehängtes „Vierte-Welt"-Gebiet präsentiert, in dem Arbeitslosigkeit, soziale Verzweiflung und die extreme Rechte herrschen. Hier ist man weit entfernt von den „blühenden Landschaften", die Kanzler Kohl 1990 etwas voreilig versprach.

Im Verein mit den Folgen der Krise von 1973 und der Globalisierung treiben die Kosten der Vereinigung die Arbeitslosigkeit auf Höchststände. Aus einer Million Arbeitslosen im Jahr 1980 sind 1997 4,5 Millionen geworden. Es kommt zu verschärften

Auseinandersetzungen um den „Sozialstaat“, den die Rechte (CDU/CSU-FDP) mit Unterstützung der Arbeitnehmer „reformieren“ will. Der Aufkauf ostdeutscher Unternehmen durch westdeutsche Firmen hat bereits zu Lohnsenkungen und Ausnahmen vom Tarifvertrag geführt. Dieser Wettbewerb in Lohn- und Sozialdumping wird in Verbindung mit der verstärkten Bedeutung des Finanzkapitals in der deutschen Wirtschaft – eine Neuerung der 1990er-Jahre – zur nötigen „Anpassung“ an die Globalisierung stilisiert. Paradoxerweise ist es die Linke, die sich dieser Aufgabe unterzieht. 1998 verliert die Rechtskoalition die Bundestagswahlen und weicht einer rot-grünen Koalition unter Bundeskanzler Gerhard Schröder und Vizekanzler Joschka Fischer, deren Lebensläufe zeigen, wie sehr sich die politische Klasse erneuert hat. Schröder, 1944 als Sohn eines Kriegsgefallenen und einer Putzfrau geboren, fühlt sich dank der „Gnade der späten Geburt“, die bereits Helmut Kohl für sich beanspruchte, frei von der deutschen Schuld. Fischer, 1948 als Sohn von vertriebenen Sudetendeutschen geboren, ist ein ehemaliger Hausbesetzer und Revolutionär, der dann Taxifahrer und schließlich Aktivist der 1980 gegründeten „Grünen“ wird. Als Vertreter des rechten Flügels der Grünen, der „Realos“ (im Unterschied zu den „Fundis“), führt Fischer durch das Bündnis mit Schröder seine Partei in die Regierung. 1999 beschließt die Bundesregierung, der NATO im Kampf gegen das gewaltsame Vorgehen der Serben Beistand zu leisten: Dies ist – abgesehen von der DDR-Beteiligung bei der Niederschlagung des tschechischen Reformkommunismus 1968 – der erste Einsatz deutscher Truppen außerhalb der Landesgrenzen. 2001 spricht Schröder von „bedingungsloser Solidarität“ mit den USA und entsendet Soldaten nach Afghanistan. Nur knapp entgeht er dem Sturz durch den Bundestag.

Trotzdem gewinnt die rot-grüne Koalition um Haaresbreite die Bundestagswahlen 2002. Die Arbeitslosigkeit steigt 2002 erneut auf 4,4 Millionen, was Schröder zur Ankündigung seiner

„Agenda 2010“ veranlasst, mit der er sich von den Linken in der SPD und bei den Grünen ab- und dem „Dritten Weg“ Tony Blairs zuwendet. Die „neue Mitte“, für die er seit dem Wahlkampf 1998 eintritt, nimmt Form an. Er ruft zum „Mut zum Wandel“ auf und erklärt 2003: „Wir werden Leistungen des Staates kürzen, Eigenverantwortung fördern und mehr Eigenleistung von jedem Einzelnen abfordern müssen.“ Zur Senkung der Lohnkosten werden die Sozialleistungen (insbesondere im Krankheitsfall) und die Renten gekürzt. Peter Hartz, ehemaliger Generaldirektor von VW, wird mit der Ausarbeitung der Reform des Sozialstaats betraut, um diesen wirtschaftlich effektiver zu machen. Vier sog. „Hartz-Gesetze“ werden zwischen 2003 und 2005 verabschiedet. Das bekannteste von ihnen ist „Hartz IV“, das die Leistungen der Arbeitslosenversicherung drastisch verringert: Arbeitslosengeld gibt es nicht mehr 32, sondern nur noch zwölf Monate lang; Langzeitarbeitslose können zur Annahme von „1-Euro-Jobs“ gezwungen werden, was die Lohndynamik zerstört. Das Hartz-II-Gesetz von 2003 führt bereits die „Mini-Jobs“ ein, Teilzeitarbeitsverhältnisse, die heute mit 450 € pro Monat vergütet werden, sowie die „Midi-Jobs“ mit höchstens 850 € monatlich. Diese „Minimaltätigkeit“ wird von den einen als Ideallösung in Sachen Flexibilität angepriesen, von den anderen als Wiederkehr des „ehernen Lohngesetzes“ (Ferdinand de Lassalle) und Musterbeispiel für Sozialdumping verurteilt. Betroffen sind davon immerhin 7,5 Millionen Arbeitnehmer. Wer vom Erfolg des „Modells Deutschland“ spricht, sollte diesen sozialen Aspekt nicht vergessen. Zweifellos exportiert Deutschland Waren, die im Ausland wegen ihrer hohen Qualität geschätzt werden, zugleich wird aber auch die schleichende Amerikanisierung einer Gesellschaft der (mindestens) zwei Geschwindigkeiten scharf verurteilt. Diese von der Linken initiierte Politik findet die Unterstützung der Rechten, die zwischen 2003 und 2005 alle Hartz-Gesetze mitträgt. In der Folge geht

die SPD von 2005 bis 2009 mit der CDU/CSU eine Große Koalition unter Kanzlerin Angela Merkel ein, die 2013 eine Neuauflage erfährt.

Trotz der deutlichen Niederlage von 2013 gelingt es der SPD, einige wichtige Punkte ihres Programms in den lange (drei Monate!) und sorgsam ausgehandelten Koalitionsvertrag einzubringen: Ein Mindestlohn wird vereinbart und das Rentenalter auf 63 Jahre abgesenkt. Im Anschluss an die problematische „Wunschkoalition“ mit den Liberalen macht die Kanzlerin somit deutlich, dass sie die Große Koalition mit ihrer Kompromisspolitik der Mitte bevorzugt. Alles scheint dieser Kanzlerin zu gelingen, die ihren 60. Geburtstag auf dem Höhepunkt ihrer Popularität feiert, nur zwei Tage nach dem Gewinn einer weiteren Fußball-Weltmeisterschaft. Die Nationalmannschaft erhält viel Lob für ihre offensive, ja spektakuläre Spielweise – v. a. anlässlich des 7:1-Sieges über Brasilien in einem unglaublichen Halbfinale –, aber auch für die Unterschiedlichkeit der Herkunft ihrer Spieler: Etliche ihrer Stützen (wie Jérôme Boateng und Mesut Özil) haben einen „Migrationshintergrund“.

Mit ihrer Herkunft aus dem Osten, als Protestantin, Naturwissenschaftlerin und geschiedene Frau ist die Kanzlerin das perfekte Gegenteil der CDU- und CSU-Granden, zumeist Männer, katholisch und Juristen oder Politologen. Helmut Kohl, der seine Regierung für Repräsentanten der ehemaligen DDR öffnen wollte, hat die ehemalige junge Mitarbeiterin von Lothar de Maizière mit 37 Jahren zur Ministerin gemacht. Er nannte sie paternalistisch-herablassend „Mädchen“, doch sie setzte sich wider Erwarten mit ihrem Ehrgeiz und ihrer intellektuellen Energie an der Spitze der CDU und dann als Kanzlerin durch. Dort hat sie bislang undenkbare Reformen durchgesetzt: Die Frau aus dem Osten hat das Kernanliegen der Grünen, den Atomausstieg, umgesetzt und, zusammen mit ihrer Ministerin Ursula von der Leyen, Hunderttausende Krippenplätze im Westen geschaffen.

Als Präsident steht ihr dabei bis 2017 Joachim Gauck zur Seite, als Pastor Gegner des SED-Regimes und dann Leiter der „Stasi-Untersuchungsbehörde".

Gleichwohl steht Deutschland heute vor ernsten Herausforderungen. Da ist zum einen die Energiewende, deren Dringlichkeit durch den eiligen Atomausstieg nach der Katastrophe von Fukushima verschärft wurde, zum anderen das Problem einer alternden Bevölkerung. Seit 1971, dem Jahr, in dem die Geburten- und die Sterberate sich gekreuzt haben, weist Deutschland ein sich verschärfendes natürliches demografisches Defizit auf. Im Jahr 2012 beläuft es sich auf 196 000 Personen, doch steht diesen zum Ausgleich eine große Zahl von Einwanderern gegenüber, vor allem aus dem ehemaligen Ostblock, darunter allein 70 000 Polen (ebenfalls in 2012). Trotz solcher sozialen Probleme hält sich das Land dank seiner ökonomischen Resultate auf der Höhe: Seit 2011 liegt die Arbeitslosigkeit stabil bei 2,9 Millionen (gegenüber fünf Millionen in der Periode davor) und seit 2013 ist der Staatshaushalt dank ständig neuer Export-Rekorde ausgeglichen. Dazu kommen eine gelungene Wiedervereinigung und ein wiedergefundener Nationalstolz, wie er 2006 anlässlich der von Deutschland ausgerichteten Fußball-Weltmeisterschaft seinen Ausdruck findet. Ein Meer von schwarz-rot-goldenen Fahnen beweist eine Bindung an die Nation, die über den bloßen „Verfassungspatriotismus" à la Habermas hinausgeht, zugleich aber frei bleibt von aggressiven oder diskriminierenden Untertönen. Im 1935 von Hitler errichteten Olympia-Stadion verteilen sich im Endspiel die Sympathien des Publikums auf die Finalisten Italien und Frankreich, und damit auf zwei Länder, die während des Zweiten Weltkriegs schwer unter Deutschland zu leiden hatten. In das kollektive Gedächtnis der Deutschen sind die Monate Juni und Juli 2006 – in Analogie und im Gegensatz zu Heines *Wintermärchen* – als „Sommermärchen" eingegangen. Als besonders

geglückt kann gelten, dass die allgemeine Begeisterung auch nach dem Ausscheiden der Deutschen im Halbfinale anhält. Trotz Zerstörung, Schuld und Terrorismus, trotz Wirtschaftskrise und Kosten der Einheit gewährleistet dieses ruhig gewordene und weltoffene Deutschland die Einhaltung der Grundrechte sowie eine Kultur des Friedens und der kritisch-aufgeklärten öffentlichen Debatte im Rahmen einer parlamentarischen Demokratie, die nach den gescheiterten Anläufen der Jahre nach 1848 und 1919 wohl als das eigentliche, in Frankreich so gern beschworene „deutsche Wunder“ gelten können.

Mit dem Sieg bei der Fußball-Weltmeisterschaft 2014 scheint Deutschland auf dem Höhepunkt seiner Macht angekommen zu sein. Während Bern 1954 die Rückkehr Deutschlands in die Völkergemeinschaft bedeutete, wirkt 2014 eher wie eine Demonstration imperialer Statur, nicht nur auf dem Gebiet des Sports, sondern auch wegen der hervorragenden Außenhandelsbilanz des Landes und des Rückgangs der Arbeitslosigkeit.

Auch wegen der Schwäche Frankreichs, eines populistischen Versuchungen erliegenden Osteuropa und eines Großbritannien, das sich mit dem Brexit auf den Rückzug zu sich selbst begab, nimmt Deutschland die beherrschende Stellung ein. Die Unnachgiebigkeit der Kanzlerin und ihres Finanzministers lässt alle Versuche einer Befriedung der Griechenland-Krise scheitern. Nach konsequent ordoliberalem Rezept wird der linken Regierung von Alexis Tsipras im Sommer 2015 eine strenge Austeritätspolitik aufgezwungen, ungeachtet der katastrophalen sozialen Folgen der erzwungenen Sparmaßnahmen, aber auch der immer offenkundigeren Zweifel an der Wirksamkeit dieser Deflationspolitik, wie sie selbst vom Internationalen Währungsfonds geäußert werden. Konkrete Untersuchungen wie die von Emmanuel Blanchard, die die reale Wirksamkeit des keynesianischen Multiplikators empirisch untermauern und ihn mit einer Spanne von 1,5–2 veranschlagen, können nichts ausrichten gegen einen ordoliberalen

Dogmatismus mit seiner Fixierung auf die Haushaltsdisziplin. Diese Einstellungen gehen zurück auf die Hyperinflation der 1920er-Jahre, der die Schuld für so manche unglückliche Entwicklung der deutschen Geschichte zugeschrieben wird. Sie sind tief verankert im kollektiven Bewusstsein der Deutschen und bilden so eine Vergangenheit, die nicht vergehen will und demzufolge die Gegenwart und die Zukunft in einen Zustand der Starre versetzt, sie einmauert in vermeintlich unveränderliche und nicht überschreitbare Regeln, die sich angeblich historischem Wandel entziehen, obwohl sie doch gerade diesem entstammen. Doch an der Spitze der Europäischen Zentralbank wird der ordoliberale Franzose Jean-Claude Trichet, der ebenfalls den deutschen Glaubenssätzen anhängt, von dem Italiener Mario Draghi abgelöst. Dieser verordnet der EZB eine Politik des *quantitative easing*. Mit diesem Begriff bezeichnet der euphemistische Wortschatz der Technokraten nichts anderes als eine Politik monetärer Inflation, die massiv Liquiditäten in die Wirtschaft pumpt. Während Jens Weidmann, der Präsident der Deutschen Bundesbank, und eine von „BILD" bis „ZEIT" weitgehend übereinstimmende deutsche Presse die Erdrosselung des deutschen Sparers beschwören, versucht die deutsche Regierung in Brüssel die Politik der von Weisungen unabhängigen EZB auf andere Weise zu konterkarieren. Indem man Griechenland für seine mutmaßlichen „Sünden" bestraft und, wie in der Lafontaine'schen Fabel, dem „Club med" der genuss- und ausgabenfreudigen südeuropäischen Grillen (bzw. Zikaden) eine Front sparsamer nordischer Ameisen entgegenstellt, praktiziert die Große Koalition freilich auch eine Politik, die ihrer Demografie entspricht. Die weitgehende Öffnung der deutschen Wirtschaft für das Finanzkapital und die Reform des Rentensystems, das nunmehr der kapitalgedeckten individuellen Vorsorge breiten Raum einräumt und demzufolge stark von den Entwicklungen des Markts abhängt, bleiben nicht folgenlos. Sie führen dazu, dass in einem alternden Land der Ruf einer

wachsenden Masse der auf die Erträge aus ihrem Besitz angewiesenen Menschen nach Strenge „Berlins“ und „Brüssels“ gegenüber „dem Süden“ nachgerade zu einem Ritual wird – und auch zu einer Art Spiegelfechterei. Denn schließlich wird die Währungspolitik in Frankfurt gemacht, und dies auf der Basis einer eifersüchtig verteidigten Unabhängigkeit, die genau derjenigen der Deutschen Bundesbank entspricht. So wie das Bundesverfassungsgericht (seit 1951) ist auch diese Einrichtung (seit 1957) durch die Verfassung jeglicher Kontrolle durch die Politik entzogen, und es war die deutsche Regierung, die die Übertragung dieses Modells auf die EZB durchgesetzt hat, wobei sie wohl nicht daran dachte, dass besagte EZB eines Tages eine aus ihrer Sicht heterodoxe Währungspolitik treiben könnte.

Dies hat freilich höchst reale Folgen, nämlich die Verschärfung der sozialen Krise in Griechenland und einen raschen Imageverlust Deutschlands im Ausland, insbesondere in den Mittelmeerländern. Im Falle Griechenlands ist die Gelegenheit, die sich bietet, zu verführerisch, um nicht politisch genutzt zu werden: Die Wiege der Demokratie und humanistischer Kultur liegt nach Auffassung der europäischen Linken im Kampf mit der Neuausgabe eines Reichs, dessen Armeen in der Region nicht gerade die besten Erinnerungen zurückgelassen haben. Während Tsipras an die vom „Dritten Reich“ hinterlassenen Verheerungen erinnert und Wirtschaftsexperten den Schaden auf bis zu 300 Milliarden Euro beziffern, also erheblich mehr als die Staatsschulden Griechenlands, beharrt Bundespräsident Gauck, der im März 2014 nach Griechenland reist, im Mai 2015 darauf, dass die moralische Schuld Deutschlands auch eine finanzielle sei, was ihm heftigsten Widerspruch seitens der Koalitionsregierung einbringt.

2015 bündeln sich für Deutschland mehrere Phänomene, die diesem Jahr einen gewissen Sonderstatus verleihen. Damit sind nicht zuletzt die Griechenland-Krise und die Geltendmachung eines Führungsanspruchs in Europa gemeint, obendrein die

Öffnung für den Zustrom von Kriegsflüchtlingen aus Syrien, die aus einem Deutschland, das gegenüber Griechenland sein hässliches Gesicht gezeigt hat, nun in den Augen der Weltöffentlichkeit einen Hort des Humanismus macht.

Am Anfang steht die Entscheidung der Kanzlerin, alle Flüchtlinge aufzunehmen, die nach Deutschland streben, einem Land, das sich aus der Außensicht als wirtschaftliches und soziales Paradies darstellt. Gewiss dürften wirtschaftliche und demografische Erwägungen diese Entscheidung beeinflusst haben, die von den deutschen Unternehmern in Gestalt des BDI unterstützt, wenn nicht gar begrüßt wird. Ein Land im Wirtschaftswachstum hat eben bei rückläufiger demografischer Entwicklung einen ungeheuren Bedarf an Arbeitskräften. Gleichwohl darf die humane, ja humanistische Dimension dieser Entscheidung nicht gering geschätzt werden. Für Angela Merkel, die ihre eigene politische Familie überrumpelt und den rechten Rand, von der CSU bis zur extremen Rechten, in einen seit Kriegsende nie dagewesenen Aufruhr versetzt hat, zieht sie schwere Konsequenzen nach sich.

Die Bundesländer, die auf dem Gebiet der DDR entstanden sind, stehen wirtschaftlich weniger gut da und sind aufgrund des Umgangs der DDR mit der Vergangenheit weniger für das Rassismus-Tabu sensibilisiert. Dort kann daher „Pegida" mit Massendemonstrationen auftrumpfen, die den berechtigten Slogan der DDR-Bürgerbewegung „Wir sind das Volk" umfunktionieren und schließlich in der Partei der AfD eine politische Heimat finden. Das Prinzip, dem zufolge es rechts von der CDU/CSU nichts zu geben habe, wird von einer Bewegung zunichtegemacht, die aus dem Nichts kommend bei den Bundestagswahlen vom September 2017 13 % der Stimmen erzielt, trotz oder vielleicht auch gerade wegen ihrer zahlreichen Grenzüberschreitungen. Die Partei tendiert zu ausgesprochen klarer Ansage, zu einer von allen Komplexen freien Sicht auf die deutsche Geschichte, sie bekennt sich lautstark zur nationalen Identität und wärmt die

Ideologie von der Volksgemeinschaft neu auf. Dazu kommt ein elitefeindlicher Diskurs mit braunen Untertönen, etwa wenn die Kanzlerin als „Volksverräterin" verunglimpft wird. Damit schließt sich auch die deutsche Demokratie dem weltweiten Trend zum Erfolg rechtsextremer Gruppierungen an, den im Osten u. a. Putin, Orban und in Polen die PiS-Partei, im Westen der französische Front National, die britische Ukip und in den USA Trump und die *alt-right* verkörpern.

Insbesondere der antielitäre Diskurs scheint dazu angetan, in einem Land, das durch die Wandlungen seiner Identität und wegen immer neuer Skandale heftigen Erschütterungen ausgesetzt ist, Anklang zu finden.

Durch die Aufnahme von mehr als einer Million Flüchtlingen entdeckt sich das Deutschland des Jahres 2015 mit seiner NS-Vergangenheit, das Land der „Leitkultur", in dem die Staatsangehörigkeit auf „Blut", also auf Abstammung, gründet, auf einmal selbst als Einwanderungsland, als Land mit großen Bevölkerungsbewegungen, so wie zuvor 1945 mit zwölf Millionen Flüchtlingen oder im 19. Jahrhundert mit fünf Millionen Auswanderern.

Millionen Deutsche finden wegen einer tiefen Identitätskrise und eines weitgehenden Schwunds des Vertrauens in die Institutionen bei „Pegida" und dann in der AfD eine politische Heimat. Ereignisse wie die widerlichen Zwischenfälle der Silvesternacht 2015 in Köln und das Attentat auf einen Berliner Weihnachtsmarkt 2016 geben Vorwürfen des „Verrats" am deutschen Volk Nahrung.

Die Eliten glänzen ihrerseits durch Skandale in Serie. Der Steuerbetrug ist seit 2015 zum Dauerthema geworden. Er hat in Uli Hoeneß, dem Vorsitzenden des FC Bayern, eines Emblems deutscher Identität und Qualität, seine Verkörperung gefunden. Der Fußball wird zudem schwer erschüttert durch die Vorwürfe an die Adresse von Franz Beckenbauer wegen mutmaßlicher Korruption in Zusammenhang mit der Fußball-Weltmeisterschaft 2006.

Deutsche Symbole geraten serienweise ins Wanken: der FC Bayern und der „Kaiser“, dann die Auto-Hersteller, allen voran Volkswagen. Es ist schon eine Attacke auf das Selbstverständnis der Deutschen, dass dieses Unternehmen aus finanziellen und Rentabilitätsgründen ein umfassendes System der Täuschung bei Umweltverträglichkeitskontrollen entwickelt haben soll. Wo bleiben da die Ehrlichkeit und der kategorische Imperativ? Volkswagen, der Wagen des Volkes, das Symbol des Wirtschaftswunders und des Wohlstands erweist sich als auf Lug und Trug gebautes Unternehmen, das die Umwelt und die Gesundheit seiner Kunden missachtet. Der Gipfel des Verabscheuungswürdigen, ja des Horrors scheint im Januar 2018 erreicht, als an die Öffentlichkeit dringt, dass Volkswagen Tests zur Schädlichkeit von Auspuffgasen an lebenden Tieren in Auftrag gegeben hat. Die Bilder aus Mexiko von Affen, die in einem hermetisch abgedichteten Raum Gasen aus dem „Beetle“ („Käfer“) ausgesetzt werden, erinnern nur allzu sehr an die schlimmsten Albträume der deutschen Geschichte und bedauerlicherweise auch daran, dass der Volkswagen ursprünglich nicht der Wagen des Volkes der Wirtschaftswunderzeit war, sondern der nationalsozialistischen Volksgemeinschaft. Ein unglücklicher Zufall will es auch, dass sich 2018 zum 80. Mal die Einweihung Wolfsburgs durch Adolf Hitler jährt. Die Affentests schockieren die ganze Welt, doch unmittelbar darauf kommt es noch schlimmer: In einem Institut des Uniklinikums Aachen sind ähnliche Tests an Menschen durchgeführt worden, und zwar im Auftrag der Forschungsvereinigung EUGT, einer von VW, BMW und Daimler finanzierten Lobbyinitiative, die zu den wichtigsten Industrie-Lobbyisten des Landes zählt.

Die Ergebnisse der Bundestagswahlen 2017 setzen das Thema einer allgemeinen demokratischen und nationalen Krise wieder auf die Tagesordnung, wie Anfang der 2000er-Jahre. Es zeigt sich deutlich, dass die Gründe zur Unzufriedenheit strukturell durch-

aus real sind. Offenkundig ist das Land, das der Wahlslogan der Kanzlerin beschreiben will („Ein Land, in dem wir gut und gerne leben"), nicht das aller Deutschen.

Die Austeritätspolitik und die Aufnahme der Schuldenbremse in die Verfassung haben nicht nur die rosigen Zahlen eines Haushaltsüberschusses zur Folge. Selbst die rechte Presse kann es nicht länger unterlassen, das absurde Investitionsdefizit in Deutschland anzuprangern, das schlecht gewartete Infrastrukturen, für Lastwagen nicht passierbare Brücken, renovierungsbedürftige Autobahnen und Schulen zur Folge hat. All das verursacht wirtschaftliche Kosten und kann Deutschland am Ende teuer zu stehen kommen. Die SPD und die Linke beschreiben in ihren pessimistischeren Darstellungen das Land als gelähmt, alternd, initiativlos und unbeweglich, die SPD ruft seit 2013 nach einem neuen „Marshall-Plan" zugunsten der Infrastruktur. Sollte den Deutschen angesichts der vernachlässigten Autobahnen, der chronischen Probleme der Deutschen Bahn, der immer neuen Verzögerungen bei „Stuttgart 21" und der ebenso grotesken wie endlosen Fortsetzungsgeschichte des Flughafens BER nur noch das Fahrrad bleiben?

Die Verunsicherung der Deutschen hat ihre Berechtigung. Das Zaudern der Politik im Anschluss an die Wahl vom September 2017 aber ist nicht deren Ursache, sondern vielmehr ein Symptom. Auch zuvor war nicht alles rosig am deutschen Modell und die Deutschen können das wohl am besten selbst beurteilen. Doch hat sich umgekehrt auch nicht alles auf einen Schlag verdüstert. Die Gegenwart lässt sich nicht auf das Auftauchen einer AfD reduzieren, die zur politischen Verlängerung von „Pegida" geworden ist, und auch nicht auf die Probleme des Endes einer Ära, der Ära Merkel.

Hegel hat zu Beginn des 19. Jahrhunderts die klassisch gewordene Unterscheidung von Staat und Zivilgesellschaft konzeptualisiert. Diese Gesellschaft zeigt sich in Deutschland quickleben-

dig. Auch wenn sich die Volksparteien in der Krise befinden, wie anders stellt sich dagegen die bürgerschaftliche Mobilisierung der Deutschen dar, die in Form individueller Wohltätigkeit oder in Vereinen und Verbänden für die Migranten und ihre Integration eintreten! Das entschiedene Handeln des Staates, seiner Sozialdienste und auch der Polizei zugunsten der Flüchtlinge genügt nicht, um die insgesamt erfolgreiche Aufnahme von eineinhalb Millionen Menschen innerhalb von zwei Jahren zu erklären. Kein anderer Staat hat sich einer solchen Einwanderung konfrontiert gesehen, abgesehen von Frankreich, das 1962 nach der Unabhängigkeit Algeriens mehr als eine Million Franzosen aus dieser ehemaligen Siedlungskolonie aufzunehmen hatte.

Gewiss gibt es Zwischenfälle und Probleme. Sicherlich hat die Kölner Silvesternacht 2015 zu Recht schockiert – wobei andere ganz aktuelle Affären zeigen, dass das Verhältnis zu den Frauen nicht nur ein „orientalisches“ Problem ist. Ja, die Gegner der Politik von Angela Merkel haben die Emotionen ausgenutzt, die das Attentat auf einen Berliner Weihnachtsmarkt 2016 ausgelöst hat, und sie haben es fälschlicherweise der Population der neuen Flüchtlinge angelastet. Doch zugleich haben die Bilder von deutschen Bürgern, die 2015 Syrer mit Applaus am Münchner Bahnhof empfangen, die ganze Welt bewegt. In weniger spektakulärer Weise haben aber auch die zahlreichen Sprachkurse und der juristische Beistand, der ehrenamtlich von der Zivilgesellschaft geleistet wird, Modellcharakter.

Die Vitalität der Zivilgesellschaft zeigt sich auch am Beispiel der kritischen Rolle der Gewerkschaften, die – so wie die IG Metall – für die Arbeiter ihren Anteil am wirtschaftlichen Wohlergehen Deutschlands einfordern und ein alternatives Zivilisationsmodell entfalten: das der 28-Stunden-Woche. Dies sind nur einige der ermutigenden Zeichen. Dazu kommen die Widerstandsfähigkeit und die Reife der deutschen Gesellschaft, die sich bereits mit so vielem auseinanderzusetzen hatte: mit der

Bundeskanzlerin Angela Merkel empfängt am 15. Mai 2017 den neu gewählten französischen Präsidenten Emmanuel Macron in Berlin.

NS-Vergangenheit, mit dem Terrorismus der 1970er-Jahre, mit dem emotionalen und finanziellen Engagement für die Wiedervereinigung. Das Bestehen dieser Prüfungen macht Hoffnung auf ein reifes demokratisches Leben, auf die Entwicklung einer fruchtbaren sozialen Fantasie auf Gebieten wie Arbeitszeit und Ökologie, bei der Aufnahme von Fremden – und beim Aufbau Europas.

Literatur

Aly, Götz: Hitlers Volksstaat. Raub, Rassenkrieg und nationaler Sozialismus, Frankfurt am Main 2005.
Ayçoberry, Pierre: La société allemande sous le Troisième Reich, 1933–1945, Paris 1998.
Bartov, Omer: Hitlers Wehrmacht. Soldaten, Fanatismus und die Brutalisierung des Krieges, Reinbek bei Hamburg 1995.
Browning, Christopher: Ganz normale Männer. Das Reserve-Polizeibataillon 101 und die „Endlösung" in Polen, Reinbek bei Hamburg 1994.
Ders.: Die Entfesselung der Endlösung. Nationalsozialistische Judenpolitik 1939–1942, Berlin 2006.
Burgaud, Stéphanie: La politique russe de Bismarck et l'unification allemande. Mythe fondateur et réalités politiques, Straßburg 2010.
Chapoutot, Johann: Le meurtre de Weimar, Paris 2010.
Ders.: Der Nationalsozialismus und die Antike, Darmstadt 2014.
Ders.: Das Gesetz des Blutes. Von der NS-Weltanschauung zum Vernichtungskrieg, Darmstadt 2016.
Charle, Christophe: La crise des sociétés impériales. Allemagne, France, Grande-Bretagne, 1900–1940. Essai d'histoire sociale comparée, Paris 2001.
Clark, Christopher: Preußen. Aufstieg und Niedergang 1600–1947, München 2007.
Ders.: Die Schlafwandler. Wie Europa in den Ersten Weltkrieg zog, München 2014.
Conrad, Sebastian: Deutsche Kolonialgeschichte, München 2008.
Daviet-Vincent, Marie-Bénédicte: Serviteurs de l'Etat. Les élites administratives en Prusse, 1871–1933, Paris 2006.
Decultot, Elisabeth / Espagne, Michel / Le Rider, Jacques: Dictionnaire du monde germanique, Paris 2007.
Deshaies, Michel: Atlas de l'Allemagne, Paris 2011.
Droit, Emmanuel: Vorwärts zum neuen Menschen? Die sozialistische Erziehung in der DDR (1949–1989), Köln / Weimar / Wien 2014.
François, Etienne / Schulze, Hagen (Hg.): Deutsche Erinnerungsorte, 3 Bde., München 2001.
Gay, Peter: Die Republik der Außenseiter. Geist und Kultur in der Weimarer Zeit 1918–1933, Frankfurt am Main 2004.
Gellatelly, Robert: Hingeschaut und weggesehen. Hitler und sein Volk, Stuttgart 2002.

Herbert, Ulrich: Geschichte Deutschlands im 20. Jahrhundert, München 2014.
Hubert, Michel: Deutschland im Wandel. Geschichte der deutschen Bevölkerung seit 1815, Stuttgart 1998.
Hunt, Tristram: Friedrich Engels. Der Mann, der den Marxismus erfand, Berlin 2012.
Ingrao, Christian: Les chasseurs noirs. La Brigade Dirlewanger, Paris 2006.
Ders.: Hitlers Elite. Die Wegbereiter des nationalsozialistischen Massenmordes, Berlin 2012.
Joly, Hervé: Großunternehmer in Deutschland. Soziologie einer industriellen Elite, 1933–1989, Leipzig 1998.
Kaelble, Hartmut: Soziale Mobilität und Chancengleichheit im 19. und 20. Jahrhundert. Deutschland im internationalen Vergleich, Göttingen 1983.
Kershaw, Ian: Hitler 1889–1945, 2 Bde., Stuttgart 1998–2000.
Ders.: Der NS-Staat. Geschichtsinterpretationen und Kontroversen im Überblick, Reinbek bei Hamburg 1999.
Ders.: Höllensturz. Europa 1914–1949, München 2016.
Kocka, Jürgen: Das lange 19. Jahrhundert. Arbeit, Nation und bürgerliche Gesellschaft (Handbuch der deutschen Geschichte, Bd. 13), Stuttgart 2004.
Kott, Sandrine: L'Etat social allemand. Représentations et pratiques, Paris 1995.
Dies.: L'Allemagne du XIXème siècle, Paris 1999.
Dies.: Le communisme au quotidien. Les entreprises d'Etat dans la société est-allemande, Paris 2001.
Dies.: Bismarck, Paris 2003.
Dies.: Sozialstaat und Gesellschaft. Das deutsche Kaiserreich in Europa, Göttingen 2014.
Lattard, Alain: Histoire de la société allemande au XXè siècle – II – La RFA, 1949–1989, Paris 2011
Miard-Delacroix, Hélène: Im Zeichen der europäischen Einigung. 1963 bis in die Gegenwart, Darmstadt 2011.
Dies.: Willy Brandt, Paris 2013.
Möller, Horst: Die Weimarer Republik. Eine unvollendete Demokratie, München 2008.
Mosse, George L.: Gefallen fürs Vaterland. Nationales Heldentum und namenloses Sterben, Stuttgart 1993.
Ders.: Die Geschichte des Rassismus in Europa, Frankfurt am Main 2006.
Mouralis, Guillaume: Une épuration allemande. La RDA en procès 1949–2004, Paris 2008.

Nipperdey, Thomas: Nachdenken über die deutsche Geschichte, München 1986.

Pasteur, Paul: Histoire de l'Autriche. De l'empire multinational à la nation autrichienne (XVIIIè–XXè s.), Paris 2011.

Patin, Nicolas: La catastrophe allemande, 1914–1945, Paris 2014.

Ders: Friedrich Wilhelm Krüger. Un bourreau ordinaire, Paris 2017.

Peukert, Detlev: Die Weimarer Republik. Krisenjahre der klassischen Moderne, Frankfurt am Main 2006.

Puschner, Uwe: Die völkische Bewegung im wilhelminischen Kaiserreich. Sprache – Rasse – Religion, Darmstadt 2001.

Raulet, Gérard: Philosophische Anthropologie nach 1945. Rezeption und Fortwirkung, Nordhausen 2014.

Schulze, Hagen: Kleine deutsche Geschichte. Mit Bildern aus dem Deutschen Historischen Museum, München 2007.

Serrier, Thomas, Entre Allemagne et Pologne. Nation et identités frontalières, 1848–1914, Paris 2002.

Solchany, Jean: L'Allemagne au XXème siècle, entre singularité et normalité, Paris 2003.

Sperber, Jonathan: Karl Marx. Der Mann und sein Jahrhundert, München 2013.

Wahl, Alfred: Histoire de la République fédérale d'Allemagne, Paris 1991.

Wehler, Hans-Ulrich: Deutsche Gesellschaftsgeschichte, 9 Bde., München 1987–2008.

Wette, Wolfram: Die Wehrmacht. Feindbilder, Vernichtungskrieg, Legenden, Frankfurt am Main 2005.

Winkler, Heinrich August: Geschichte des Westens, 4 Bde., München 2009–2015.

Deutsches Reich 1815–1871

Deutschland 1945 bis heute
Grenzen von 1945
Grenzen der Besatzungszonen
deutsche Ostgebiete
Saarland (1946 franz. Zoll- und Wirtschaftsgebiet
Grenze zwischen der Bundesrepublik und der DDR
Bezirkshauptstädte ab 1952
Wiedervereinigtes Deutschland (3. Oktober 1990)
SCHWEDEN
Hälsingborg
Karlskr
Kopenhagen
Malmö
Seeland
Fünen
DÄNEMARK
Bornholm
Sylt
Lolland
Ostsee
Nordsee
Schleswig
Rügen
Kiel
Stralsund
Helgoland
Usedom
zur amerikanischen Zone
Rostock
Cuxhaven
Lübeck
Hamburg
Wilhelmshaven
Bremerhaven
Schwerin
Neubrandenburg
Leeuwarden
Szczecin
(Stettin)
NIEDER-LANDE
Bremen
Elbe
SBZ
(ab 1949 DDR)
Oder
POLE
Britische Zone
Zwolle
Viermächtestatus
Berlin
Hannover
Potsdam
Enschede
Osnabrück
Braunschweig
Magdeburg
Frankfurt/Oder
Nimwegen
BUNDESREPUBLIK DEUTSCHLAND
Sowjetische Zone
Dessau
Göttingen
Cottbus
Halle
Düsseldorf
Kassel
Leipzig
Rhein
Dresden
Erfurt
Weimar
Eupen
Gera
Karl-Marx-Stadt
(Chemnitz)
Gießen
Suhl
Malmedy
Wiesbaden
Main
Karlsbad
Frankfurt
Prag
Mainz
Mosel
Luxemburg
Franz. Zone
Würzburg
TSCHECHO SLOWAKE
Pilsen
Saarbrücken
Heidelberg
Nürnberg
Moldau
Amerikanische Zone
Karlsruhe
Regensburg
Stuttgart
FRANK-REICH
Donau
Französische Zone
Linz
München
Freiburg
ÖSTERREICH
Salzburg
Kufstein
SCHWEIZ
Bregenz
Innsbruck
0
50

Das Reich um 1600
Habsburgischer Hausbesitz vor 1477
das burgundische Erbe 1477
das spanische Erbe 1504/16
das böhmisch-ungarische »Erbe« 1526
schraffierte und umrandete Flächen bezeichnen umstrittene Gebiete
KGR. SCHWEDEN
Viborg
KGR. DÄNEMARK
Kopenhagen
Roskilde
Ostsee
Schleswig
Königsberg
HZ PREUS
Nordsee
Hzm. Holstein
Pommern
Danzig
Lübeck
Hamburg
Mecklenburg
Stettin
Elbe
Bremen
Thorn
Amsterdam
Osnabrück
Braunschweig
M. Brandenburg
Weichsel
Utrecht
Berlin
Posen
Warschau
NIEDERLANDE
Münster
Braunschweig
Canterbury
Calais
Lausitz
Antwerpen
HEILIGES RÖMISCHES REICH
KGR. POLE
Oder
Brüssel
Leipzig
Lüttich
Aachen
Sachsen
Breslau
Cambrai
Schmalkalden
Hzm. Schlesien
Rhein
Frankfurt
Krakau
Luxemburg
Prag
Mgft. Mähren
Worms
Würzburg
Kgr. Böhmen
Paris
Speyer
Metz
Nürnberg
Brünn
Regensburg
Toul
Straßburg
Donau
Hzm. Bayern
Orléans
Ulm
Freiburg
Augsburg
Wien
Preßburg
Langres
Frgft. Burgund
München
Erzhzm. Österreich
Gran
Bodensee
Salzburg
Ofen
Bourgogne
Besançon
Zürich
Innsbruck
Steiermark
Bern
LAND DER EIDGENOSSEN
KGR. UNGARN
Plattensee
Tirol
Kärnten
Theiß
Clermont
Genf
Trient
Laibach
Lyon
REP. VENEDIG
Krain
Agram
KGR. FRANKREICH
Hzm. Savoyen
Mailand
Triest
Venedig
Turin
Save
Kroatien
Po
Rhône
Parma
Bologna
Genua
Ravenna
Avignon
Rep. Genua
Bosnien
Lucca
Florenz
Zara
San Marino
Narbonne
Sarajevo
Marseille
Grhzm. Toskana
Dalmatien
Perpignan
OSMANISC REICH
KIRCHENSTAAT
Elba
Ragusa
Mon neg
Korsika
Pescara
Adria
Rom
Durazzo
Benevent
Menorca
Neapel
KGR. NEAPEL
Tarent
KGR. SARDINIEN
Otrant
Tyrrhenisches Meer
Cagliari
Ionisc Mee
Mittelmeer
Palermo
Messina
Reggio
KGR. SIZILIEN
Bona
TUNIS
Tunis